公共行政与公共管理
经　典　译　丛

"十三五"国家重点出版物出版规划项目

PUBLIC ADMINISTRATION AND PUBLIC MANAGEMENT CLASSICS

公共行政与公共管理经典译丛 经典教材系列

公共部门绩效评估

［美］西奥多·H·波伊斯特（Theodore H. Poister）／著

肖鸣政 等／译

肖鸣政／校

MEASURING PERFORMANCE IN PUBLIC AND NONPROFIT ORGANIZATIONS

中国人民大学出版社

·北京·

"公共行政与公共管理经典译丛"
编辑委员会

总　　序

　　在当今社会，政府行政体系与市场体系成为控制社会、影响社会的最大的两股力量。理论研究和实践经验表明，政府公共行政与公共管理体系在创造和提升国家竞争优势方面具有不可替代的作用。一个民主的、负责任的、有能力的、高效率的、透明的政府行政管理体系，无论是对经济的发展还是对整个社会的可持续发展都是不可或缺的。

　　公共行政与公共管理作为一门学科，诞生于20世纪初发达的资本主义国家，现已有上百年的历史。在中国，公共行政与公共管理仍是一个正在发展中的新兴学科，公共行政与公共管理的教育也处在探索和发展阶段。因此，广大教师、学生、公务员急需贴近实践、具有实际操作性、能系统培养其思考和解决实际问题能力的教材。我国公共行政与公共管理教育和学科的发展与繁荣，固然取决于多方面的努力，但一个重要的方面在于，我们要以开放的态度，了解、研究、学习和借鉴国外发达国家研究和实践的成果。另一方面，我国正在进行大规模的政府行政改革，致力于建立与社会主义市场经济相适应的公共行政与公共管理体制，这同样需要了解、研究、学习和借鉴发达国家在公共行政与公共管理方面的经验和教训。因此，无论是从我国公共行政与公共管理教育发展和学科建设的需要来看，还是从我国政府改革实践层面的需要来看，全面系统地引进公共行政与公共管理经典著作都是时代赋予我们的职责。

　　出于上述几方面的考虑，我们于世纪之交开启了大型丛书"公共行政与公共管理经典译丛"的翻译出版工作。自2001年9月本译丛首部著作《公共管理导论》出版以来，十五年间出版著作逾百种，影响了国内公共行政与公共管理领域无数的学习者和研究者，也得到了学界的广泛认可，先后被评为"十五""十一五""十二五""十三五"国家重点图书出版规划项目，成为国内公共行政与公共管理出版领域的知名品牌。

　　本译丛在策划之初分为"经典教材系列""公共管理实务系列""政府治理与改革系列""学术前沿系列"四个子系列，后来又增加了"案例系列""学术经典系列"两个子系列。在本译丛出版十五年后，为了更好地服务于国内公共行政与公共管理学科的发展，更方便读者查找译丛的相关图书，我们将译丛简化为"经典教材系列"和"学术前沿系列"两个子系列。"经典教材系列"图书出版的主要目的是满足国内公共行政与公共管理教育对教材和教学参考书的需求。这个系列所选教材的内容全面系统、简明通俗，涵盖公共行政与公共管理的主要知识领域，涉及公共行政与公共管理的一般理论、公共组织理论与管理、公共政策、公共财政与预算、公共部门人力资源管理、公共伦理学等。这些教材都是国外大学通用的公共行政与公共管理教科书，多次再版，其作者皆为该领域的知名学者，他们在自己的研究领域多次获奖，享有极高的声誉。"学术前沿系列"图书出版的主要目的则是介绍国外公共行政与公共管理学科的重要学术成果。这个系列选取学科发展历程中不同学术流派代表性人物的代表性著作，并持续介绍学科发展的最新研究成果。

总的来看，本译丛体现了三个特点：第一，系统性，基本涵盖了公共行政与公共管理学科的主要研究领域。第二，权威性，所选著作均是国外公共行政与公共管理大师或极具影响力的学者的代表作。第三，前沿性，反映了公共行政与公共管理研究领域最新的理论和学术主张。

在半个多世纪以前，公共行政大师罗伯特·达尔（Robert Dahl）在《公共行政学的三个问题》中曾这样讲道："从某一个国家的行政环境归纳出来的概论，不能立刻予以普遍化，或应用到另一个不同环境的行政管理上去。一个理论是否适用于另一个不同的场合，必须先把那个特殊场合加以研究之后才可以判定。"的确，在公共行政与公共管理领域，事实上并不存在放之四海而皆准的行政准则。立足于对中国特殊行政生态的了解，以开放的思想对待国际的经验，通过比较、鉴别和有选择的吸收，来发展中国自己的公共行政与公共管理理论，并积极致力于实践，探索具有中国特色的公共行政体制与公共管理模式，是中国公共行政与公共管理学科发展的现实选择。

本译丛的组织策划工作始于 1999 年底，我们成立了由国内外数十位知名专家学者组成的编辑委员会。当年 10 月，美国公共行政学会时任会长，同时也是本译丛编委的马克·霍哲教授访问中国行政管理学会，两国学会签署了交流合作协议，其中一项协议就是美国公共行政与公共管理领域著作在中国的翻译出版。2001 年，中国行政管理学会时任会长郭济先生率团参加美国公共行政学会第 61 届年会，其间，两国学会签署了新的合作协议，并再次提及已经启动的美国公共行政与公共管理领域知名学者代表作品在中国的翻译出版。可以说，本译丛是中美两国行政管理（公共行政）学会与公共管理学术界的交流合作在新阶段的重要成果。

在译丛的组织策划和翻译出版过程中，中国人民大学政府管理与改革研究中心、国务院发展研究中心东方公共管理综合研究所给予了大力的支持和帮助。我国的一些留美学者和国内外有关方面的专家学者参与了外文原著的推荐工作。中国人民大学、北京大学、清华大学、中山大学、复旦大学、厦门大学、武汉大学等高校许多该领域的专家学者参与了本译丛的翻译工作。在此，谨向他们表示敬意和衷心的感谢。

"公共行政与公共管理经典译丛"编辑委员会

译者前言

《公共部门绩效评估》一书介绍了考评公共和非营利组织绩效的各种有效方法与大量应用案例，是西奥多·H·波伊斯特教授近期研究的一本佳作。西奥多·H·波伊斯特是佐治亚州立大学安德鲁·扬政策研究学院的公共管理专业教授，其特点是集教学、研究与应用推广于一身。他特别关注绩效考评方法和管理方面的挑战性问题的研究，他主持并参加了宾夕法尼亚州和佐治亚州某些机构的绩效考评项目研究，这些机构包括一些地方政府和非营利组织，如美国疾病控制中心和交通研究部门。

本书比较完整地论述了以下三个方面的问题：

1. 什么是公共部门的绩效考评？

2. 如何设计与实施公共部门的绩效考评？

3. 如何把公共部门的绩效考评运用于实际，以提高我们管理工作的效率与效果？

因此，本书比较全面地说明了如何进行公共与非营利组织的绩效考评，阐述了部门绩效指标设计的各种方法及其面临的挑战，强调绩效考评的工作应该与管理相衔接，强调需要我们首先确定绩效考评的目的，进而以此来设计整个考评系统，介绍了绩效考评系统在公共部门与非营利组织管理实践中的各种应用案例。

本书由四篇组成。第1篇主要介绍绩效考评是什么，以及在公共和非营利机构中如何设计和实施绩效考评。

第2篇主要介绍公共部门绩效考评的各种方法与技术，共6章。

第3篇是应用，主要介绍公共部门绩效考评方法在不同类型

2

的公共部门管理实践中的应用情况，共5章。

第4篇是总结。这也是本书的最后一章，主要介绍绩效考评的设计和实施过程中可能遇到的问题以及相关对策。

绩效考评有个人绩效考评、部门绩效考评与组织绩效考评之分，它是管理过程中非常难做而又十分关键的一项日常性工作。曾经有人把它称为世界性的难题。在我国管理学界，关于个人绩效考评的著作已经比比皆是，但是关于部门与组织整体绩效考评的专著，目前还很少见到，公共部门的绩效考评著作就更少见到了。即使是在美英等发达国家，要找到一本系统深入地论述公共部门绩效考评的专著，也非常困难。

因此，本书出版的作用，对于我们广大管理学专业的人员来说，是显而易见的。本人长期以来一直比较热衷于个人绩效的考评研究与应用，但是对于部门绩效考评方面的研究也非常感兴趣。在理论研究与管理咨询的实践中，我们深深地感受到部门与组织绩效考评的重要性。个人的绩效考评，如果离开了部门与组织的绩效考评，将变得十分盲目且没有意义。部门与组织的绩效考评既是个人绩效考评的出发点，又是个人绩效考评的归宿。个人绩效考评应该为提升部门与组织的绩效服务。然而，部门与组织的绩效考评也应该延伸与落实到个人绩效考评中来。否则，我们的绩效管理与考评，很可能将是半截子工程。绩效考评是一个系统，包括个人、部门与组织三个层面。它们相互联系、相互促进和相互支持。

本书所介绍的绩效考评方法与技术，既可以应用于部门的绩效考评，也可以应用于组织的绩效考评。

本书的特点是系统、完整、具体、实用。对于我国即将进行的公共部门的绩效管理和事业单位的企业化改革，具有十分重要的参考价值。正如本书作者所说，本书特别适合于公共部门、非营利组织的管理者和职业经理、项目管理者、职业咨询师与研究工作者，尤其适合作为高等院校行政管理专业师生的教学参考。

本书的翻译是集体劳动的结晶。为了尽可能地做好翻译工作，本书先后进行了初译、校译与审校三道工序。孙聆、李安、安真真、饶伟国、吴生志、张稢、王慧颖、郭春潮、刘李豫等参加了初译工作，澳门的余焯和、张相林、安真真与白静参加了校译工作，最后由我全面审校。全书基本按照原文翻译，仅在书名、章节标题与极少数地方，根据汉语习惯做了适当修饰。由于公共部门与非营利组织的绩效考评在国外也是刚开始不久，许多表述还不够通俗，加上译者水平有限，在审校过程中，我深感译本中一些词句表述难尽其意或者未尽其意。书中的缺点与错误之处，谨请读者批评指正。在本书的翻译过程中，刘晶同志做了关键性的工作，她及时提供了原著，朱海燕同志为本书的编辑付出了辛勤的劳动，孙聆、安真真、张相林与余焯和做了较多的工作，对于以上各位的帮助，在此深表感谢。

如果读者在阅读过程中发现问题或者对公共部门绩效考评有什么想法，欢迎及时联系，我们将十分感谢。通信地址如下：

服务单位：北京大学政府管理学院

北京大学人力资源开发与管理研究中心

研究方向：人力资源开发与管理，公共管理

单位地址：北京市颐和园路5号，北京大学政府管理学院大楼内

电　　话：010－62751641，51988218

邮　　编：100871

电子邮箱：xmingzh@pku.edu.cn，xmingzh@263.net

肖鸣政

献给我的儿子，罗伯特·C·波伊斯特，

一个"绩效"一直不错的好孩子

前　言

在最近的几年里，政府部门的绩效考评得到了真正的实施，xv
非营利部门的绩效考评也开始开展起来。尽管绩效考评的观念已
经兴起了相当一段时间，但是直到最近几年，绩效考评在公共部
门和非营利机构中才得到空前的重视与巨大的发展。它所产生的
影响主要集中在以下两个方面：(1) 政府、媒体和公众的工作责
任感不断增加；(2) 管理者和公共机构致力于提高绩效、关注工
作结果与积极工作的承诺不断增长。增加责任感和改进绩效两个
方面的承诺，体现在 1993 年《政府绩效与结果法案》当中，也
体现在联邦层面，体现在以工作结果为立法导向的大部分州政府
以及一些地方权力机构中。

因此，许多部门及其负责人都热衷于在政府部门使用绩效考
评，包括立法机关本身、其他民选官员、首席执行官员或行政首
脑、高层政府部门、管理者和员工、客户和委托人，以及相关职
能组织。在非营利部门，董事会、管理者和员工、志愿者、客户
和顾客、赞助集团，以及基金组织都致力于有效地运用绩效考评
来改善管理，制定决策，提高绩效，增强责任感。因此，在过去　xvi
的几年当中，绩效考评系统在政府和非营利部门得到了广泛的运
用，运用的范围涵盖那些在部门内部使用的系统和那些在网站上
维护并可以面向公众的考评系统。

益　　处

尽管政府似乎已经采用了许多管理方法，而这其中不少方法

都是"昙花一现"，然而人们对绩效考评的兴趣却一直没有减弱的迹象。这是因为绩效考评的运用可以给人们带来不可辩驳的逻辑结果，即如果运用绩效考评来监控政府机构，使其围绕考评目标及其路线发展，进而完成那些确保成功的必要的指标，那么，这些机构都很有可能达到它们的目的和目标。相反，没有绩效考评的管理方案或管理机构很可能是盲目运行的，并且没有恰当的技术方法来表明机构事业的发展方向。

绩效考评系统在有效的设计和实施以后，就能为管理者提供控制其组织的一套工具，以及为政府和基金机构提供一个能够产生各种期望产品的机制。绩效考评是许多以结果为导向的管理方法的重要组成部分，包括战略管理、基于结果的预算、绩效管理系统、流程优化、绩效合约和员工激励系统。而且，绩效考评产生的数据可以支持更加周全的决策制定。通过对产出、生产力、效率、效果、服务质量和客户满意度等绩效指标的考评，我们能够得到各种信息，这些信息的有效提供可以帮助公共部门和非营利组织更好地进行管理，更加有效地运作。这些信息也有助于管理者奖励成功的做法，并纠正不当行为，从而避免重蹈覆辙。

通过绩效考评，政府本身或者高层管理者可以把对整个组织的注意力都集中在要优先处理的问题上，并且绩效考评也能作为真正实现绩效改进的催化剂。也就是说，在别的任何条件都不变的情况下，管理上和员工都趋向于按照绩效指标行动，因为他们宁愿在确定的指标面前"看起来很好"而不是不怎么样。因此，配置适当的绩效考评可以促使管理者和员工更加努力地工作，更加迅速地达成组织的目标和目的。最后，利用考评系统，组织还可以把产生的结果传递给那些外部的公民和内部的职员，从而帮助组织解释一些情况，比如向政府提出的预算需求或者向基金机构提出的申请。

挑　　战

然而，绩效考评的上述好处并不会自动实现，而是需要我们对绩效考评系统精心设计。绩效考评系统的有效设计和实施是一件非常具有挑战性的事情，这些挑战来自方法上的一系列问题以及管理组织上和制度上的变革。尽管许多公共和非营利机构已经存在运作良好的系统，但是有些机构在没有完成它们的考评工作之前就放弃了，也有些机构在发现系统不是特别有用或者仅仅是没有很有效地运用它时，就停止了考评系统的运行。这些情况经常发生，主要是由于考评系统没有针对特定的服务目的进行设计，或者考评系统所建立的承诺机制和所需要的有效运用的条件没有得到有效的保证与实施。

尽管公共管理领域关于绩效考评的文献不断增加，在非营利组织管理领域中这方面的文献也不少，但是，比较完整和详细地解释如何开发考评系统的资料却很少，解释考评系统如何运行的资料也很少。本书的目的就是帮助公共和非营利组织的管理者有效地设计和实施绩效考评系统。尽管我们有责任向政府和高层当局提供一定的帮助，但是本书主要还是针对公共组织中部门层面的绩效考评，致力于帮助公共和非营利组织管理者更加有效地运用绩效考评来管理它们的项目，并使项目更加有效地运作。

内容简介

本书力图完整地说明如何进行公共组织中部门的绩效考评，强调部门绩效指标设计的方法及其面临的挑战，强调绩效考评的组织应该与管理相衔接，强调需要我们首先确定绩效考评的目的，并且进而以此来设计考评系统。事实上，这种方法的唯一特征是众所周知的事实，即大多数有效的考评系统都不是单独设计和实施的，而是与其他管理和决策过程联合设计和实施的，比如与计划、预算以及对管理者和员工的工作指导和控制相联系。例如，在设计上，一个支持战略性规划过程的考评系统，会与用来分析操作问题和跟踪质量改进的考评系统有很大的不同，尽管有许多开发绩效考评的通用程序都可以用来开发这些考评系统，但是如果在设计的时候没有明确目的并量体裁衣般地开发系统，以收集达到管理目标所需要的各种信息，　xviii　就会严重地影响到我们成功实现管理目标的可能性。

因此，本书由四篇组成。第 1 篇是公共和非营利组织绩效考评的管理概述。第 1 章是关于绩效考评的引言部分，介绍了绩效考评运用的演进过程、以结果为导向的考评方法，以及考评系统可以支持的各种管理功能。第 2 章介绍了在公共和非营利机构有效地设计和实施绩效考评系统的全部过程。

第 2 篇是本书的核心。它包括的各个章节都具体地介绍了在绩效考评系统开发过程中可能遇到的许多技术上的难题：如何界定所要考评的绩效结果和相关绩效标准，如何紧扣管理目标和目的进行考评，如何确定和评价绩效考评的价值，如何分析和报告绩效考评的相关数据，以及如何在考评系统运行过程中处理数据。

第 3 篇包括 5 章，主要聚焦于如何开发与实施绩效考评系统，以支持特定的管理和决策过程，比如战略规划与管理、预算管理、绩效管理、流程优化和标杆比较等。同时，对于每一个过程中特定的难题和独特特征，这些章节中都有特别的强调。

第 4 篇也是本书的最后一章，它回顾了设计和实施考评系统的整个过程，介绍了管理者在开发这样的系统时经常遇到的问题，并且介绍了在公共和非营利组织中成功地实施考评系统的一些战略。

所适合的读者

本书主要适合两类读者。首先，适合于在公共机构、非营利组织和基金会的各个管理层面的管理者和职业经理，他们经常会参与绩效考评系统的开发，并且常常需要寻找进行这些工作的指导性意见。本书可以帮助他们选择开发哪种类型的系统，并帮助他们有效地设计和实施这种系统。内部和外部的项目工作评价者，以及其他职业咨询师将会发现这本书的特别价值。

xix
其次，许多大学的学位课程都向研究生提供专业教育，在他们的课程中强调公共管理和绩效考评。这些课程除了公共组织和非营利部门管理以外，还包括工作计划、公共政策和工作评价。无论他们把本书用作教材还是用作辅导读物，在这些领域的不同课程中的学生和老师都会发现，本书是了解问题的有效来源，通过它可以了解在公共和非营利部门运用绩效考评的前景。本书也可以用于研究生课程的某些特殊分支领域，比如健康政策或教育行政领域，在这些领域当中，绩效考评也是一个十分重要的问题。

致　谢

本书的写作花费了我不短的一段时间，在开始着手这项研究工作之前，我连续几年参加了一系列关于绩效考评的讨论会。在这个过程中，许多人都给我提供了开发绩效考评系统的机会，或者作为我的老师让我有机会分享关于设计、实施和运用绩效考评方面的知识和经验，这对本书的写作做出了直接或间接的贡献。

在这些人当中，许多都是我多年的朋友，包括托马斯·D·拉森（Thomas D. Larson），宾夕法尼亚州前任交通秘书长和联邦公路管理机构的前任行政长官；小理查德·H·哈里斯（Richard H. Harris, Jr.），宾夕法尼亚州交通部优秀绩效创建中心的主任；小乔·鲁宾逊（Joe Robinson, Jr.），宾夕法尼亚州交通部绩效改进和大众汽车分部的主任；戴维·马戈利斯（David Margolis），宾夕法尼亚州交通部财政管理司主任；小威廉·E·尼科尔斯（William E. Nichols, Jr.），宾夕法尼亚州威廉斯波特交通司（WBT）的一般管理者；凯文·基尔帕特里克（Kevin Kilpatrick），威廉斯波特交通司的计划和审批行政长官；詹姆斯·莱尔（James Lyle），佐治亚州行政服务部的前任业务流程改进部主任和佐治亚州公共电视广播事业部的现任执行总裁；杰拉尔德·吉勒特（Gerald Gillette），佐治亚州儿童抚养执行办公室首席操作分析师；特里·莱思罗普（Terry Lathrop），北卡罗来纳州夏洛特交通部的前任名誉主任；已故的帕特里克·马尼恩（Patrick Manion），亚利桑那州菲尼克斯市的前任名誉市长；斯图尔特·伯曼博士（Dr. Stuart Berman），疾病控制中心性传播疾病预防分部的流行病学和监督科主席；伯尼·本森（Bernie Benson），美国红十字会分会信息管理官员；梅格·普兰兹（Meg Plantz），美国联合协会考评委员会
xx 副主席；以及萨尔·阿莱莫（Sal Alaimo），佐治亚州西北部童子军顾客调查委员会结果考评管理者；等等。除此以外，佐治亚州立大学公共行政部的研究生课程中的许多学生也花了几年时间来参加几个专门的考评方案，这些方案被旧金山和华盛顿评价协会采用了，政府机构也参加进来，提供了关于如何成功地解决绩效考评的问题、挑战和战略的进一步见解。

我还想向马莎·马丁（Martha Martin）表达我的感谢，她是新近退休的佐治亚

州立大学公共行政和城市研究部的资深秘书，因为她在对这本书各章节反复修改的过程中，给了我耐心的、专注的和非常专业的帮助。另外，我还想向我的妻子莫莉·波伊斯特（Molly Poister）表达我深深的谢意，她一直乐意为我准备丰盛的饭菜，不辞劳苦地为我承担了一切家务，让我充满持久的愉快和干劲。

特别感谢

最重要的是，我想向朱丽娅·梅尔克斯（Julia Melkers）提供的特别帮助致谢，她是我的朋友和我在佐治亚州立大学原来的同事，她目前在伊利诺伊州立大学公共行政学院工作。她帮助我进行成本预算和数据处理，执笔撰写了第6章，并对其他章节的手稿提供了反馈信息，此外，朱丽娅还帮我构思了本书的写作计划，并协助我完成了本书。她全力以赴的协作对于拓宽本书的视野和重要主题的确定有着无可比拟的贡献，这些主题在很多时候都是经过她精心的加工后变得浅显易懂的。在此，我深深地感谢她的投入、她本人的支持和她对本书的巨大贡献。

然而，作为作者，我将永远对书中任何的错误、冗长或不当的解释独立承担责任。

西奥多·H·波伊斯特
于佐治亚　罗斯韦尔

目　录

第1篇　绩效考评管理概述

第1章　绩效考评导论 …………………………………… 3
　1.1　绩效考评概述 …………………………………… 3
　1.2　政府绩效考评的"新"发展 …………………… 5
　1.3　非营利部门的绩效考评 ………………………… 7
　1.4　绩效考评的运用 ………………………………… 8
　1.5　绩效考评系统 …………………………………… 12
　1.6　绩效考评的问题和前景 ………………………… 14
第2章　绩效考评系统的设计与开发 ……………………… 18
　2.1　绩效考评系统的设计和实施过程 …………… 18
　2.2　绩效考评系统设计中的灵活性 ……………… 24

第2篇　绩效考评方法及其分析

第3章　绩效内容与范围的界定 ………………………… 29
　3.1　项目工作逻辑 …………………………………… 29
　3.2　几种不同的逻辑模型 …………………………… 33
　3.3　绩效指标 ………………………………………… 40
　3.4　逻辑模型的设计 ………………………………… 45

第4章 绩效目的与目标的确定 ··· 47
　　4.1 组织使命、目的和目标 ··· 47
　　4.2 SMART 目标 ··· 50
　　4.3 绩效标准和服务标准 ··· 54
　　4.4 项目的目的和目标与管理的目的和目标 ····················· 57
　　4.5 目的、目标和绩效指标 ··· 60
第5章 绩效指标的设计 ··· 61
　　5.1 考评数据的类型 ·· 61
　　5.2 绩效数据的来源 ·· 65
　　5.3 效度和信度 ··· 68
　　5.4 常见考评问题 ·· 72
　　5.5 绩效指标的其他评价标准 ·· 79
　　5.6 定义绩效指标的建议 ·· 83
第6章 绩效数据的分析 ··· 85
　　6.1 公共运输系统绩效考评模型 ····································· 85
　　6.2 跨时期分析 ··· 88
　　6.3 目标参照分析 ·· 89
　　6.4 子单元分析 ··· 92
　　6.5 外部标杆分析 ·· 93
　　6.6 其他类型的分析 ··· 95
　　6.7 绩效指标分析小结 ·· 95
第7章 绩效考评结果的报告 ··· 97
　　7.1 绩效数据及其听众 ·· 97
　　7.2 报告形式 ·· 98
　　7.3 绩效结果报告小结 ·· 108
第8章 绩效考评数据管理系统的设计 ··································· 110
　　8.1 选择或设计数据管理系统 ·· 110
　　8.2 选择合适的绩效数据管理软件 ·································· 114
　　8.3 设计高质量的绩效数据管理系统的
　　　　 总结性建议 ·· 120

第3篇 绩效考评的战略性应用

第9章 绩效考评在战略规划与管理中的应用 ························ 125
　　9.1 战略规划和管理 ·· 125
　　9.2 战略管理过程中的绩效考评 ····································· 127
　　9.3 战略性绩效指标 ··· 129
　　9.4 平衡计分卡 ··· 138

　　9.5　绩效考评和战略管理 ……………………………………… 142
第 10 章　绩效考评在预算管理中的应用 …………………………… 143
　　10.1　基于绩效的预算 …………………………………………… 143
　　10.2　实施基于绩效的预算 ……………………………………… 153
　　10.3　让系统运转起来：帮助政策制定者理解基于绩效的
　　　　　预算 ………………………………………………………… 155
第 11 章　绩效考评在绩效管理中的应用 …………………………… 157
　　11.1　绩效管理系统 ……………………………………………… 157
　　11.2　绩效管理系统的指标 ……………………………………… 160
　　11.3　个人的和项目的绩效管理 ………………………………… 167
第 12 章　绩效考评在质量改进、效率提升与服务改善方面的应用 …… 168
　　12.1　监测生产力 ………………………………………………… 168
　　12.2　监测服务质量 ……………………………………………… 173
　　12.3　监测顾客满意度 …………………………………………… 179
　　12.4　监测"螺母和螺丝" ……………………………………… 182
第 13 章　绩效考评在标杆比较中的应用 …………………………… 183
　　13.1　公共部门的标杆 …………………………………………… 183
　　13.2　统计性标杆 ………………………………………………… 185
　　13.3　标杆中的问题和挑战 ……………………………………… 186
　　13.4　改善比较指标的策略 ……………………………………… 189
　　13.5　标杆的前景 ………………………………………………… 193
　　13.6　关于标杆的参考读物 ……………………………………… 194

第 4 篇　绩效考评的实施

第 14 章　绩效考评系统的有效管理 ………………………………… 197
　　14.1　绩效考评过程的管理 ……………………………………… 197
　　14.2　绩效考评成功的因素 ……………………………………… 198
　　14.3　绩效考评成功的策略 ……………………………………… 203
　　14.4　最后的评论 ………………………………………………… 209

参考文献 ………………………………………………………………… 211
索　引 ………………………………………………………………… 222

第1篇

绩效考评管理概述

■ 第1章　绩效考评导论
■ 第2章　绩效考评系统的设计与开发

绩效考评是定期界定、监测和使用关于组织和工作项目绩效的客观指标的过程，这是政府和非营利组织的管理者特别关注的事情。本篇的各章介绍了绩效考评新近的进展，并把绩效考评定位为以结果为导向的一种管理方法。这些章节也介绍了绩效考评可以达成的各种各样的目标，以及绩效考评为什么如此重要的原因。本篇还特别强调，绩效考评通常并不是独立存在的系统，而是在本质上支持或实施其他管理和决策过程的一个支持系统，比如，在计划、预算、绩效管理、流程改进和标杆比较过程中，它是不可缺少的。因此，对于绩效考评的设计者来说，一开始就应该明确考评目的，并根据这些要达成的目的去制定考评系统，这一点是很必要的。本篇还探讨了绩效考评的局限性，以及在开发绩效考评系统中必然会遇到的挑战和困难。在这些章节中，我们还提供了如何设计和有效实施部门绩效考评的一个完整步骤与程序。

第 1 章

绩效考评导论

什么是绩效考评指标？它们在政府和非营利组织中是怎么运 *3* 用的？什么是绩效考评系统？这些系统是为什么样的目的而设计和实施的？为什么在公共管理领域中人们对这些问题产生了如此强烈的兴趣？目前绩效考评在这个领域的状况是怎样的？这些问题正是本章所要探讨的内容。

如何有效地对部门和项目的工作绩效进行考评，以帮助管理者改善绩效管理问题，很明显，这是公共管理当中一个很大的难题（Behn，1995），并且这个问题在非营利部门也同样存在（Young，1997）。本章将要介绍关于绩效考评的一些基本概念和原则，提供一些有关绩效考评过去发展的背景知识。更重要的是，本章将要探讨绩效考评的各种用途，并解释为什么以结果为导向的公共和非营利管理者如此青睐绩效考评系统。

1.1 绩效考评概述

绩效指标是关于公共部门与公共项目绩效各方面的客观的、 *4* 高质量的标志。就像本书要清楚地说明的一样，各种绩效指标都是用于衡量具体的绩效水平的，比如效益、操作效率、生产力、服务质量、客户满意度和成本。而绩效考评就是定义、衡量和运用这些指标的过程。就像在公共管理领域经常出现的例子，这里并没有统一使用的关键术语。尽管一些人用**绩效考评**（performance measurement）来指绩效数据的定义和选择，用**绩效监测**

（performance monitoring）来表示绩效数据在管理和决策系统中的应用，但是在实践中人们并没有使用统一的术语。因此，在本书中，绩效考评和绩效监测是可以相互替换的。

绩效考评的目的

绩效考评致力于提供关于项目和组织绩效的各种客观的相关信息，这些信息可以用来强化管理和为决策提供依据，达成工作目标和改进整体绩效，以及增加责任感。奥斯本和盖布勒（Osborne and Gaebler）在《政府再造》（*Reinventing Government*）一书中指出，"考评的就是我们要做的"（what gets measured gets done）（1992，p. 146）。换句话说，绩效考评一般会对行为和决策产生影响，事实上，应该说绩效考评的设计是用于影响行为和决策的。绩效考评关注考评目的和绩效本身，激励个人和组织努力改进绩效，至少是在那些他们可以自我控制的行为改进方面。

哈里·哈特里（Harry Hatry）是城市学会（Urban Institute）的一个热衷于绩效考评的研究者，他曾经多次用体育运动的记分工作来类推绩效考评的必要性，"除非你看着记分卡，否则你很难知道你是赢了还是输了"（1978，p. 1）。绩效考评帮助管理者和其他人估计他们部门工作的绩效状况，帮助他们了解他们的项目的进展情况。或者，就像奥斯本和盖布勒所说的，"如果你不去考评工作结果，你就不能分辨出失败和成功"（p. 147）。更进一步，"如果你不能看到成功，你就不能激励与强化它"（p. 198），"如果你不能认识到失败，你就不能纠正它"（p. 152）。因此，绩效考评使管理者从本质上认识到"事情是如何进行的"（how things stand），通过这样的方式，他们可以采取相应的措施，以保持和改进绩效。

绩效考评的历史

绩效考评并不是一个新概念。确切地说，它是一个老概念，但在目前的公共和非营利部门的管理中却有着新的重要的意义。考评工作负荷和员工效率很明显是科学管理方法的一部分，这种方法影响着 20 世纪早期的政府改革家们，早在 1943 年，国际城市管理协会（International City Management Association）创办了一个关于考评市政活动的刊物（Ridley and Simon, 1943）。在肯尼迪执政时期，当系统分析过程被引入联邦政府国防部的时候，人们对绩效考评的兴趣被激发起来，并且这种兴趣随着约翰逊执政时期的规划—计划—预算（planning-programming-budgeting，PPB）系统的实施而扩展到其他机构（DeWoolfson, 1975；Lyden and Miller, 1978）。尽管预算计划改革在后面几届政府中的地位下降了，但是许多联邦机构仍然对计划分析和绩效考评的运用保持着浓厚的兴趣。另外，一些州政府开始了基于项目的预算系统以及把预算过程与绩效考评的运用结合起来的尝试（Mowitz, 1970；Schick, 1971；Howard, 1973）。

从此以后，不同的州、县和市的政府开始了对绩效考评的尝试，把它们增强管理的努力与预算系统结合起来。另外，在 20 世纪 70 年代，当各级政府机构认识到对改革者的社会工作效果进行评估的必要性时，社会对工作评价的兴趣也越来越浓厚了（Suchman，1967；Weiss，1972；Rossi and Williams，1972；Rossi，Freeman and Wright，1979）。这种兴趣促使公共部门将阶段性的定期考评和长期性的工作绩效监测有机地结合起来。

因此，哈里·哈特里及其城市学会的同事开始出版了一些材料，呼吁人们使用绩效考评，并提供了关于如何开发和使用绩效考评的说明书（Hatry and Fisk，1971；Waller and others，1976；Hatry and others，1977）。其他人在具体的管理中更深入地开展了绩效考评的工作（Poister，1983）。除了强调发挥绩效考评对工作的导向作用以外，其他作者更多地提到关于如何使绩效考评融入更大的管理过程中去的问题（Grant，1978；Altman，1979；Steiss and Daneke，1980；Wholey，1983；Epstein，1984）。一些相关但也是独立的文章对预算过程中使用绩效考评的问题也发表了意见（Grizzle，1985；Brown and Pyers，1988）。在此期间，许多公共机构以不同的目的进行了绩效考评实验。例如，数十年来，菲尼克斯市、亚利桑那州、南卡罗来纳州、俄亥俄州在它们的预算和绩效管理过程中一直使用系统的绩效指标。除了那些"星级"城市以外，大量的调查和实验证明，绩效指标在地方管辖系统内也可以广泛使用（Fukukara，1977；Usher and Cornia，1981；Poister and McGowan，1984；Cope，1987；O'Toole and Stipak，1988；Poister and Streib，1989，1994；Ammons，1995b）。

然而，尽管人们对绩效考评的运用越来越热心，但是至少有一种观点开始在一些地方传播：绩效考评在实践中所起的作用，远远低于人们对它的预期。这在一定程度上可以归因于缺乏精当的方法，这使得对许多公共项目的结果的评估都非常艰难。当然，《政府效率的研究》（*The Search for Government Efficiency*）一书（Downs and Larkey，1986）也提到，产生这种现象的潜在原因之一是，大部分政府权力机关都不能客观地考评它们的工作绩效。

更重要的是，在 20 世纪 80 年代中期，对绩效考评的兴趣似乎有点衰退，因为考评逐渐被认为不能为决策制定提供有意义的支持。许多公共组织出现了"DRIP"综合征——数据丰富但信息贫乏（data rich but information poor）——并且花费在考评过程的时间和精力被证明是不值得的。作为改进绩效提出的绩效考评本身，似乎成为了不能很好地兑现其诺言的例子。这在一定程度上是由于管理者没有很好地建立考评系统与管理决策制定过程之间的联系，但也在很大程度上反映我们缺乏将绩效数据的监测和利用制度化的政治意愿。

1.2　政府绩效考评的"新"发展

然而，在 20 世纪 90 年代，公共行政领域的诸多因素重新唤起了人们对绩效考

6

评的兴趣。纳税人的抗议、公共服务私有化的压力、以控制"失控"支出为目的的立法呼声，以及把权责下放到基层政府的分权运动，这一切似乎产生了这样的一种需求，即政府机构应该对立法机关和公众负责，公开政府的财政支出情况以及这些支出所产生的结果。为了回应这些外部压力，建立低成本、高效率的服务驱动机制，公共管理者开始用一系列的方法来强化对其组织的资金管理。最值得注意的是，这些方法包括战略管理（Nutt and Backoff, 1992; Bryson, 1995; Berry and Wechsler, 1995）、更大范围的战略管理过程（Steiss, 1985; Eadie, 1989; Koteen, 1989; Vinzant and Vinzant, 1996; Poister and Streib, 1999b）、质量改进计划和流程再造过程（Cohen and Brand, 1993; Davenport, 1994; Hyde, 1995; Kravchuck and Leighton, 1993）、标杆管理（Bruder, 1994; Walters, 1994; Keehley and others, 1997），以及预算过程改革（Joyce, 1993; Lee, 1997）。这些

7 方法和其他以结果为导向的管理工具迫切地需要绩效考评系统提供基础数据和评价依据。

这些外部和内部因素的共同作用重新唤起了人们对绩效考评的兴趣，其信号是出现了这样一些文章，比如《绩效监测案例》（The Case for Performance Monitoring）（Wholey and Hatry, 1992）和《做好准备：绩效考评的时代终于到来了！》（Get Ready: The Time for Performance Measurement Is Finally Coming! ）（Epstein, 1992）。当然，"如何"进行绩效考评的问题已经被确定为当代公共管理的三大问题之一（Behn, 1995）。许多绩效考评支持者发表文章探讨这个问题，这些文章研究了确定有意义的绩效指标所面临的障碍以及发展和实施有效的考评系统的战略（Glaser, 1991; Bouckaert, 1993; Ammons, 1995a; Kravchuck and Schack, 1996）。

绩效考评复苏的部分原因是受到一些组织的要求的影响，这些组织包括政府会计标准部（Governmental Accounting Standards Board, 1989）、国家公共管理学院（National Academy of Public Administration, 1991）、国家治理协会（National Governor's Association, 1992）和美国公共行政学会（American Society for Public Administration, 1994）。所有的这些要求都促使政府创立目标设定和绩效考评系统。在全国范围，这种对于以结果为导向的公共管理的要求被包含在1993年《政府绩效与结果法案》（Government Performance and Results Act of 1993）中，这个法案要求所有的联邦政府机构在一个特定系统的基础上从事战略规划、目标设定和绩效考评（National Academy of Public Administration, 1997; Newcomer and Wright, 1996; Wholey and Newcomer, 1997）。

许多州政府已经在全州范围内实施了包括战略规划、预算和绩效考评这样的宏观层面的过程，它们在联邦政府开始这方面的考虑之前就很好地开展一些绩效管理工作，比如俄勒冈标杆管理（Oregon Benchmarks），明尼苏达里程碑（Minnesota Milestones），以及佛罗里达州、弗吉尼亚州、得克萨斯州和明尼苏达州的类似方案（Broom, 1995; Aristigueta, 1999）。事实上，近十年的研究发现，通过立法或行政命令，50个州政府中有47个使用了一定形式的、以绩效为基础的预算管理，并

且要求各机构报告相关的绩效指标（Melkers and Willoughby, 1998），尽管在实施绩效管理系统的过程中经常遇到"绩效定义的问题"和"建立合适的绩效指标方面的困难"（Melkers and Willoughby, 2001）。因此，就像在联邦政府一样，大部分州的政府机构至少在工作上已经开始了开发宏观的绩效指标，并且他们可能会在未来的战略框架中定义更为详细的工作绩效指标。

就像前面提到的，地方政府对绩效考评的尝试已经开始一段时间了，并且指标——一些相当常规的而另一些是更有创新性的——已经广泛地在各种服务领域中被确定下来（Ammons, 2001）。两个近来的调查表明，35％～40％的市政权力机构至少在某些部门或项目中运用了绩效考评系统（Governmental Accounting Standards Board, 1997；Poister and Streib, 1999a）；最近的其他研究也发现，美国1/3的县政府使用了某些形式的绩效考评（Berman and Wang, 2000）。另外，几个具有比较性的考评系统已经在地方上设立，在这些考评系统中，一些城市通过合作，定义了统一的绩效指标，以此来衡量它们各自在特定领域中的绩效水平（Coe, 1999；Kopczynski and Lombardo, 1999）。

1.3 非营利部门的绩效考评

绩效考评也逐渐引起了非营利组织的关注（Schuster, 1997；Berman and West, 1998）。在20世纪90年代早期，非营利卫生和公共事业机构就普遍关注衡量财务责任、项目产品或产出、提供的服务的质量标准、人口统计学指标和其他参与者指标，以及效率和顾客满意度等（Taylor and Sumariwalla, 1993）。在过去的十年里，绩效考评的重点已经转移到开发结果指标方面（United Way of America, 1998）。与政府部门中出现的力量联合作用带来对绩效考评认同的提高一样，同样的现象也出现在非营利部门，因为资金来源机构（包括政府机构、私人公司和基金）、管理实体、一般公众和非营利组织的领导本身都关心产出的结果（Hendricks, 2002）。

在美国联合协会（United Way of America）的引导下，许多全国性的卫生和公共事业方面的非营利组织，比如美国癌症协会（American Cancer Society）、美国盲人基金会（American Foundation for the Blind）、美国大哥大姐协会（Big Brothers Big Sisters of America）、女孩联合会（Girls Incorporated）、美国女童子军（Girl Scouts of the USA）、美国男童子军（Boy Scouts of the USA）、国际友好工业协会（Goodwill Industries International）、美国红十字会（American Red Cross），以及美国基督教青年会（YMCA of the USA），这些非营利组织都广泛地参与到对结果的考评中。这些组织通过开展这方面的研究，设计开发和使用考评系统，以及通过提供资源和协助来帮助他们的分支机构和会员去考评他们自己的绩效，促使绩效考评得到了普遍的运用（Plantz, Greenway and Hendricks, 1997）。其他的全国性非营利机构，例如"复活节"和"全国多样硬化症协会"，如同许多地方非营利机构一样，对于以支出为导向的绩效考评系统也显示出很大的兴趣。

考虑到许多非营利机构像政府组织一样，一般都忙于推动社会改良目标的实现，向顾客或公众提供服务，考虑到非营利机构与政府机构一样都涉及同样的绩效标准，比如工作项目效果、操作效率、服务质量和顾客满意度，那么，非营利部门和公共部门绩效考评的过程也就非常相似，尤其是在技术问题方面。然而，在管理过程方面，非营利组织在开发和实施考评系统的时候面临着一些不同的挑战（Hendricks，2002）。例如，与许多政府机构的外派机构不同，一些非营利组织的地方分支机构有更大的自治权，因此统一的绩效考评的要求和过程不能依照与政府部门相同的命令方式传递下去。另外，关于考评系统的信息以及培训和技术协助方面的资源，在非营利部门也不像在政府部门那样很容易获得。

因此，在公共和非营利部门，这种对绩效考评的加速认同为一些活动提供了支持，这些活动包括提供一个更有针对性的使命和战略，改进管理和决策制定，改进绩效本身以及增强对政府自身和外部利益相关人的责任感，这些利益相关人包括基金机构和公众。与早期开发绩效考评系统的尝试——早期的系统通常是没有目标、没有针对性的，还没有很好地与其他评价和决策制定过程相联系——相比，最近出现的考评系统更能体现使命，更具结果导向。在更多的情况下，"新"绩效考评是与战略框架相联系的，强调客户的看法，考评针对目标和目的的绩效，并且通过有意义的方式把考评系统与其他管理过程结合起来（Poister，1997）。更重要的是，与一般的目标衡量系统不同，公共和非营利管理者将学会根据具体的需要使用绩效考评，然后再设计和实施考评系统，以有效地服务于这些目的。

1.4 绩效考评的运用

这本书的主题是结果管理和绩效考评——作为支持以结果为导向的管理方法的一种工具——在公共与非营利组织管理中的应用。检验绩效考评效果的办法是，在一段时间之后看它是否有助于组织和工作项目绩效的切实改进。然而，为了保证绩效考评的有效性，考评系统的设计必须服从于所要支持的具体管理过程及其所提出的管理目的。一般来说，绩效考评系统主要用来支持以下管理功能：

- 监测和报告
- 战略规划
- 预算和财政管理
- 工作项目管理
- 工作项目评价
- 绩效管理
- 质量改进，过程改进
- 合同管理
- 外部标杆管理

● 公众交流与沟通

上述管理功能中的每一种都能以促进结果导向的管理方式开展，而且在每一种管理功能中，绩效考评对于提供针对结果的反馈都是十分重要的。尽管上述各种管理功能经常相互补充，但是这些管理功能是服务于不同目的的。每一种功能都代表一种特定的用途，并且需要一套具体的绩效指标。因此，任何既定的考评系统都需要根据其目的来设计，并且有意识地根据其确定的用途来进行开发。

监测和报告

在政府和非营利组织中，绩效考评最传统的用法可能是监控和反馈工作项目的进展情况和机构的运作情况。这样的系统通常围绕资源耗费、事务完成情况以及组织提供的产品和服务，但是这些系统也包括效率、生产力、服务质量或者是合同中所达成的结果等指标。在一些例子中，这样的指标经常与记账过程相联系，用作"服务态度和实现程度"方面的报告（Harris, 1995; Halachmi and Bouckaert, 1996）。这些指标被报告给高层管理者、决策的官员、立法机构或政府本身。尽管决策和行动可能通过这些数据得到促进，但是报告系统事实上是相对被动的，因为这些报告系统通常没有包含程序化的决策制定和管理过程。

战略规划

另一方面，绩效考评更加主动的运用是与战略规划相联系的。战略规划的方法 11 强调组织与其外部环境的"适应性"，这种方法的设计是用于确定组织在长期的运作中所面临的最基本的问题，并开发战略来解决这些问题（Bryson, 1995）。这个过程中的一个必要的工作是，通过一个被称为 SWOT（strengths, weaknesses, opportunities, threats）分析的方法来评估组织的优势、劣势以及相关的外部机会和挑战，而现存的绩效考评系统通常是有关这些优势和劣势的信息的重要来源。最终的战略规划通常首先定义战略目的和目标，这是很重要的，然后定义和监测绩效指标，以此来跟踪衡量实施战略的初衷以及战略目的和目标的达成情况。有时，期望的指标事实上是最先定义的，然后再运用到具体的目的和目标层面上来，作为成功地达到目的的标志。最主要的是，与这种战略管理相联系的绩效考评被称为《政府绩效与结果法案》或者类似的州的立法。

预算和财政管理

在公共或非营利项目管理中，一般采用的是根据工作结果分配资源而不是根据投入决定分配的原则，这个原则已经在几十年的时间里处于核心地位并且重塑了预算过程。这个原则也是向基于结果的预算或者基于绩效的预算转型的基础，这种预算方式目前已经遍及整个美国。这样的预算系统要求设立输出、成果、效率、成本以及效果等绩效指标，以评估资源和结果之间的关系，以及根据其产生的结果来比较可供选择的费用建议。因为政治上的和方法上的因素（Joyce，1997），许多人都担心实施和实际运用这种系统的可能性，但把绩效考评引入预算过程的尝试，或者至少是使绩效考评为决策制定提供依据的尝试，仍然可以有条不紊地继续开展下去。绩效考评可以用于预算过程中的几个不同的阶段，尽管民选官员可能很难保证完全贯彻以绩效为基础的预算原则，但是政府机构仍然可以发现，绩效考评数据对于管理它们的工作项目来说还是有用的（Joyce and Tompkins，2002）。

工作项目管理

12　　针对工作项目而不是机构绩效的考评系统，毫无疑问，通常被用来强化对工作项目的管理。用于衡量资源消耗、活动开展、事务完成、顾客服务、成果产出、社会服务——如我们所期望的——以及其他所达到的结果和效果指标，对于工作项目管理者应该有很强的吸引力。这类可以通过这样一套平衡指标提供的信息，特别是在这些指标能够定期被衡量的时候，就可以帮助管理者跟踪整个项目的绩效，确定问题，不时地改变系统的设计、实施或服务交付系统，以提高工作项目的绩效。

工作项目评价

绩效考评是项目评价中一个非常基础的要素，如果没有对项目绩效指标的界定和关于这些指标的数据，就不能采取定量评价。此外，绩效考评系统支持工作项目评价的功能。首先，现存的考评系统可以提供关于工作项目绩效的描述性"说明"，来说明工作项目是否已经做好了评价的准备，并帮助提高被评价资源的成本效率（Wholey，1979）。其次，在绩效考评系统中，被定期反复观察的关键指标自动积累了时间序列上的基础数据。这些基础数据可以直接提供给间断性的时间序列设计和复合型的时间序列研究设计，通常适合于更具分析型的工作项目的评价。另外，这些数据也可以提供给评价的对照组设计以及其他非试验和准试验的设计（Henry and McMillan，1993；Harkreader and Henry，2000）。

绩效管理

在这里，**绩效管理**是关于指导和控制组织中的员工和工作团队，并激励他们达到更高的绩效水平的一个过程。向员工提供关于他们的绩效的反馈是有效的绩效管理方法的一个核心要素，并且这种反馈常常是通过绩效考评来提供的。值得注意的是，通过目标管理（MBO）系统进行管理，在政府已经有很悠久的历史了，并被证明是很有效的。因为目标管理强调目标设定、参与决策制定和目标反馈（Rodgers and Hunter，1992）。尽管用于目标管理型系统的绩效反馈可以有多种来源，现存的绩效考评系统有时也可以满足这种目的（Epstein，1984；Poister and

Streib，1995）。另外，**绩效监测系统**这个术语有时也用来指一些不是特别个性化的管理系统，这些系统一般用来监测那些被评价的绩效是否实现，从而引导组织实现工作项目或组织单元所要达成的目标（Swiss，1991）。

质量改进

在过去 20 年内席卷整个公共部门的质量运动，基本上是以事实为依据、以数据为基础的对操作流程和服务质量进行改进的方法。质量运动的核心已经变成非常传统的包括员工小组或功能交叉项目的质量改进过程，在这个过程中，可以确定员工工作过程中所出现的问题，分析这些问题的原因，以及开发相应的解决方式，以达到提高质量和生产力的目的。绩效考评是这个过程中的一个重要组成部分，虽然绩效考评可能在正在进行的、持久不变的考评系统中没有常规化。同经常与以战略规划或基于结果的预算为目的的年度数据相结合的宏观指标相比较，那些在质量改进过程中所使用的指标一般更加详细、更加侧重于微观层面或者更倾向于采用短期指标。一般来说，这些项目的考评指标强调资源质量、设备停工期、周期、等待期、正确和错误的比例、整体服务质量、员工生产力，有时候还包括结果等指标。此外，因为质量改进方法更强调客户服务和客户满意度，这种类型的分析经常使用客户反馈指标。

合同管理

由于对公共服务私有化和通过合同形式将服务外包给第三方提供者的兴趣迅速增长，合同管理在公共管理领域成为一个热门话题。而且，社会对增加责任和以结果为导向的管理的信任，也使人们对绩效合同管理产生了更大的兴趣。绩效合同是指针对那些更多的是关于服务提供者所要完成的任务的规定，而不是针对结果出现以前的过程——提供者将运用的资源以及他们要进行的具体活动——的规定（Behn and Kant，1999）。对于通过绩效合同把工作项目实施或服务提供的义务外包出去的政府机构来说，需要设定清晰的结果导向的目标，并界定适当的绩效指标来跟踪这些成功标准（Kettner and Martin，1995）。对许多通过与政府机构签订合同来提供公共服务的非营利机构来说，绩效合同使追踪关键结果的各种指标并把它们报告给基金机构成为必需。

14

外部标杆管理

就像前面提到的，在公共和非营利部门中，人们对外部标杆管理的兴趣也逐步显示出来，外部标杆就是在管理过程中把一个机构的绩效与其他相似机构或工作项目的绩效进行比较。然而，公司形式的标杆更强调相互的沟通，并经常通过网站访问"明星绩效者"（star performers），学习那些可以被其他组织所采用的成功战略和策略。在公共和非营利部门，外部标杆的第一步通常涉及统计性标杆——分析类似的几个部门中那些具有可比性的统计绩效指标，这种比较可以在政府与政府之间进行，比如不同城市的政府之间的比较（Urban Institute and International City/County Management Association，1997），也可以在某一政府部门的下属机构之间进行，比如州交通部下属各机构之间的比较（Hartgen and Presutti，1998）。与这些同级群体的比较可能对某个特定机构是有用的，因为通过比较，可以看到该机构的绩效是如何在公共服务产业中形成的，也可以看到其他高标准的绩效，并可以对那些有益于绩效提高的前导性实践进行探索。

与公众的沟通

由于在传统的监测和报告方面的运用扩展的原因，绩效考评也开始被用于和公众进行关于机构和工作项目绩效方面的沟通。与责任逐渐增加的趋势一样，许多公共机构定期制作"报告卡"（report cards），以印刷品、新闻发布会和网络的形式向公众报告他们的绩效。下面就是很好的一些例子：

"五号一揽子补助计划"报告了各州的绩效指标和结果指标，这个工作项目是由妇幼保健司（Maternal and Child Health Bureau）、保健资源和服务行政部（Health Resources and Services Administration）、美国保健和公共事业部推广执行的(请登录网站：www. mchdata. net)。

宾夕法尼亚州交通部（Pennsylvania Department of Transportation）提出了一种按月出版的报告卡片，每月为不同的工作项目提供绩效数据（请登录网站：www. dot. state. pa. us）。

哥伦比亚特区提出了一种报告卡片，这种卡片报告了众多的区和机构层面的战略目的和目标的情况（请登录网站：www. dc. gov/mayor/scorecards/index. shtm）。

亚特兰大地区联合协会（United Way of Metropolitan Atlanta）提出了一种进展报告，这种报告提供了每一个重要工作项目的目标，并报告了这些目标完成的进展情况（请登录网站：www. untiedwayatl. org/VirtualCommunity）。

15

1.5 绩效考评系统

通过绩效管理系统与考评系统，绩效考评结果可以被最有效地监测和运用。绩效考评系统和管理系统定期地衡量所选择出来的绩效指标，是为了评估绩效，加强项目或组织的政策制定，提高绩效和责任感。绩效考评系统是绩效管理中观察、报告和使用绩效考评的一种主要工具，大多数直接操作绩效考评的人都忙于设计、实施、管理、维护、监测或使用绩效考评系统。

如图 1—1 所示，除了一般的管理功能以外，绩效考评系统包括三个组成部分，这些部分涉及数据选择和处理、分析和后续活动或决策制定。第一，管理者负责确定和交流战略框架。明确在这个框架内被使用的绩效考评系统——包括机构使命、战略、目的和目标，以及任务对象——并确保系统符合这个框架的定位。第二，管理者负责设计、实施和维持机构的工作项目、服务和操作以及标准，负责使用考评系统来改善整个绩效。

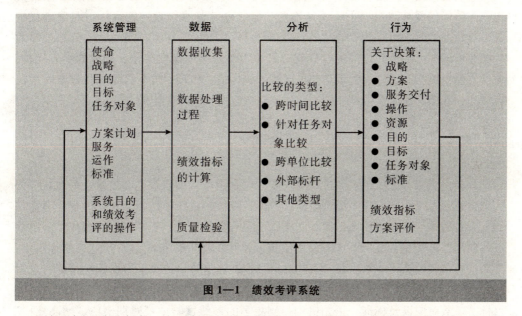

图 1—1 绩效考评系统

关于考评系统本身，管理者需要确定其目标，并确保系统是服务于这个目标的。就像前面提到的，一个用来支持战略规划的考评系统的设计，与用于质量改进、绩效衡量或外部标杆过程的考评系统的设计，会有很大的不同（关于这些区别的具体内容参见第 9～13 章）。最后，要使绩效考评系统的运行获得成功，管理者不仅要界定指标和系统的设计，而且要用那些数据来提高绩效。

数据部分

数据收集和处理通常是绩效考评中最耗费时间和成本的部分。数据常常通过分散于各地的组织单位来输入，并且这些数据在通用数据库中必须是成批的和整体的，就像将在第 8 章讨论的一样。但是未经加工的数据本身通常并不能产生实际的绩效指标，指标是由未经加工的数据的综合计算而得到的，这些指标通常是以平均数、百分比、比率或比例，以及比率变化情况的形式出现的。另外，考评系统必须产生报告，这些报告是以有助于达到既定的目的的形式来提交的，并且应该定期向目标用户发送这些报告。也像将在第 8 章讨论的一样，需要通过一个检验数据输入和处理的可靠性的系统，来确保数据的完整性和正确性。

16

14

分析部分

就像第 6 章将要说明的一样，绩效考评系统本身常常不是特别有用的，因为它们缺乏背景材料。为了把指标转换为信息以及提供有意义的解释，需要把指标与以往的一些情况进行比较。通常，最重要的是进行长期的比较，以显示出绩效指标的变

17 化——绩效已经被改进、下降还是不变？也可以针对组织设定的目标或对象进行检查，看是否达成了组织想要的绩效。就如图 1—1 所示，其他有用的比较方法把绩效数据在组织内部的单元之间进行分解，比如工作项目或操作单位、分散的地方机构、项目或授权机构。另外，针对其他可比较的机构或工作项目的标杆绩效指标有时也是有用的，就像其他分类数据一样，比如不同顾客群体的分类比较。

行为部分

如果一个考评系统的有效性检验主要看它是否带来绩效改进的效果，那么其考评的结果必须可以用来为决策提供信息。管理者应该关注绩效数据，并在过程中考虑其结果会对整体战略、工作项目设计和实施、服务交付系统、正在进行的操作、资源获取和使用，以及各种支持系统方面的决策所产生的影响。很明显，在复杂的环境中，不应该希望绩效考评能够主导复杂的决策过程，但是它们应该能够影响决策的行动过程，这些行动是管理者选择的用来改进绩效的。绩效数据也可以用来提升管理目的和目标、任务对象以及标准。正如机构得到更多的系统试验或者对期望值"增高栅栏"(raising the bar) 一样，实际绩效也可以随着时间的推移得到改进。最后，绩效趋势可以用来决定是否以及何时应该对特定的工作做出全面的评价。

1.6 绩效考评的问题和前景

如果使用适当，有效的绩效考评系统能帮助公共和非营利组织的管理者更好地制定决策，改进绩效以及增强责任感。当我们有效地设计和实施考评系统时，绩效考评能够针对组织所关注的目的和目标，提供关于机构或工作项目绩效方面的重要反馈，以及激发管理者和员工更努力地工作和更快地改进绩效。考评系统也能够帮助我们更有效地配置资源，评价可供选择的方法的功效，以及获得对整个操作过程的更多的控制，即便在操作层面上允许更多的灵活性的存在。正如人们已经看到的那样，考评系统能够成为以结果为导向的管理过程中非常重要的一种工具。研究表明，考评系统产

18 生的数据可以用于计划、资源分配、工作项目管理，以及向民选官员、市民和媒体报告绩效 (De Lancer Julnes and Holzer, 2001)。

但是绩效考评对于提升组织绩效的"底线"水平真的有用吗？它是否能带来组织绩效的改进，即是否能带来有效的工作项目、服务质量的改进、更高的客户满意度以

及组织更有效的运转？对绩效考评系统效果的高度结构化的评价是无法获得的，因为绩效考评系统的效果是在公共和非营利组织管理的"行动过程"中实现的。然而，通过调查和案例研究获得的分散的数据对这个问题做出的回答是肯定的。例如，在明尼苏达州、俄勒冈州、得克萨斯州、佛罗里达州和弗吉尼亚州，众多的机构或管理者都认为，通过考评系统获得的绩效数据事实上有助于改进内部运作、定位绩效问题以及改进工作项目的绩效（Aristiqueta，1999）。

类似的，几年以前对市政管理者进行的一次调查发现，38％的城市都表示，它们正在实施绩效考评，其实施的范围有大有小，或者是在全市范围内或者是在选定的部门内（Poister and Streib，1999a）。在有绩效考评系统的权力机构中，57％的机构认为它们的系统在强化管理和决策方面至少是有些用处的，而其中的37％声称这些系统是非常有效的。更重要的是，这些关于全面考评系统的调查单位中，70％以上都报告说考评已经带来了在服务质量方面的切实的改进，并且46％的机构声称考评已经对减少城市运营费用产生了一定的或较大的作用。

也有各种个案研究和逸事般的证据表明，考评系统已经带来了真实的服务改进和其他切实的影响。一些公共管理者的报告还提供了成功的案例，在这些案例中，绩效考评系统被作为改进服务质量、提升工作项目有效性、提高对客户的回应性和提高运营效率的催化剂（Syfert，1993；Ammons，2000；Epstein and Campbell，2000；Mallory，2002）。实际上，国家公共生产力中心赞助的州与地方政府模范奖项目关于政府最佳实践的一篇评论把绩效考评作为领先的以结果为导向的管理的重要组成部分（Holzer and Callahan，1998）。

绩效考评的局限性

然而，绩效考评并不是能够解决组织和工作项目所面临的全部问题和挑战的万能药。公共和非营利组织中的许多问题都至少是有些棘手的、看起来不是很容易解决的，并且经常不能够获得足够的资源来有效地解决这些问题。另外，关于战略、优先秩序、目的和目标的决定，常常严重地受制于政治背景，该背景以不同层面的利益群体的竞争、强有力的政治人物以及为达成妥协而放弃原则的做法为特征。因此，尽管绩效考评系统的目的是通过影响决策来帮助改进绩效，但是系统并不能控制和规定将要做出的决定的内容。绩效考评系统的目的之一是为决策制定提供客观的、以绩效为导向的信息，但是，甚至在更低的管理层面，这些系统也可能被忽略或者不能得到积极的运用。

另外一个困难是，并非所有的机构和工作项目都把它们自己放在平等的位置上进行绩效考评。为那些有着更切实的服务交付系统的机构去开发以产出为导向的绩效考评指标常常是比较容易的，但在那些其活动只被认为是间接地与期望的结果相联系的机构，这个过程可能是更加困难的。例如，美国环境保护局（U. S. Environmental Protection Agency）有一个工作项目，该工作项目试图与东欧国家合作，鼓励它们采用更严格的政策来改善空气和水的质量。该项目的结果是长期性的，而且该项目所涉及的复杂的影响因素网络之间的联系也是不清晰的，因此，与那些以产出为导向的工作项目相比，要为该项目开发出有效的绩效指标更加具有挑战性。

那些以政策为导向的单位，比如计划机构、研究工作项目或政策分析和评价办公室，它们的绩效可能难以在绩效考评系统中体现。因为政策对结果的实际影响常常难以区分出来，也因为这些结果通常在几年甚至几十年内都很难体现出来，因此，像"结果"这样的年度指标，就会显得没有意义，或者只是简单地被提及一下而没有实际的价值。类似的，如果不能考评出政策对相关结果所产生的支持性影响，绩效考评就很难进行。比如，对邮政服务、办公用品供应、财务管理、采购、人事管理、预算和财政以及信息管理等部门的考评，我们一般根据服务交付的情况来判断其所提供的服务质量，由于政策对于这些结果的影响比较难以判断，因此，把这些考评结果作为对政策功能的考评依据通常是不太合适的。另外，对于那些预防性工作项目来说，例如，在对那些限制疾病扩散或减少伤害、灾祸、财产损失或其他自然灾害引起的困苦的工作项目的考评中，那些没有出现负面影响的结果很难作为衡量绩效的指标。

不过，在所有的公共和非营利组织中，结果导向的管理者都应该非常关心如何衡量他们的工作项目的绩效。虽然公共部门的工作项目不可能或不值得以一般的经济指标来考评实际的结果，但是，工作的数量、工作的及时性和质量、工作开展的效率、对客户和顾客回复的程度以及预算的完成情况等，仍然有助于对工作项目进行监测与绩效管理。然而，不论指标系统是有着高度局限性的还是非常全面的，在绩效考评系统的开始阶段就认识到提供**描述的**而非严格评价的数据，这是很重要的。也就是说，通过这些指标自身进行的绩效考评结果，难以提供对原因和结果的清晰的说明。尽管有时候考评系统的数据能被用于一些更严格的工作项目的考评，但是必须避免对绩效指标本身的过度阐释。

尽管绩效考评的基本假设是要提供关于工作项目或机构绩效方面的客观的信息，以保证在决策和行动过程中提高管理绩效，但是这种影响也不是自动出现的。绩效考评也可能产生一些令人意想不到的结果。就像将在第5章提到的一样，不合适的指标或不平衡的一组指标可能会在实践中导致目标转换，造成管理行为从提高绩效的方面走向它的反面。更糟糕的是，绩效考评可能会被滥用。

另外，绩效考评系统可能不仅需要很多的时间和努力。公共和非营利机构应该基于自身的需要来开发考评系统，同时需要在效用和成本之间进行合理的平衡。例如，当考评系统在数据收集和处理方面代价特别高时，同时又只产生了少量的对管理有益的信息，那么这些考评系统在成本效益上就是低效的。

最后，绩效考评系统运行过程中的风险往往会被忽视。有些机构为了维持考评系统的正常运转而投入了大量资源，但是几乎从不认真关注积累的相关考评数据。必须充分地利用绩效考评系统来改进组织的绩效。就像绩效考评支持者常常指出的一样，一个司机对汽车本身装有的计速器毫不注意，那么这个计速器对于确保汽车的安全驾驶来说是没有什么用的。出于同样的原因，如果我们不注意发挥绩效考评的作用，那么，要使绩效考评对于绩效改进产生实际作用，是根本不可能的。

绩效考评的展望

尽管存在上述各种局限，但是绩效考评发展的前景是非常令人看好的。的确，界定有效的指标是一个挑战，有效地实施考评系统可能会遇到困难，把考评系统融入管理和决策过程中需要不懈的努力和持续的认同。但是，这些困难可以被克服，绩效考评系统能够在大多数的公共和非营利组织中取得成功。实践表明，绩效考评能够被成功地设计和实施，能够有效地用来改进决策制定，提高绩效和增强责任感。

很明显，公共和非营利组织应该把对绩效考评的运用坚持下去。尽管还存在众多的恶意批评者和怀疑者，但公共和非营利管理者已经达成共识，认为好的绩效系统是有效的管理工具。立法机构和政府部门对绩效考评系统的需求进一步增强。因此，在这方面的问题不是**是否**需要进行绩效考评，而是**如何**更有效地设计和实施绩效考评系统，如何设计完整的系统来服务于不同的管理目的，如何确定绩效考评的内容与对象，如何把绩效指标与管理目标联系起来，如何进行数据收集和处理，如何向相关的听众分析和解释绩效结果，如何确保绩效考评有效地用于政策制定并提高绩效。

公共和非营利管理者需要学习更多的关于如何进行绩效考评的知识。因此，本书的目的是澄清绩效考评研究与实践中存在的各种理论问题，并力求从操作方法上回答这些问题，以帮助管理者更有效地实施和使用绩效考评系统。

第 2 章

绩效考评系统的设计与开发

22   公共和非营利组织如何设计绩效考评系统？如何确保所设计的系统能较好地满足服务的需要？系统的设计和实施过程又有哪些必不可少的步骤？为了有效地实现组织管理的预期目标，该系统的设计者必须深思熟虑地、系统地来考虑这几个问题。本章认为，绩效考评系统的开发是一个循序渐进的过程，其目的是为了更加有效地管理组织或项目。

2.1   绩效考评系统的设计和实施过程

绩效考评系统包含着多种形式和规模，既有特定机构对每周生产过程和服务交付的详细指标的监测，也有州或联邦对几个综合的年度指标的整体跟踪。有些系统主要是针对单位时间内的工作效率和生产力的，有的是对主要的公共项目的结果进行监测的，还有的是用来跟踪服务质量以及顾客对这些服务的满意度的。

23   然而，这些不同类型的考评系统的设计和实施过程是相通的。在具体系统的设计过程中，不仅要考虑考评目的的因素，也要考虑那些将要进行绩效考评的项目或组织机构的特点。表 2—1 概括了有效地设计和实施绩效考评系统的全过程。这个过程从确保管理者的认同开始，包含了一系列必要的全面实施和评价的步骤。

表 2—1	绩效考评系统的设计和实施过程

1. 确保管理者认同。
2. 组织考评系统开发过程。
3. 确立考评系统的目的和参数。
4. 确定工作结果和其他绩效标准。
5. 定义、评价和选择考评指标。
6. 开发数据收集程序。
   - 提供数据收集的质量保障。
7. 详细说明系统设计过程。
   - 确定报告的频率和渠道。
   - 决定分析和报告的形式。
   - 开发计算机操作软件。
   - 分配好维持系统正常运转的责任。
8. 进行系统测试。
9. 全面实施系统。
10. 运用、评价和修改系统。

第一步：确保管理者认同

考评系统设计过程的第一步是确保能够获得管理者对系统设计、实施和使用的认同。如果组织机构和特定项目的负责人缺乏热情，不打算使用或不支持开发和实施这类系统，那么，系统开发的成功机会就会很小。因此，在系统开始设计前，获得组织中不同层次的人的认同是很重要的，这些人包括系统的预期使用者、为系统维持提供资源以及确保组织安排的人。要保证组织在系统开发和实施上的努力能够得到各部门、机构、分部或项目的管理者的认同——这些人的支持是系统有效实施和使用的必要条件。

24

从组织的外部人群中获得的认同可能也是有用的——例如，客户群体、赞助群体和专家群体等。如果系统在一些关键群体中获得支持，其适用性和重要性得到赞同，那么，一个有效的考评系统就更有可能产生。如果在系统开始设计时没有获得这种认同，那么，系统的有效开发可能就会受到一些影响。

第二步：组织考评系统开发过程

考评系统既需要获得组织高层管理者的认同，也需要获得在考评系统中起关键作用的个人或群体的认同。通常情况下，确定了考评系统设计和实施的过程（如表2—1所示）之后，下一步的工作就是确定在该过程中担当各种职责的个人或单位，他们要对考评系统的开发担负一定的责任。整个过程包括选定参加各项工作的个人——管理者、员工、人事管理员、分析师、咨询师、顾客等，同时，也要为每项工作制定一个时间进度表。制定了时间进度表和工作交付期以后，承担领导责任的个人或团队就会发现，考评系统的设计完全可以当作一个项目来管理。在第14章，我们将要研究考评系统设计和实施过程中的管理问题。

第三步：确立考评系统的目的和参数

确定考评考评系统的目的和参数，这是系统设计过程的第三步。目的是关于考评系统效用的最佳想法。为此，我们需要考虑以下问题：谁是这个系统的预期使用者，他们需要从系统中获得哪些信息？该系统只是简单地用于工作报告或提供信息，还是利用获得的数据来帮助管理者制定更好的决策和实行更有效的管理？该系统是用来监测组织战略行动，提供预算信息，以便更有效地管理组织和组织成员，还是通过与其他组织进行绩效比较来改进本组织的工作质量？什么样的绩效数据可以最好地支持这些过程，这些数据又需要多久观察一次？

本书第9～13章讨论了基于不同的考评目的的考评系统的设计和使用。有一点是很明确的，即针对不同的管理过程所开发的考评系统在各自的关注点、指标种类、要素、绩效数据报告的频率以及系统使用方式等方面有很大的不同。因此，在绩效考评系统设计之初，清楚地认识考评的目的是非常必要的，只有这样才能最好地进行设计。

绩效考评系统的目的是与管理以及决策过程相联系的，绩效参数通常是针对考评范围和约束条件而言的。因此，系统的设计者必须在开始就明确以下问题：

● 考评的范围是什么，是针对组织各机构还是针对项目，是涵盖一个具体的操作单位、分支机构还是涵盖整个组织？我们是否需要收集单个分支机构的数据，或者说，数据能否简单地"收集"起来并跟踪组织个体或更大范围？考评范围是否应该包括完整的、多目标的项目或者是具体的服务交付系统？

● 组织机构或项目的最重要的决策者是谁，他们需要什么样的绩效数据？是否有多种人会关注这些系统数据，是否可能包括内部和外部的利益相关人？该系统产生的报告是否会涉及多个层面的管理者？

● 考评系统发生预期作用的限制资源是什么？需要投入多大的努力来支持这个系统，以及哪些资源可以用来支持新数据的收集？这些数据可能是系统具体设计所必需的。

● 开发适用的绩效考评系统是否会碰到某些特别的障碍，该系统是否会有一些明显的支持数据不能获得？一些首选数据的获得成本是否会明显超过其可用资源？如果是，是否存在可替代选择？管理者、员工或其他利益相关人的支持与合作对系统的成功设计是十分必要的，那么，是否可能也有来自他们的阻碍呢？我们是否能够找到解决这一问题的方法？

以上这些问题对系统的设计会有很大影响，我们需要非常谨慎地来回答这些问题。有时一些参数很明显是来自考评系统之外的指令，比如立法机构所要求的绩效和责任报告或者政府的管理高层所批准的监控需求。其他例子说明，系统设计也需要被委托承担绩效考评的管理者们密切关注，这样才能在开始设计以前确定考评系统的目的和参数。

第四步：确定工作结果和其他绩效标准

设计过程的第四步是确定考评系统的预期结果及其他绩效标准。该步骤涉及这样几个问题：对组织或项目绩效进行监测的关键指标是什么？绩效考评提供什么样的服务？谁是绩效考评的客户？我们需要寻求什么样的结果？效力、效率、质量、生产力、客户满意度和成本—效益标准等概念是如何运用到这个具体的领域的？

本书第 3 章致力于讨论结果及其他绩效标准方面的问题。这一章引入了逻辑模型的概念，该模型综合了项目的实施、直接产品、中间结果和最终成果，以及诸因素间的因果关系假设。在深入分析设计计划和借鉴之前的研究的基础上，系统的分析师、咨询师和设计者与组织的管理者、方案交付人员、顾客——有时候还包括其他外部利益相关人——一起工作，来确定这些因素到底是什么。一旦一个有效的逻辑模型被开发出来，并且其合法性被以上群体所确认，那么，相关的绩效标准就可以直接从这个模型产生。后面的第 4 章将详细地说明绩效考评指标与考评的长远目标和具体目标之间最重要的联系。

第五步：定义、评价和选择考评指标

如果就具体的监测系统应包含**哪些**方面的绩效考评标准获得了一致认同，那么，我们就可以确定**如何**考评这些标准。正如第 5 章所述，这个环节的确是绩效考评的中心环节，它涉及相关绩效指标的定义、评价和进一步选择等问题。其他问题还有：绩效考评如何具体化，考评指标的信度和效度如何，特定数据如何"获取"，新数据中包含哪些"原始数据"，为收集这些数据所投入的时间、金钱和努力是否值得，绩效评测是否有助于建立合适的激励机制，这种激励机制是否有助于帮助改进组织绩效，以及这些指标事实上是否难以反映预期目标，等等。 27

通常情况下，考评系统设计的这一阶段是最讲究方法的。它关系到问题的核心，即如何考评组织机构和正进行中的项目或方案的绩效。这些方法来源于以前的研究和其他考评系统，来源于考评的长远目标、具体目标和标准，也来源于好的绩效所包括的范围。有时可以为特定的考评提供几种可供选择的考评指标，事实上我们建议最好使用多种考评指标。另外，特定的考评指标的质量平衡点也只有在具体的操作实践中才能找到。因此，就像第 5 章要讨论的，确定潜在的考评指标，然后认真地对每一个指标进行评价是很重要的，这样才能确定考评系统应包括哪些考评指标。

第六步：开发数据收集程序

在考评系统中把一套给定的指标融合在一起以后，下一步就是基于常规的数据收集、处理和开发的过程。绩效数据的获得有很多方法和途径，包括工作记录、直

接观察、测试、临床检验、多种方式的调查和其他特定的工具考评法等。正如第8章所要讨论的，在一个既定的机构中，通常是通过计算机程序软件来实现从一个数据库到另一个数据库的数据输出和输入，为其他目的而建立的数据库中有些数据可以从现存的数据库中"摘录"。例如，有时为了批准一个具体的方案计划，需要从其他机构中收集一些数据，也需要在一个通用数据库中通过开发程序软件来对这些数据进行汇总。这些工作可以逐渐地借助互联网，通过交互式的计算机软件来完成。

　　然而，在其他例子中，为了绩效考评，可操作化的绩效指标需要收集特定的原始数据。至于测试——这经常被应用于鉴定各种专业技能领域、任务或教育项目中的当事人或员工的技能熟练程度，通常会有一系列的标准可供选择和参考，有时也需要制定一些新的规则，这与医学、精神病学和心理学有类似之处。类似的，直接观察和调查也可能需要开发工具，以便帮助和训练观察者对特定的物理条件或行为模式进行等级鉴定。

　　一些绩效指标取决于对顾客或其他利益相关者的调查，这种需要决定了社会调查的方式和途径——个人访谈、电话、邮件、限定的个人或群体，或者是基于计算机的各种社会调查工具的选择或设计。除了设计合适的调查工具之外，这类绩效指标还应该通过管理测试、顾客检验与调查等来确定其效度，并通过正规的数据收集程序来确定其信度。原始数据的收集过程，特别是通过社会调查和其他的客户参与的数据收集，通常需要确定抽样策略。

　　对于绩效考评系统的现有数据和原始数据收集，我们需要特别关注其收集质量。就像在第1章提到的，只有绩效考评系统可以被管理者和决策制定者真正地使用，它们才有价值；并且，只有预期使用者认为数据是可信的，这种情况才能发生。如果数据收集程序随意性很大，数据就会缺少信度，管理者也就不会相信这些数据。更糟糕的是，假如数据发生了偏差，例如，记录被伪造或者数据输入员有意囊括一些数据而排斥其他数据，那么，产生的绩效数据就会被扭曲或误导别人。因此，正如本书第8章所述，需要对不确定的数据进行核实或对所有的系统数据进行审查，来确保数据收集的完整性和准确性。

第七步：详细说明系统设计过程

　　在设计过程中有一点需要指出，我们必须明确绩效考评系统实际上该如何操作。其中之一是关于报告的频率和途径问题，也即，通常特定的考评指标如何向不同的预期使用者报告。正如第9～13章要逐步阐明的一样，报告的频率和途径主要取决于考评系统的特定目的。例如，对正式机构的战略性行动的结果和进度的绩效考评可能要每年报告一次，而用来跟踪产出和优化劳动负荷管理的生产力指标最好是按周来报告。除了报告的频率外，还存在一个将数据提供给哪些使用者的问题。例如，按工作单位分类的详细数据可以向操作层面的管理者报告，而同样的指标数据经过积累和整理综合后则需要报告给资深执行官。

　　考评系统的设计也要确定应该使用何种数据分析方法以及何种报告形式。就像在第 6 章要讨论的，绩效考评本身并不能传达信息，除非是在不同的对象、标准、组织、项目工作、内部标杆与外部标杆之间进行一段时间的比较之后，所形成的某些报告数据才可能会传达某些信息。那么，我们应该使用哪种类型的区分或者比较呢？在选择某种分析框架时，我们应该使用对考评系统的整个目的来说确实有用的标准。就像第 7 章所阐明的，我们可以采用电子表格、图表、符号和图示等多种多样的报告形式来表示绩效数据；只要能够最明了地、最有意义地表示数据，我们可以使用任何技术或手段。

而且，特别要注意开发计算机软件来支持绩效考评系统，计算机技术可以极大地提高数据输入、数据处理、报告的形成与报送的速度。本书第 8 章认为，各种软件包可以用于系统设计的整个过程，包括电子表格、数据库管理和表格图案等。有一些专业的商用软件，是专门为绩效考评系统设计的。通常情况下，这些软件在联合使用时最有效。因此，系统的设计者必须确定他们的绩效监测系统使用哪种软件会更有效：是经过调整以适应该系统的现有软件，还是专门为该系统开发的原初软件。

系统设计的最后一个因素是：在该系统投入使用后安排专人负责维持系统的正常运转。本书第 14 章认为，这个过程包括：其一，明确数据输入的责任，数据输入工作很可能会在不同的操作单位或者分支机构（或者同时在两个方面）分散进行；其二，明确数据处理、质量保证和报告阶段的责任分配，通常，支持系统的主要责任是在负责这些工作的部门单位中分配的，如计划、评价、管理信息系统、预算和财政、管理分析、质量改进以及客户服务等，责任分配所依据的原则是系统设计的用途；其三，必须明确指定掌握、使用绩效数据的责任人以及划定提交报告的周期，以此来决定数据输入、处理、报告分送以及数据复检的工作期限。 *30*

第八步：进行系统测试

绩效考评系统可以从设计直接过渡到实施，特别是在小的机构里，在那里输入数据和维持系统的责任不是分离的，一言以蔽之，直截了当的系统毫无疑问是可行的。但是，在某种程度上，在全面实施系统之前对系统，或者至少是整个系统的一部分，进行测试可能是有益的。通常情况下，测试是要检验特定数据的可行性，解释更加复杂的系统管理安排的可使用性，明确新系统的实施所需要的努力程度，检验软件平台的可行性，或者仅仅是测试新设计的调查方法或其他数据收集工具的实用性。当以上方面的确有可能出现问题的时候，对系统进行测试是有意义的。测试可以在小范围内或者通过抽样来进行，以考察系统如何能更好地运作，并对系统实施之前的某些特定问题有更多的了解，同时对指标的组合、数据收集和软件运用等有更好的判断，从而提高系统有效运作的可能性。

第九步：全面实施系统

无论是否有测试的帮助，事实上，管理系统都面临着挑战。绩效考评系统的实施是一个系统过程，它包括：收集和处理特定时间范围内的所有数据，"运行数据"，定期向指定者提交绩效报告，复检和跟踪绩效，把附加信息纳入决策过程，检查数据收集的过程和保证数据收集的质量，从而在实践中辨认出"偏离值"和其他错误数据等。

对于那些规模较大或比较复杂的系统，特别是那些由不同方面的人输入数据的系统，为了保证数据的可靠性，进行培训是很有必要的。然而，正如第14章所述，考评系统成功实施的关键是来自高层管理者的明确认同，或者先由最高管理层来对系统进行试运行，这样可以提供有信度的数据，并可以把系统作为一个管理工具来有效地推广。

第十步：运用、评价和修改系统

无论我们如何小心地实施考评系统，在数据的完整性、质量控制、软件运用或报告的产生方面都可能会出现问题。特别是在数据收集和数据输入方面，需要付出较大的努力。究竟需要多大的努力，在系统开始实施的时候是未知的，也是最需要谨慎考虑的。因此，在最初的几个时段——最常见的是几个月、几个季度或几年——密切地监测考评系统的运作和及时评价其效果是很重要的。一旦发现了实施和维护过程中的问题，就需要迅速而有效地加以解决。

最重要的是，管理者必须一开始就把考评系统作为改进管理、决策、绩效和责任感的工具来评价其适用性。如果考评系统既不能提供有价值的信息，也不能帮助获得绩效和改进后续工作的效果，管理者就需要进一步分析考评和数据，甚至重新设计考评系统。这个过程通常要做一些特定的调整，比如改变考评指标或数据的收集过程，增加或删除特定指标的考评，或者调整绩效报告的频率或呈送形式，以此来提供更有用的信息。但是这些举措并不会带来在管理和决策过程中数据报告和使用方面的基础性改变。最后，绩效数据也显示，在系统的使用中依靠经验可以提出修正目标或绩效标准的建议，甚至引起考评目的和考评对象的改变。

2.2 绩效考评系统设计中的灵活性

绩效考评系统的设计与开发既是科学也是艺术。说它是科学，是因为它从确定系统目的到选择设计参数都是系统性的流程，也因为系统的设计细节必须符合客观的逻辑，即以所要考评的机构、项目工作或服务交付系统的实际情况为基础。然而，它同时又是一门艺术，因为在定义考评指标、报告形式和软件运用等方面，它是一个创造性的过程，也因为这个过程是通过某些特殊方式来实现的，这些方式对系统的使用者的需求是敏感的，并且这些方式有助于建立系统的可信性和支持度。

现实中可能并不存在用于绩效考评系统设计的"某个适当的途径"，或者说并不存在一个相应于特定组织或项目工作考评需要的量身定制的设计和实施过程。尽管本章对系统设计过程的陈述是有逻辑顺序的，但这个过程也不应该是刚性的。事实上，就像任何创造性的工作一样，设计和实施绩效考评系统在很多情况下是交互式的而不是顺序式的。尽管表 2—1 所陈述的步骤都是很必要的，但是把这些步骤结合在一起可能比按照固定的顺序运作这些步骤更重要。

　　具体使用是测试任何绩效考评系统的价值的主要方式。因此，设计和实施过程的所有步骤都是明确针对特定的考评系统的，并且关注系统的预期使用者的需求，以使绩效考评能够给组织机构或项目工作"增值"。为了达到这一目的，需要请那些在系统中工作的人——人事管理专家、系统专家、工作分析师和管理者——使用这些方法来输入数据和信息；也需要请那些利益相关者——顾客和政府部门——使用这种方法。那么，一旦系统开始起作用，采用这些方法输入数据或信息，对于建立有创造性的考评系统来说，其重要性是无法估计的。

第2篇

绩效考评方法及其分析

■ 第3章　绩效内容与范围的界定
■ 第4章　绩效目的与目标的确定
■ 第5章　绩效指标的设计
■ 第6章　绩效数据的分析
■ 第7章　绩效考评结果的报告
■ 第8章　绩效考评数据管理系统的设计

33　　　从方法论的角度看，绩效考评也是非常具有挑战性的。本篇的各章将对一些重要的考评方法进行介绍。

　　第一个问题是考评什么。第3章讨论了运用项目工作逻辑模型来确定成果和其他绩效标准，提出了若干类的绩效考评，包括：产出考评、效率考评、生产力考评、效果考评、服务质量考评、客户满意度考评以及成本—效益考评等。第4章则关注绩效考评与项目或组织的各级目标之间的联系。

　　第二个问题是怎样对绩效考评进行评估。第5章讨论了各操作指标的定义及其效度、信度分析，还有其时效性、有效性以及其他一些标准。

　　第三个问题是绩效数据收集起来以后如何处理。第6章讨论了对绩效数据的分析，特别强调数据比较的重要性。这种比较包括现在的绩效水平与过去或近期的趋势相比较，实际绩效与目标绩效相比较，整个组织或项目的绩效与其他机构或项目相比较等。比较是为了提供较真实的信息。第7章则举例说明了一些不同种类的表格、图形、图画形式，用这些形式可以把绩效数据描述得更有趣或更加有用。最后，第8章讨论了数据收集的过程和方法，以支撑整个评估体系的运转。

第 3 章

绩效内容与范围的界定

你是如何考评一个公共项目工作的效果及其提供的服务质量 *35*
的呢？你怎样系统地考评委托人对这些服务的满意程度呢？对于
一个具体的项目工作来说，效率又意味着什么？你怎样考评一位
在服务系统中工作的雇员的生产效率？很明显，为了使绩效考评
系统有效，就必须关注绩效中最重要的方面。这一章论述了绩效
管理中包含的一些问题：项目工作绩效中要关注的重要指标是什
么？追踪绩效的考评指标主要有哪些？

3.1　项目工作逻辑

要设计有效的项目工作绩效考评指标，就要对项目工作的内
容及其最终结果有一个清晰的认识（Poister，1978；Wholey，
1979；Anthony and Young，1999；Broom，Harris，Jackson
and Marshall，1998）。项目工作逻辑模型描述了项目工作设计背
后的逻辑方法，显示了各部分内容之间相互作用的过程、所提供
的产品或服务，以及怎样产生最终的结果。换句话说，就是要展
示模型的内在逻辑，项目工作正是按照这种逻辑运行并由此带来
了最终的产出（Poister，1978；Poister，McDavid and Magoun， *36*
1979；Hatry，Van Houten，Plantz and Greenway，1996）。你
一旦阐明了项目工作的内在逻辑，你就能系统地、自信地确定相
关的绩效指标。

项目工作的逻辑模型

当我们进行公共和非营利项目工作的计划和管理时，要把目光放在具体的、能够达成的期望结果上。这些项目工作可以是一些关于调解、涉及服务提供以及活动执行的内容。这些服务和活动一般用于解决某些问题、满足某种需要，或满足某种公众利益，以此改善一些不理想的状况。这样产生的积极影响构成了项目工作设想的结果，这些结果将成为支持项目工作的首要依据。一个项目工作所预想的结果或成果的"产出"出现在一个社会中，有一个目标区域或目标公众，覆盖州、地方及整个国家，但却不在实施该项目工作的项目内部或组织机构内部出现。很明显，预想的结果应该在定期的基础之上被清楚地理解和监控。如果一个实施项目工作的机构不能清楚地表述出有价值的结果，不能提供证据证明项目工作的行动终究会产生这样的结果，那么至少在"是否继续支持这个项目工作"这个问题上就应该打个问号。

因此，任何一个好的项目工作设计都是建立在一套假设的基础之上的。这些假设是关于项目工作所提供的服务、项目工作所服务的委托人、项目工作所处理的事件、所设想的结果，以及如何运用各种资源，特别是项目工作活动，来达到预期结果的逻辑。图3—1展现了任何一个既定的公共组织或非营利组织中一般项目工作的逻辑。你可以运用这样一个模型作为组织的诊断工具，以确定关键的变量，这些变量涉及项目工作设计和在潜在逻辑之中的变量所扮演的角色，以及它们之间的相互关系。

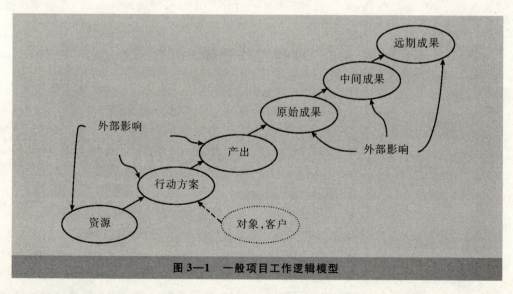

图3—1　一般项目工作逻辑模型

简单地说，各种资源被用于开展项目工作的行动和提供服务，以产生即时产品或产出。组织希望这些产出会带来相应的成果，这种成果就是期望项目工作所能带来的实质性的变化、提高或收益。这些成果常常按次序产生，从最初的成果到中间成果再到远期成果。通常，一个项目工作设计的潜在逻辑可以通过该项目所服务的客户流或所处理的一系列案例来预测。另外，认清项目工作实施的环境或运作过程中的外部因素是很重要的。因为，它们是影响项目工作绩效的主要因素。

若干系列的活动构成了大多数公共和非营利组织的工作，这些工作涉及服务的提供、法律或规定的执行（或两者都有）。例如，一个社区保健诊所的主要活动包括进行体检、婴儿看护、接种疫苗、为病人开处方或医治等；对于一个地方警察机关的调查部门，主要活动包括勘查犯罪现场、访谈目击者、检查物理证据、收集其他信息等。不论这些行动是由项目工作的公共部门雇员实施，还是由私人公司或签署协议分担服务的非营利组织来实施，都需要清楚地确定这些项目工作的实施及其产出。 *37*

大多数公共和非营利项目工作所运用的主要资源都包括人员、设施、装备、物资和服务。人员包括志愿者和雇员，有时把人力资源按工作性质分类，这种做法是很有用的。例如，要考评一个地方警察部门的劳动生产率，针对特定的侦破案件数量，一方面是统计穿制服的巡逻警的数量和侦探警的数量，另一方面是要统计犯罪研究人员的数量以及后勤人员的数量。

在很多公共的和非营利的项目工作中，尤其是在生产型机构经营的项目工作中，人们所进行的工作和所达到的结果往往被应用在与该项目工作相同或类似的对象里。这些对象经常会成为项目工作的主要消费者（或者是客户，或者是委托商）。这种情况同样发生在个人服务和教育项目工作里。比如说，在公共医院里接受治疗的病人，被看护的孩子，接受咨询帮助的委托人，被公立大学录取的学生等。但是，这些客户同样也是其他类型项目工作的目标客户。比如说，需要提供需求—反应交通服务的残疾人，或者是居住在由政府提供的住处中的家庭。

在某些项目工作中，被服务对象的精确定义并非全是项目工作的客户。比如说，在一个国家公路的维护项目工作中，客户是单个的经常坐车的人。但是，这个项目工作会更加关注公路的里程数，或者是需要维护的公路里程数。同样，内布拉 *38* 斯加州美丽环境保护项目工作的客户是全体公众。但是，这个项目工作所要处理的都是一些特定区域的具体情况。尽管国家对驾照的审批项目工作是针对个人申请者（客户）的，但是注册登记的都是机动车，而不是那些给这些机动车登记的客户。一项公共的或者是非营利的项目工作所要处理的情况，往往是通过多种方式来定义和描述的。例如，考虑到其具有后备性税源的功能，美国国内税务局把个体消费者作为征税对象，然而考虑到其具有积累和审核的功能，美国国内税务局的重点则在于税收返还。

我们需要通过思考项目工作的逻辑性来认定其外部因素，做到这一点是非常重要的。因为这是影响项目工作成败的关键因素。很多外部因素都涉及客户的类型和数量，以及他们对该项目工作需求的急迫性，但外部因素的内容不仅局限于此。任何因素或情况，无论是自然界的、社会的、经济的、金融的，还是心理的、文化的，只要影响项目工作的实施，或者是项目工作和机构所不能控制的因素，都有可能是外部因素的表现。比如说，冬季的气候情况也许能够说明为什么在不同的年份公路的维护项目工作会有不同的效果；不同的劳动力市场状况也许能够说明为什么相同的职业培训项目工作在不同的地方有不同的效果；全国各地工业基础、土地使用方式和抵偿方式的不同，这些因素可能会影响到环境保护协会推行洁净空气标准的实施效果。在弄清楚这些项目工作的内在逻辑的时候，将这些外部因素考虑在内是非常重要的。因为，这对于解释项目工作实施绩效的数据结果是很有帮助的。

工作产出与成果

在确认项目工作逻辑的过程中最重要的是区分产出和成果。产出表示的是一个项目的实际操作过程的表现及其阶段性成果，而成果是项目最终产生的结果或者效果。具体的管理操作人员关注的是如何用有效的方式生产高质量的产出，但高层的关注全面绩效的管理者则不会仅把目光放在产出上，而是放在更远的成果上，因为成果代表着一个项目的效果。根据项目逻辑，产出几乎没有内在的价值，因为它并不直接构成收益。但是产出是必要的，因为它会直接影响未来的收益或者引发通常的改变而达到理想的期望值。

产出指标应该被看作成功的必要条件而不是充分条件，产出是一个项目工作的直接产品或服务，如果没有高质量的数量适宜的产出，一个项目工作就不能产生其预期的结果。然而，如果潜在的项目工作逻辑是有缺陷的，如果在现实中有关产出和结果相关关系的假设没有起到支撑作用，那么期望的成果将不会物化与出现，至少不会作为项目工作的结果而被物化。通常来说，产出的产生即使不是完全也可以说在很大程度上是由项目工作的管理者所控制的。然而，成果则更多地受项目工作所不能控制的外部因素的影响。因此，产出的产生并不能保证就会得出成果。而为了直接监控项目工作的绩效，对产出与成果进行考评是非常重要的。

表3—1 显示了一些精选的公共服务项目工作里的一些很典型的产出和成果。

表 3—1　　　　　　　　　　　　　产出和成果

项目工作	产出	成果
犯罪控制项目工作	巡逻时间 对求助电话的应答 犯罪调查 进行拘捕 破案	减少犯罪行为 减少犯罪导致的伤亡 减少犯罪导致的财产破坏和损失
公路建设项目工作	项目设计 建成的公路里程 重建的公路里程	公路容量增加 提高车流量 减少旅程耗时
艾滋病预防项目工作	应答热线电话 测试艾滋病抗体的研讨会 治疗艾滋病患者 接待患者的咨询并进行指导	增加与艾滋病相关的知识和治疗方法 减少危险的行为 减少 HIV 携带者 降低艾滋病的发病率和流行性 减少因艾滋病而死亡的人数 减少在 HIV 检测中呈阳性的婴儿的数量

续前表

项目工作	产出	成果
青少年司法局训练营项目工作	完成了的身体训练单元 完成了的教学单元 完成了的职业训练单元 完成了的行为塑造单元 已释放的青少年安置行动的时间	更多的青少年达到较高等级 更多的青少年到校 更多的青少年被有偿雇用 更少的青少年仍存在犯罪行为

40

产出经常表示为完成的工作量或者完成的活动量，比如警察巡逻的小时数、建造的高速公路英里数、开展的艾滋病教育专题研讨会的次数，或者青少年司法局训练营开展的职业培训课程的数量。产出有时也是根据客户或所处理案件的数量来考评的。例如，警察调查的犯罪数量，艾滋病患者得到的治疗和咨询的次数，或者从青少年司法局训练营释放的青少年的人数。

相比较而言，结果是各种产出的真实影响。例如，如果警察不能解决他们办理的犯罪案件，那么犯罪调查和拘捕就不能算作真正的结果，此外，如果重造的高速公路段不能提高交通流动量和减少使用公路的司机的旅途时间，我们就不能认为它们带来了特定的公共利益。类似的，如果艾滋病预防专题研讨会不能减少各种感染艾滋病的危险行为，例如，无防护的性行为和使用受污染的针头，这些行为会传播HIV，研讨会就不是特别有价值的。如果从青少年司法局训练营释放的青少年不能进入学校或工作并取得成果，并且不能避免进一步的犯罪活动，那么在安置活动中花费的培训单位和时间，就其改造目标而言，就是没有效果的。因此，结果是衡量项目工作绩效的最终标准，除此之外，类似于项目工作活动的直接产品与产出，对于达到预期的结果来说也是非常关键的。

此外，还有一点需要注意的是，产出和结果之间的关系经常是更具流动性的而不是简单的两分法。例如，作为犯罪调查的结果，警察所执行的拘捕，从真正意义上说是结果而不是产出，尽管这不是警察工作的最终结果。所以，把服务提供作为产出而把服务消耗作为结果这样的考虑是有意义的。例如，提供的培训项目的数量可以看作项目工作的主要产出，而参加这些项目受训者的人数则可以作为一个结果来考虑，然而，培训参加者人数可能是活动完成量的一个更好的反映，或者是一个产出。因此，与其对产出和结果之间进行非常严格的、非此即彼的区分，还不如通过项目工作和为了达成项目工作必然出现的完成环节及其顺序来确定真正的目标结果，这才是更重要的。这可以被看作一个"结果链"（result chain），按照产出及其影响排列起来的，或者按照项目工作的活动过程、产出、最初结果、中间结果和未来结果的逻辑关系排列起来的结果链，也就是本书所使用的形式。41

3.2　几种不同的逻辑模型

产出、结果以及其他因素可以在逻辑模型中得到体现，逻辑模型的形式不一，根据需要，可能是总括性的或者详细的、简单的或者复杂的。尽管"扭曲"现实情况去屈就事先造就的模型总是一个错误，但是这里提到的几类逻辑模型都是非常灵活的，并且经过调整，可以适应任何公共或非营利项目工作。例如，一个项目工作包括的组成部分可能是一个、两个到许多个，产出和期望的结果之间的联系可能是非常直接的，也可能会通过一些最初的和中间的结果表现出来。类似的情况为，连接产出与不同结果之间的逻辑联系可能会在不同的点汇集，并且可能会通过不同的顺序进行汇集。

还要注意的是，尽管这些模型从左向右移动显示了项目工作的逻辑，但是模型并不一定反映项目工作处理活动的提供顺序；逻辑模型与流程图不同，后者显示了项目工作在系统中移动的次序。

空中交通控制项目工作

42   图 3—2 显示了联邦航空管理部门（Federal Aviation Administration，FAA）在全国范围内运行的空中交通控制项目工作（air traffic control program）的简化逻辑模型。该项目的工作旨在通过在起飞、着陆和飞行途中强制执行安全标准，避免飞机之间在空中或地面发生碰撞。项目工作的主要资源，是专业的空中交通控制员和地勤支持人员，他们工作的设备或"观测塔"（towers）以及他们使用的精密计算机和通信系统。这个项目工作的直接客户是驾驶飞机的飞行员，但是空中交通控制员处理的对象范围是出现在他们管辖范围内的商用航线、通用航空和军用飞行段。项目工作的活动包括观察飞机位置、与飞行员沟通飞行计划，以及对飞行员进行指导，以达到安全标准。

43   空中交通控制项目工作的中间产出是在机场、机场周围的"站台"（terminal）空间以及飞行途中处理的飞行段数。实际上，飞行段数是这个项目工作完成的工作量的最直接的考评指标。这个工作带来的最初结果是保持飞机之间有足够的空间，并且因此将发生碰撞的可能性减至最小。这个结果进而会带来中间结果，即在这种情况下真正期望的结果是：避免碰撞并且安全地完成飞行段。这种结果的最终目标或者更广泛的效果是避免由于飞行碰撞产生人员伤亡及财产损失。

尽管这个例子是简单和直接的，但是它反映了项目工作逻辑模型的使命导向，以及产出与结果之间的关键区别。空中交通控制员完成他们工作的目的，显然不仅仅是处理飞行段，而是由此得到的结果，即避免碰撞以及人员受伤、死亡和财产损失。因此，设计一套有意义的绩效指标应该综合考虑这些结果。应该注意的是，在图 3—2 中展示的这个例子，表面上只说明了一种简单的项目工作逻辑，这种逻辑适用于完成空中交通控制项目工作——避免碰撞的这个主要使命。事实上，项目工作还有其次的有关天气和地势回避以及在紧急情况下提供帮助的责任。这一逻辑模型可以很容易地通过精心设计，使之代表更完整的项目工作逻辑。

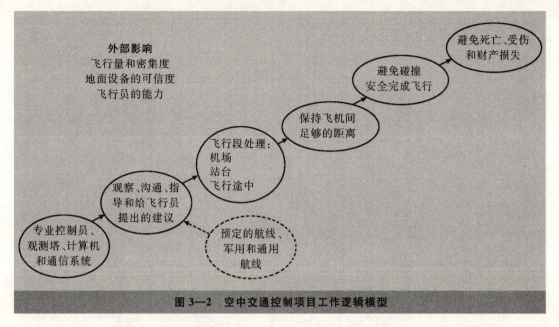

图 3—2　空中交通控制项目工作逻辑模型

精神疾病治疗中心

图 3—3 显示了一种特殊的逻辑模型，即佐治亚州亚特兰大市郊一个城镇的精神疾病治疗中心。这个项目工作的使命是向那些由于精神方面的疾病或者药品滥用或依赖而导致的具有代谢失调症状的人提供有效的和安全的治疗措施。这个项目工作的客户是那些有着准急性精神疾病诊断结果的人，或者那些有持续的药品滥用历史，并且突然停止服用会导致生理机能消退的人。该中心的主要资源是医疗器械以及一些医学的、职业的支持人员。他们提供的服务包括医学诊断和治疗、精神诊断、药物治疗管理、危机干预、个案管理以及个体和群体治疗。

精神疾病治疗中心实际在提供服务的工作中产生了许多的产出，比如开展的医学诊断和护理诊断、开展的生理检查、完成的医学解毒、精神诊断、教育方案、治疗会议、酗酒者互戒组织（Alcoholics Anonymous）会议以及转诊推荐和安置。这些服务的产出带来的最初结果是药品滥用的客户通过戒毒稳定下来，并且没有生理机能消退的症状，以及精神疾病患者通过药物治疗稳定下来。一个补充性的最初结果是，允许客户通过咨询、教育方案和支持群体来对他们自己的行为做出更加负责的决定。对药品滥用者来说，中间结果是，他们进入合适的长期的或短期的患者治疗工作，并且继续开展长期的戒免药物和酒精的活动。对精神疾病患者来说，中间结果是，出院以后，他们可以恢复到正常的或期望的行为水平，并且继续接受合适的药物治疗。对这两个客户群体来说，预期的长期结果是，他们重新获得正常的工作、家庭生活和社会生活，并且所有这些结果都归结于减少了这些个体对特别的护理的需要。

44

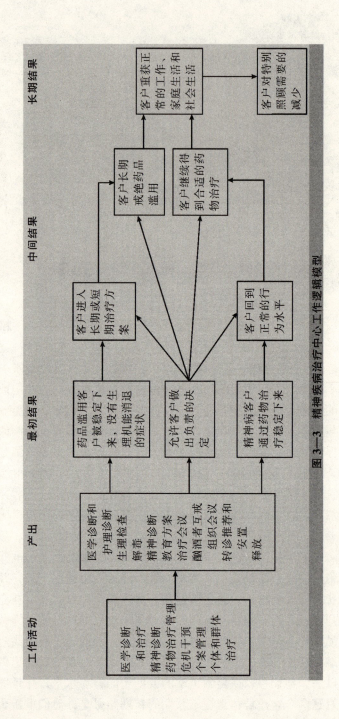

图 3—3 精神疾病治疗中心工作逻辑模型

职业修复项目

图 3—4 代表的是由州人力服务部门（state human service department）提供的职业修复项目（vocational rehabilitation program）的逻辑模型。这个项目工作的客户是那些因为先天性残疾、受伤或者因严重的长期疾病造成残疾的人，残疾使他们在找工作以及得到工作后存在特殊的困难。这个项目工作的使命是帮助这些客户为重获他们的职位而做准备或学习一门新技术，或者帮助他们确定合适的工作，以及帮助他们持续受雇。为了完成这个使命，职业修复机构提供了一些相互依存的服务，包括咨询和引导、职业的和相关的培训、专门设备的提供、雇主设计和工作设计、安置帮助以及针对工作所需能力对客户的能力进行的在岗（on-the-job）评价。

所有这些工作活动的最初结果是：客户增长了职位所需要的知识和技能，并且在竞争的市场上申请到了合适的工作，或者在一些情况下是在无竞争的工厂申请到了工作。这带来的中间结果是，客户实际上被安置到了合适的工作岗位上。一旦客户已经确定了合适的工作，修复项目工作可能会提供带有建议性质的在岗评价，以帮助他们适应新的工作。这样做的目的都是为了帮助客户在合适的岗位上继续工作，并且成功地得到长期的雇佣。就这个最终结果的完成角度来说，修复项目工作的使命也就有效地达成了。

未成年孕妇养育培训工作

与图 3—4 说明的一样，图 3—5 显示了在特定地方区域内由非营利组织运行的未成年孕妇养育培训工作（teen mother parenting education program）的逻辑模型。该项目工作的目标是帮助未成年孕妇产下健康的婴儿，并且帮助她们向婴儿提供适当的护理。服务项目提供有关产前护理和婴儿养育的课程，项目工作的产出可以根据开设的课程数量来决定，或者更有意义的是，根据参加培训的未成年孕妇的人数来进行考评。

课程预期可能带来两种逻辑后果。首先，完成培训的母亲将会获得产前营养和健康婴儿方面的知识。这会促使她们遵从正确的有关营养和健康的指导，进而会提高达到较高期望结果的可能性，即产下健康婴儿的可能性。其次，就像课程的最初结果一样，这些未成年孕妇也会有更多的关于合理护理和喂养婴儿以及与她们的婴儿进行互动方面的知识，这产生的中间结果是，在婴儿出生后，未成年母亲向婴儿提供她们在培训中所学到的东西。这样，健康婴儿的分娩和恰当的护理能够帮助这些婴儿在生理机能、口语以及在社会发育方面达到合理的 12 个月的指标（milestones）。

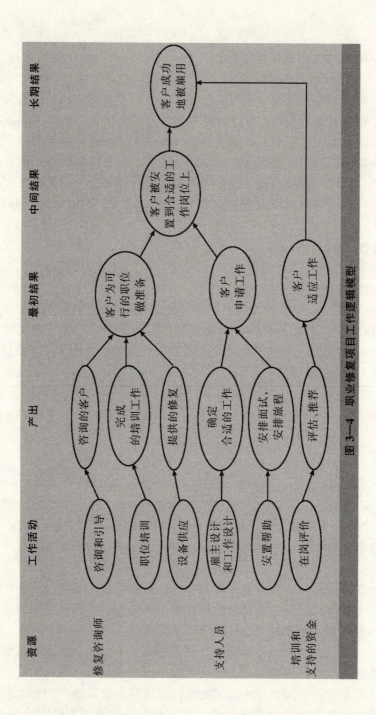

图 3—4 职业修复项目工作逻辑模型

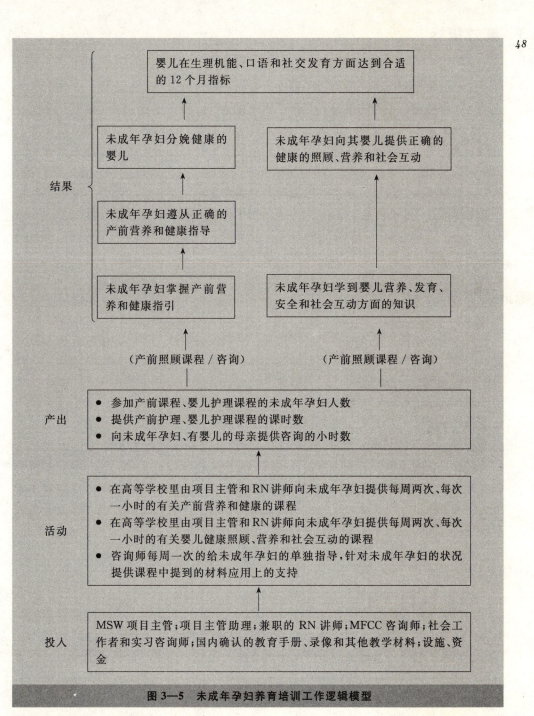

48

图 3—5　未成年孕妇养育培训工作逻辑模型

资料来源：United Way of America，2002。

3.3　绩效指标

设计逻辑模型的目的是为了明确以下方面：工作可以用什么资源，工作的客户是谁，工作提供什么样的服务，工作产生的直接产品和产出是什么，以及工作预计会产生什么结果。一旦这个逻辑可以用叙述的、图形的或两者兼具的方式清晰地表达出来，你就可以非常系统地确定与工作绩效考评最为相关的指标。尽管这些指标由不同的类型组成，但从最主要的部分来说，绩效指标的类型包括**产出、生产力、效率、服务质量、效果、成本—效益和客户满意度**等。既定绩效考评系统的目的和需要考评的具体要求不同，最重要的考评指标也会不同，但是在设计绩效考评系统的过程中考虑所有类型的指标通常都是有意义的。对任何给定的工作来说，所有类型的这些绩效指标通常都可能直接来自逻辑模型。

资源指标

49　　其他两类指标，即资源和工作量指标，通常没有被独立地作为绩效指标加以考虑，但是这类指标常常被计入其他绩效指标，有时和其他绩效指标联合使用。支持工作的所有类型的资源都可以以它们自己的自然计量单位来进行考评——例如，教师人数、教学楼和教室的数量、地方学校系统的计算机工作站数量，它们也可以用通用的计量单位，即美元，来考评和合计。尽管资源指标指示的是处于项目起始端的投资，而非项目产出，但是当管理的目标是改进资源的比例和质量的时候，例如，保持充足的教师资源或者增加具有硕士学位的教师的百分数，这时候我们把资源作为绩效考评指标来跟踪往往是合适的。然而，在跟踪工作绩效的过程中使用资源指标的原则是作为计算效率指标的基础，比如每个课时的成本，或者作为计算成本效益指标的基础，比如每个毕业生的成本。

工作量指标

工作量指标常常受到主管极大的关注，因为它们代表着进入系统的流量情况或者需要服务的客户数量。当工作标准已经合适或者平均生产力比率已经确定的时候，工作量指标可以被定义为资源需求或者生产系统中的工作储备量。例如，在政府印刷办公室排队等待完成的所有印刷工作所需的生产小时数，或者为了让城市街道达到一定标准而需要完成的所有重修路面的项目所需的工作日。在一些情况下，当管理目标关注的是把工作量保持在合理的限度内的时候——比如，中央办公室供应运作中所花时间不超过两个工作日，或者在残疾判定工作中花费的工作时间要控制在两周以内，或者通过使下一个半年中每个月结束的项目数量多于新开的项目数量，从而减少大城镇危机管理工作中的服务项目的数量——在这种情况下，工作量指标就可以被用作绩效指标。

产出指标

产出指标是很重要的，因为它们代表着公共和非营利工作的直接产品。它们经常被用来考评工作的活动量，比如培训项目中开展的培训课时的数量，艾滋病预防工作开展的专题研讨会的数量，州运输部门新修的四车道公路的英里数，或者地方警察部门日常巡逻的小时数。产出经常是根据完成的工作量来考评的。例如，精神疾病治疗中心完成的解毒程序的数量，职业修复项目中安排客户进行工作面试的次数，或者高速公路维护工人用于铺路的材料的数量。另外，起决定性作用的是，产出指标有时代表工作处理的个案数量，比如空中交通控制工作处理的飞行段数，艾滋病客户获得的咨询次数，或者警察调查的犯罪数量。

产出有时是在服务提供过程的不同阶段中进行考评的，在一些项目中，我们可以把这当作产出链。例如，犯罪调查的产出通常被具体化为最初对犯罪报告立案的数量，调查过的犯罪案件数量，以及完成拘捕的数量。青少年司法局训练营经常考评青少年在服役时完成的各种培训和接受的其他服务的数量，以及从营地释放的青少年人数和报告的探望或活动的数量。产出的所有这些组成部分都是相关的并且需要跟踪的，因为它们都提供了关于活动量、工作完成量，或者以特定方式处理的个案数量方面的指标。

生产力指标

生产力指标最经常被用于考评那些特定资源单位的产量比率，这些特定资源通常是职员或员工。为了使其具有意义，这些指标也必须根据某些特定的时间单位来定义。例如，每个空中交通控制员每小时处理的飞行段数和每个维护工人每天重修公路的英里数都是典型的劳动生产力指标。有时用作生产力指标基础的特定资源可能是按设备而不是人员来考评的。例如，政府印刷办公室每台大型印刷机每小时印刷的标准"图像"的数量。

在一些情况下，生产力比率的分子和分母都会被用作考评单位。例如，在公路维护活动中，每个工作小时内完成的任务工时数，或者在州政府印刷厂中每个工作小时完成的入账工时数。

职员—客户比率有时被近似地作为生产力指标来解释，但是这种解释可能会误导他人。比如，精神疾病治疗中心每个全日制职员处理的内部客户数量可以解释为生产力，因为这些客户的问题都得到了处理。然而，州工人赔偿工作中每个判定员处理的个案数量并不能作为判定员生产力考评的合适指标，因为有时处理一些客户或个案只需很少的工作量。在职业修复工作中，把每个员工处理的客户数量作为考评指标也可能不是特别有意义，这同样是由于为不同的客户实际提供的服务大不相同；与之相比，每个职业修复咨询师咨询的时间数量可能更有意义，因为这个指标

50

51

代表了每个职员完成的工作量。

效率指标

就像生产力指标一样，运作效率指标的考评需要把产出与投入生产中所用的资源联系起来考虑，但是效率指标关注的是产出与生产它们所消耗总资源的美元成本的比率。因此，调查每一宗犯罪的成本，完成每个高速公路项目设计的成本，召开每次艾滋病专题研讨会的成本，以及完成每个培训工作的成本都是标准的效率指标。在空中交通控制的个案中，生产力水平可以根据每个控制员每小时处理的飞行段数来考评，而运作效率可以通过处理每段飞行路程的成本来考评。

跟踪既定工作的各种效率指标基本上是合适的。例如，完成每个精神病个案诊断的成本，开展每次解毒活动的成本，召开每次治疗会议的成本，以及支付每次群体会议的成本，这些指标的考评对精神疾病治疗中心可能都是很有意义的，**如果**有一个以工作活动为基础的会计体系可以为这些分散的活动来跟踪实际成本的话。我们常常会采用一些更通用的指标，比如维护每英里高速公路所需的成本，或者在儿童抚养执行计划中每个抚养个案的成本，但是这些指标设计的真正目的，事实上更多的是基于工作量而不是产出。在这些方面经常用到的一个特殊的效率指标是针对不同对象的单位成本，诸如医院、精神疾病治疗中心、青少年司法局和精神疾病群体疗养院之类的"固定服务地点"（residential）工作中每个客户每天的成本。

服务质量指标

质量的概念与服务提供过程以及产出最直接相关，因为它们定义了所提供的服务。当我们考虑到要考评产出的时候，我们首先想到的是数量，即提供了**多少**服务，但是考评产出的**质量**也是同样重要的。然而这并不是根本上"硬的"和"软的"指标之间的差异。尽管服务质量一般是在个体层面进行的主观考评，但是绩效考评系统在数据汇集过程中会使用更加客观的、量化的数据来跟踪质量。

公共和非营利组织最经常使用的服务质量考评指标包括周转时间、准确度、全面程度、接近程度、便利、热情和安全。例如，想更新驾驶执照的人最关心的是他们办理更新执照的地点的接近程度，在完成更新的过程中所提供服务的方便程度，包括完成办理手续的等待时间在内的总时间，当然还有所办理证件的准确度（这样他们可以不用返回或者重复办理遗漏的手续）。在联邦航空管理部门（FAA）的空中交通控制工作中，最重要的服务质量指标是每英里的飞行段发生的"控制员误差"的数量，即控制员允许飞行员违反飞机间最小距离的次数。

服务质量指标经常是基于为服务提供过程规定的标准运作的过程。例如，公路的维护人员的质量指标经常被定义为建立工作站、处理工作站周边的交通事故，完成诸如填平凹坑或重铺道路之类的实际工作，以及为此而规定的操作程序。青少年司法拘留中心人员的工作涉及以下操作程序：安全检查、防火、钥匙控制、周边检查、保障餐具安全、监督管理以及保证在他们的监管下的设施和青少年的安全的物理手段和化学物质。质量保证等级是真正意义上使用的指标，它被定义为既定过程依照规定程序完成的程度。而其他质量指标，比如逃跑的人数或者报告的儿童受虐次数，就整体工作绩效考评而言可能更具有意义，这些指标是更直接地依据期望产出来定义的，而在这个例子中的期望产出指的是青少年获得了安全和可靠的拘留。

效果指标

效果指标是构成绩效指标中唯一的最为重要的类型，这种说法可能是公平的，因为效果指标代表目标产出的完成程序和预期结果的实现程度。这些指标可能与最初的、中间的或最终的结果相关。例如，空中交通控制工作的效果指标可能包括飞行员报告的"濒临迷失方向"的次数、空中碰撞的次数，以及每百万乘客一英里中所发生空难的次数。

53

最重要的效果指标是与既定工作的基本目标相关的。例如，精神疾病治疗中心的基本目标是治疗那些精神疾病患者或者因滥用药品而患上精神疾病的患者，帮助他们调整行为来防止旧病复发。因此，一个关键的效果指标是 30 天内复发病人的百分比。类似的，职业修复工作最重要的效果指标可能是在 6 个月内成功地找到了适合工作的人数或人数百分数。按照同样的思路，与青少年拘留中心最相关的效果指标可能是被释放的青少年进入学校或者得到有偿工作的人数百分数，以及他们在被释放后的 1 年内没有因为再犯罪而回到犯罪司法系统的百分数。艾滋病预防工作的效果指标可能包括被艾滋病感染致死的人数或人数的比率，以及新生婴儿 HIV 测试呈阳性的人数百分数。

成本—效益指标

运作效率指标是指得到产出的单位成本，而成本—效益指标，是指与成果效益相关的成本指标。因此，对精神疾病治疗中心来说，成本—效益可能会以每个被治疗的客户的成本来考评。对职业修复工作来说，与成本—效益最相关的指标是每个客户获得合适的雇佣工作的成本，以及每个客户在 6 个月内及更长的时间内成功地被雇用的成本。犯罪调查活动的成本—效益可以用处理每次犯罪的成本来考评。效果指标在指标的操作化过程中变得愈来愈深奥，而且存在着更困难的操作方法上的挑战。例如，建造高速公路的成本—效益可以被很好地定义为每个司机每小时内节省驾驶时间的成本，而艾滋病预防工作的最合适的成本—效益指标，可能是避免每例艾滋病死亡的成本。这两个成本—效益指标根据工作设计逻辑来说都是有意义的，但它们可能难以进入操作化过程。

客户满意度指标

客户满意度指标经常与服务质量指标紧密相关，但这两个指标并不是完全相同

54

的，它们应该被看成两个独立的绩效指标。类似的，客户满意度指标经常与效果指标联合使用，但是它们为整体工作绩效提供了不同的考察角度。例如，职业修复工作的客户满意度指标的考评，可以根据咨询客户对他们参加的培训工作、获得的咨询服务以及在找工作过程中得到的帮助方面的满意程度的评价数据来计算。所有这些都是针对工作的产出设计的。另外，对于找到工作的客户，在几个月以后可能要对他们进行工作满意度的调查，以评价该项目的实际效果。这些客户满意度等级可能会也可能不会符合工作产出和效果的更加明确的指标，但是它们提供了一种补充性的看法。

考评客户满意度的一种方法是跟踪投诉。例如，公共图书馆考评系统可能会通过监测每个分馆每周来自用户的投诉数量进行考评。一些公共和非营利机构用客户反馈卡直接征求关于特定服务提供情况的反馈。例如，政府印刷办公室可能会跟踪把它们的产品定为好或优的客户的百分数。也许最常用到的征求客户反馈的方式是客户调查，例如，可能会要求犯罪受害者报告他们对警察最初给予他们的案子的调查结果是否满意。类似的情况还有：精神疾病治疗中心可能会跟踪把他们的服务定级为好或优的客户的百分数；公路维护项目可能会考评对使用道路情况表示满意或者非常满意的司机的百分数。

综合性指标

本章讨论的每种类型的指标基本上都可以作为政府和非营利组织中大多数工作的绩效指标。例如，表3—2说明了适合于考评前面讨论过的未成年孕妇养育培训工作绩效的各类绩效指标。这些指标直接来自图3—5所示的工作逻辑模型。工作的产出是开设课程的数量和完成培训的人数，因此，运作效率可以通过开设每门课的成本、每课时和咨询小时的成本，以及每个参加者完成培训的成本来考评。劳动生产力可以通过每个为投入这项工作提供服务的人员每小时产生的完成培训的未成年孕妇的人数来体现。

表3—2 　　　　　　　　　　　　　未成年孕妇养育培训绩效指标

55

产出
开设产前指导课的次数
产前指导课的课时数
开设婴儿护理课的次数
婴儿护理课的课时数
完成产前课的参加者人数
完成婴儿护理课的参加者人数
向未成年孕妇提供的咨询小时数
向有婴儿的母亲提供的咨询小时数
运作效率
完成每门课程的成本
每个课时的成本
每个怀孕母亲完成培训的成本
每个咨询小时的成本

劳动生产力
　每名服务人员每小时所培训的完成培训的未成年孕妇的人数
服务质量
　参加者对课程的评价等级
效果
　产前护理、对婴儿的护理和喂养，以及与婴儿的互动方面的测试分数
　每天至少吃 4 次含钙食品和 1 次含有其他营养物质的食品的参加者人数百分数
　参加者中不抽烟的百分数
　参加者中产前每天服用产前维生素的百分数
　参加者中在产前处于合理的体重范围内的百分数
　新生儿体重在 5.5 磅以上并且阿普加新生儿评分（Apgar Scale）在 7 分或以上的百分数
　参加者中被观察出提供了合理的护理和喂养以及与她们的婴儿进行了合理的互动的百分数
　参加者的婴儿临床上的评价达到了合格的新生儿 12 个月指标的百分数
成本—效益
　每个健康婴儿达到合理的 12 个月指标的成本
客户满意度
　婴儿出生后培训的完成者报告说对培训满意的百分数

　　服务质量可以通过对在课程中使用的材料、教学工具以及实际提供的课程的质 *56* 量进行某些专业性的考评来衡量，当然，或者就像前面所列的，我们也可以依据工作参加者对课程的评价来进行考评。

　　表 3—1 中展示了众多的效果指标，因为该工作逻辑模型展示了两个分别会带来多种成果的系列，因此效果指标包括：关于各类养育知识的测试分数，参加者中分娩健康婴儿的百分数，参加者对婴儿提供了合理护理以及进行了喂养和互动的百分数，以及这些婴儿中达到合格的 12 个月发育标准的百分数。成本—效益指标可以通过任何与这些成果相关的成本来定义，但是最有效的指标可能是每个健康婴儿达到 12 个月标准的成本以及避免每例反复性早产的成本。最后，客户满意度的最有意义的指标可能是，在完成培训的未成年孕妇中，在她们的婴儿出生后的一段时间报告说对培训整体满意的人的百分数。

3.4　逻辑模型的设计

　　很明显，设计公共和非营利工作绩效指标关键性的第一步是，确定所应该考评的**对象**。本章提到的逻辑模型是鼓励设计者关注工作的最后结果，即工作要产生的真正成果，以及产出或直接产品。发展这样的逻辑模型可以帮助你确定要考评的重点。

　　在实际中怎样为一个特定的公共或非营利工作着手设计一个逻辑模型？查阅对工作目的和目标的正式表述是一个好的开始，因为它们可以确认期望产生的各类结果。由于结果导向的管理系统需要直接与目的和目标相联系的绩效指标，所以我们将在第 4 章更加深入地探讨这种联系。除了目标陈述以外，工作计划和其他描述也可以提供逻辑模型设计所需要的信息。

　　通过合作的方式来设计模型经常是最成功的，参加者中不仅要有项目主管，还

应包括员工、服务提供者、客户、机构代理、项目倡导者以及其他相关群体。通过
这样的方式来设计逻辑模型，由于大家意见不一致，可能会因此成为一个具有几次
审查和修改机会的重复性过程。然而，经过这样一个过程，可以使这些不同的利益
相关人对这个模型形成一致意见，你就可以在很大程度上增加模型的绩效指标获得
广泛支持的可能性。

　　在特定的绩效考评中，无论你采用什么样的方法，首要原则应该是绝不要"扭
曲"现实情况去屈就事先构造的模型。模型应该仅仅被看作理解项目工作应如何运
作的工具。幸而这里提及的工作逻辑方法是具有充分的弹性的，并且，通过修改，
几乎能适合所有项目或组织的情况。一旦你设计了模型，你就可以定义合适的产
出、质量、效率、生产力、效果、成本—效益和客户满意度等可靠的指标。

第 *4* 章

绩效目的与目标的确定

　　组织的目的、目标和服务标准是什么？应该如何描述组织或 *58*
项目的目的和目标，从而推动以结果为导向的管理和绩效考评？
目的、目标与绩效指标之间的关系如何？本章将讨论公共组织和
非营利性组织的目的和目标，探讨绩效考评通常是如何从目的和
目标描述开始的，并分析考评本身有时又是如何使这些描述变得
更为明确。

4.1　组织使命、目的和目标

　　通常，最有意义的绩效指标是从组织的使命、目的、目标或
者项目的特定标准中产生的。因为这些内容反映一个组织或项目
的预期结果，因此，在目的、目标和产出或效果考评之间通常存
在很直接的联系。一般而言，建立逻辑模型对于充分理解一个公
共或非营利项目的所有绩效指标是非常有用的，但是，对于某些
考评系统的目的而言，明确目的和目标，并定义绩效指标去追踪
组织的成绩，这样做便足够了。

　　应该指出，在公共管理文献中的这些术语并没有根本的差 *59*
别，它们之间经常存在着较大程度的重叠，但是，这里所使用的
定义还是可行的，和别人的定义也并无严重矛盾。**使命**是指某个
组织或项目工作的基本目的，即其本身存在的理由，以及达到这
一目的的基本手段；**目的**是对工作产出结果的概括性表述；**目标**
是实现目的过程中更为具体的里程碑。目的通常是很概括的，无

时间限制，有时是理想化的；目标应该是更为具体、有时限和明确的。我们将在本章中对此做进一步探讨。

美国卫生与公众服务部的使命、目的与目标

美国卫生与公众服务部（Department of Health and Human Services，DHHS）的绩效考评是美国联邦机构的典范，它依据 1993 年《政府绩效与结果法案》明确了其组织的使命、目的、目标和绩效考评过程。该部拥有大约 59 000 名雇员，年预算达 4 000 亿美元，在广泛多样的领域中，管理着 300 多个项目工作，如医学和社会科学研究、食品与药品安全、对低收入者的财政援助和卫生保健、儿童抚养执行、母亲和幼儿保健、药物滥用与预防，以及对美国老年人的服务等。

该部使命的正式陈述是："通过提供有效的健康和公民服务以及确保美国在基础医学、公共健康、社会服务等方面有着强大而持续的科研优势，来提高美国公民的健康和福利水平。"

为此，美国卫生与公众服务部非常明确地制定了以下六个战略目标：

（1）降低对所有美国公民健康和生产效率的主要威胁；

（2）提高美国个人、家庭、社区的经济和社会福利水平；

（3）促进健康服务的获取，确保公民健康权利的完整性，推行安全网管理计划；

（4）提高医疗保健与服务质量；

（5）完善国家公共健康系统；

（6）大力发展国家健康科学研究事业并提高其生产力。

60　对于每一个战略目标，美国卫生与公众服务部界定了一些在期望的行为、条件或环境等方面针对性更强和更加具体的支持性目标。例如，关于"战略目标1"——降低对所有美国公民健康和生产效率的主要威胁——就确立了如下目标：

目标 1.1　减少烟草滥用，尤其是在青年中；

目标 1.2　减少美国社会中的伤害和暴力事件；

目标 1.3　改善美国公民的饮食健康，提高身体运动水平；

目标 1.4　减少酒精滥用和防止未成年人酗酒；

目标 1.5　减少麻醉品的滥用和非法使用；

目标 1.6　减少不安全性行为；

目标 1.7　减少传染性疾病的发生和影响；

目标 1.8　减少环境因素对于人类健康的影响。

在接下来的几章里，我们将从一般目标到具体的考评指标来逐一描述绩效考评过程。事实上，应该确保用来考评特定结果的操作指标能够切实反映考评的期望目标，这是我们经常遇到的一个挑战。尽管"战略目标1"的八个具体的支持性目标仍然是对期望目标的概括性陈述，但是，作为考评指标，它们显然更能集中反映与期望目标直接相关的预定结果。

再进一步划分，每一个目标又包含着多个绩效指标。正如表 4—1 所示，"目标

1.3"——改善美国公民的饮食健康，提高身体运动水平——的五个绩效指标的描述都包括数据来源、目前的绩效值以及 2010 年的目标值三个部分。例如，反映饮食结构和身体锻炼的一个指标是美国肥胖公民的比例，具体数据可以从疾病控制和预防中心（Centers for Disease Control，CDC）组织的国家健康和营养调查中获得。对于 20 岁以上的人群，目前 23％的美国人过于肥胖，2010 年的目标是使该比例降低到 15％。显然，这五个绩效指标中每一个只代表这个特定目标的一"部分"，或者反映着结果的一个方面。五个指标都与改善美国公民的饮食结构和提高身体运动水平这一目标紧密相关，并且在该目标能否实现以及在一定时间内努力到何种程度才能实现等方面，给我们提供了一个合理的视角。

表 4—1　　　　　　　　　　　美国卫生与公众服务部的战略目标和绩效指标

目标 1：降低对所有美国公民健康和生产效率的主要威胁 目标 1.3：改善美国公民的饮食健康，提高身体运动水平			
指标	数据来源	目前（％）	2010 年 目标（％）
18 岁以上的美国公民每周参加 5 次运动，每次运动时间至少 30 分钟	国家健康访问调查 （CDC）HP2010	23	30
美国肥胖公民的比例 （以年龄分组）	国家健康和营养调查 （CDC）HP2010	23（≥20 岁） 11（6～19 岁）	15 5
每天消费水果/蔬菜 5 次 的人口比例	行为风险因素监督系统 （CDC）HP2010	15.5	62.5
因阅读食品商标而改变食品购买和使用决定的成年人比例	消费者调查报告（食品和药品管理局）APP	—	
叫外卖的次数	国家资料报告 APP	—	

注：CDC：疾病控制中心；APP：年度绩效管理计划；HP2010：2010 健康公民。
资料来源：US. Department of Health and Human Services，2000。

根本目的和中间目标：公路安全管理计划

　　国家公路交通安全管理局（National Highway Traffic Safety Administration，NHTSA）负责减少在国家公路上因撞车事故而导致的人员伤亡和经济损失。为了完成这一使命，该局制定和实施了机动车辆设备安全标准，并向州和地方政府授权，以使他们有能力实施有效的公路安全管理计划。下面的管理计划大纲（adapted from Faigin，Dion，and Tanham，n. d.）可以概括地说明什么是根本目的和中间目标，以及该局为实现这些目标而建立的有效的考评指标。

公路安全目标和绩效指标
　　Ⅰ. 根本目的和考评指标
　　（1）在国家公路上挽救公民生命
　　　　● 每亿机动车行驶英里数（VMT）的死亡数量

● （恶性交通事故中）每 10 万人中的死亡数量

  （2）在国家公路上防止公民受伤

      ● 每亿 VMT 的受伤数量

      ● 每 10 万人的受伤数量

  Ⅱ. 中间目标和考评指标

  （1）减少撞车事故发生（避免撞车事故）

      ● 每亿 VMT 的撞车事故数量

      ● 每 10 万辆登记车辆的撞车事故数量

      ● 每 10 万名有驾照司机卷入撞车事故的数量

      ● 每 10 万有驾照司机的酒后驾车撞车事故数量

  （2）降低撞车后果的严重性（撞车损失）

      ● 每 1 000 次撞车事故的死亡数量

      ● 每 1 000 次撞车事故的受伤数量

      ● 违章驾驶撞车事故中的严重和较大伤亡的百分率

  （3）提高关键路段的安全性

      ● 每亿 VMT 的机动车驾驶者死亡数量

      ● 每亿 VMT 的机动车驾驶者受伤数量

      ● 每 10 万人中骑自行车者的死亡数量

      ● 每 10 万人中骑自行车者的受伤数量

      ● 每 10 万人中步行者的死亡数量

      ● 每 10 万人中步行者的受伤数量

    该管理计划大纲表明，美国国家公路交通安全管理局的根本目的（或者称作长期目标，第 3 章的项目逻辑模型中提及）是挽救生命和防止受伤，其绩效指标分别是每亿 VMT 的死亡数量、每 10 万人的死亡数量、每亿 VMT 的受伤数量以及每 10 万人的受伤数量。

    为实现根本目的而制定的中间目标包括减少撞车事故、降低撞车事故的损失以及提高关键路段的安全性等。同样，每一个中间目标也建立了多个绩效指标。

    该考评系统也同样包含机动车辆驾驶者、骑自行车者和步行者在事故中的死伤数量等类似指标。在进一步的研究中，国家公路交通安全管理局也对一些初始结果进行了跟踪测评研究，如驾驶员和居民使用安全带的比例；同时跟踪测评研究了该管理计划的相关输出指标，如 DUI 法律的通过情况，各州安全带法的制定情况，避免撞车事故和撞车事故损失的研究，汽车召回运动，以及对避免撞车事故的产品的研究与开发等。

4.2　SMART 目标

    项目的目标应明确划分为能在一定时间内实现的若干里程碑，但是在实践中，关于目标的描述经常是过于笼统和模糊的，在时间上也是无限制的。这种描述拙劣的目标说明不了实现特定结果的管理使命，对界定有意义的考评指标也缺乏指导性。真正实用的项目目标应该遵循 SMART 规则来建立，这些目标要实现的结果是明确的（specific）、可度量的（measurable）、有挑战性的（ambitious），但又是现实的（realistic）和有时间限制的（time-bound）（Broom，Harris，Jackson，and Marshall，1998）。

例如，公路交通安全管理计划 2001 年的目标，即将公路事故灾祸降低到少于 15 起/10 万名美国居民，就是一个 SMART 目标。同样，城市公共交通系统的下一个五年的 SMART 目标是将带来当地财政收入的旅客周转量提高 25％；社区防治犯罪项目下一年的 SMART 目标是将报道的盗窃数减少 10％；"大哥/大姐"项目的下一个两年内的 SMART 目标是把经过专门培训的成年人所指导的年轻人的数量增加 20％。

绩效管理目的：航空安全

正如我们所看到的，SMART 目标明确界定了可实现的结果，给出了衡量该结果的实现成功与否的特定指标，也设定了在给定时间内应该实现的有影响的目标。例如，联邦航空管理部门设定了四个航空安全目标，如表 4—2 所示，在这个框架中，绩效指标的界定是很明确的，1999 财年的管理目的和目标被具体化了。[这个例子说明，目的（goal）、目标（objectives）、指标（target）和标准（standard）这几个词在使用上的不统一在这个领域中是普遍存在的，但它也暗含着对 SMART 目标的使用。] 这份资料表明了 1999 年美国航空安全四项指标的绩效情况，与财年目标相比，毫无疑问，1999 年的目标没有实现。

表 4—2 　　　　　　　　　　**1999 年美国航空安全管理目标和绩效指标**　　　　　　　　*64*

绩效指标	财年目标	财年绩效	目标实现与否
美国商业航空公司每 10 万个飞行小时严重事故数量	0.034 次	0.04 次	否
机场跑道险情（跑道受袭）数量	270 次	322 次	否
避免飞机相撞的每 10 万次活动中的失误数量	0.496 次	0.57 次	否
每 10 万次活动中飞机背离的数量，即飞机偏离预定航线	0.099 次	0.18 次	否

注："活动"是指 FAA 所有的功能活动，在《1997 年年度报告航空系统指标》中有界定。例如，空中交通指挥员为需要用导航仪器着陆的飞行员提供指导就是一种活动。

目标设置：亚利桑那州和新墨西哥州交通部

虽然大多数绩效考评系统建立了每个指标实现的目标水准，但是，有些系统却有意不这样做。是否设立这些标准取决于考评系统的目的以及组织管理的哲学体

系。例如，亚利桑那州交通部对下属组织的绩效管理，是依据"企业"与个人工作
单元在各个指标上的考评结果，每月向州长办公室汇报一次，依据少量的关键指标
来确定该组织属于五个等级中的哪一个等级。这与传统的结果导向管理方法一致，
首先设立组织的管理目标，然后根据目标实现的程度进行考评。

新墨西哥州的公路和交通管理部（NMSH&TD）按照 Compass 系统（一种计
算机管理软件）的 17 个关键结果对 83 个绩效指标进行跟踪考评，该系统确实为管
理和决策发挥了重要作用。然而，与亚利桑那州不同，NMSH&TD 并不偏爱为考
评设立目标，这一点与推行 Compass 系统的该部门的质量改进管理计划所信奉的
渐进主义哲学相一致。这种哲学是建立在一种信念之上的，即认为考评目标对于员
工行为有"上限制约"的负面效应。事实上，是考评目标阻碍了质量改进而不是为增
强绩效提供了动力，所以，隐含的目标可以在一定时期内持续改进这些指标所考评的
绩效。

然而，公共和非营利组织绩效考评的主导方法是：先建立目标，然后在目标实
现的过程中来衡量绩效。那么，诸如公交乘客增加 25%、盗窃数减少 10%、指导
问题少年的人员数量增加 20%，这些目标是怎样建立的呢？管理者又是如何来实现
这些目标的呢？解决这些问题有至少三种方法。

● **趋势分析法**

这是最常见的方法，是指通过关键指标来观察当前的绩效水平以及该水平的发
展趋势，然后建立有利于合理改进当前绩效的目标。当前的绩效水平经常作为一个
适当的出发点，但是，情况是不断变化的，可能性是难以被穷尽的，所以便产生了
这么一个问题：我们到底能够将目前的水平提高到什么程度？

● **生产功能方法**

第二个方法是，在既定的系统中分析服务传递的过程，考评生产能力，并决定
可以合理期望的绩效水平。这种分析先在子单元中进行，然后汇总到整个机构或者
项目。这种"生产功能"方法对建立一个生产过程的产出目标尤其有效，但是，当
没有准确地理解产出和结果之间的关系时，对于建立与真正的结果相适应的目标来
说，该方法可能就不是那么有用。

● **标杆方法**

其他相似机构或项目的绩效数据相比较，可以为建立适当的绩效目标提供信息
帮助。第 13 章中讨论的与其他组织进行绩效比较的方法可以帮助我们识别出公共
服务产业的标准，评选出这个领域的"星级执行者"，这一点对于特定项目或机构
建立绩效目标是有帮助的。运用该方法的一个主要难点是，首先要找到真正有可比
性的项目或机构，对相关实施条件进行调整，以利用其他组织的绩效标准来为本项
目或本机构设立绩效目标。

无论使用以上方法中的哪一种，所设立的绩效目标都可能代表现在的绩效水
平，在更多的情况下，可能会略微甚至远远高于现有的绩效水平。正如 SMART 目
标所建议的，建立相对有挑战性或"弹性"的，但同时又是可实现的目标是非常有
价值的。过于保守的绩效目标难以促使人们努力工作以明显地提高绩效；而过分大

胆的绩效目标往往又会导致失败，从长远看，也为改进工作绩效增加了障碍。所以，采取折中办法来设立目标常常需要仔细地估量，以做出合理的判断。

结果和目标：亚特兰大地区联合协会

在制定战略规划的过程中，公共和非营利机构对所期望的结果设立目标等级的做法正变得越来越普遍。尤其是当一个机构拥有一系列要管理的项目，总结所期待的结果和相关的目标有助于给组织行动提供一个战略的观点时，更是如此。例如，表4—3说明了亚特兰大地区联合协会在儿童和青年教育、强化家庭、经济自给自足和市民参与等领域中所希望的结果与目标。尽管左边栏目中的结果是极度概括性的，但是右边栏目中关于期待的结果、水平的等级，以及某些方面的年度目标等，都是非常精确的。

表 4—3　　　　　结果和目标：亚特兰大地区的联合协会　　　　　*67*

结果	目标
儿童和青年教育	
1. 价格合理的、质量好的学前教育和儿童看护	A. 到 2005 年，为在职父母提供大约 20 000 个照顾 0～4 岁孩子的儿童场所 B. 到 2005 年，设置 300 个新授权的儿童看护中心 C. 到 2005 年，授权 250 个家庭从事儿童看护业务
2. 安全、丰富、有组织的课外运动	A. 安全、丰富、有组织的课外活动次数
3. 父母参与到自己孩子的教育中去	A. 失踪 10 天或 10 天以上的中学生比率从 33.1％降低到 28％ B. 失踪 10 天或 10 天以上的大学生比率从 39.6％降低到 32％
4. 对未来的正面期待以及实现这种期待的信心	A. 离开看护中心后保持稳定一年的青年百分比（是基线的两倍但不低于 50％） B. 9～12 年级学生的辍学率从 5.5％降低到 4.5％
强化家庭	
5. 养育知识和技能	A. 通过联合协会（UW）推动的合作机制的驱动，到 2003 年，使 3 000 名父母提高他们的养育知识或技能 B. 虐待儿童案件数量从 4 659 起降低到 4 300 起
6. 问题解决和应付能力	A. 降低因精神健康因素而住院的天数 B. 降低因精神健康因素而到急诊室就诊的数量
经济自给自足	
7. 为适应劳动力市场而发展的技能（结果 7 和结果 8 是相关联的）	A. 90％的毕业于联合协会合伙人管理计划的、尚未就业的毕业生将获得参加下阶段的劳动力开发的推举证明文件 B. 到 2003 年，700 个低收入的参加者将获得 UW 培训，并得到有最低生活水平保障的工作（至少 50％的毕业生） C. UW 合伙人培训计划的毕业生中，有 85％的人得到了有最低生活水平保障的工作并持续工作 60 天，有 80％的人持续工作 180 天
8. 持久的并支付一定生活保障工资的工作	

续前表

结果	目标
9. 基于邻居关系上的小企业和小商业的所有权	A. 到 2003 年，小企业项目中有 600 名毕业生 B. 到 2003 年，有 360 家小企业成立三个月后继续保持运转（维持 78% 的成功率） C. 在进入该管理计划到毕业一年之内，个人收入呈正增长的毕业生数量 D. 在进入该管理计划到毕业一年之内，个人销售量呈正增长的毕业生数量
公民参与	
10. 能负担的住宅所有权	A. 220 个参加者购买住宅 B. 330 个参加者主动参与 IDA C. 在目标对象居住区单身家庭住宅的份额
11. 居民感到安全	A. 白天独自在外感到非常安全的居民数 B. 夜晚独自在外感到非常安全的居民数
12. 居民参与处理邻里和市民事务	A. 通过拨打 211 电话和其他方式成功地参与到邻里和市民事务中的公民数量

资料来源：United Way of Metropolitan Atlanta Indicators and Targets Chart。

68　　　很明显，至少其中的一些目标是建立在现在绩效水平的逐渐增加的基础之上的。例如，父母参与教育自己的孩子的指标以及虐待儿童案件的数量，后者被确定为考评养育知识和技能发展结果的指标。其他使命，例如到 2003 年，小企业安置 600 名毕业生，该目标应建立在机构管理计划的项目水平基础上。这些使命的一部分可能建立在国家的其他有可比性的大都市达到的结果的基础上，对于其他在表 4—3 中显示的期待结果，具体指标以及相关的目标水平还没有建立，虽然衡量的基本定义（仿宋字体显示的）已经建立起来。

4.3　绩效标准和服务标准

　　标准（standard）一词把目的、目标和指标等词进一步复杂化了。它经常与**指标**混用，但是对一些人来说，标准涉及的是例行性的绩效，在一定时间内是相当稳定的，然而指标可能经常随着事实和潜在趋势的改变而改变。

　　绩效标准趋向于与项目或机构的结果相联系，而服务标准更经常涉及内部服务传递过程。

绩效标准：儿童抚养执行项目

　　现在让我们考虑一下州人力资源部或社会服务部门所实施的儿童抚养执行项目。该项目的使命是帮助家庭经济自立或者远离贫困，降低他们对于公共援助的潜在依赖，通过这样一个强制推行的系统，促使无监护权的父母履行对其子女提供抚养费用的义务。图 4—1 展示了该项目的一个逻辑模型，该模型从三方面促使未尽

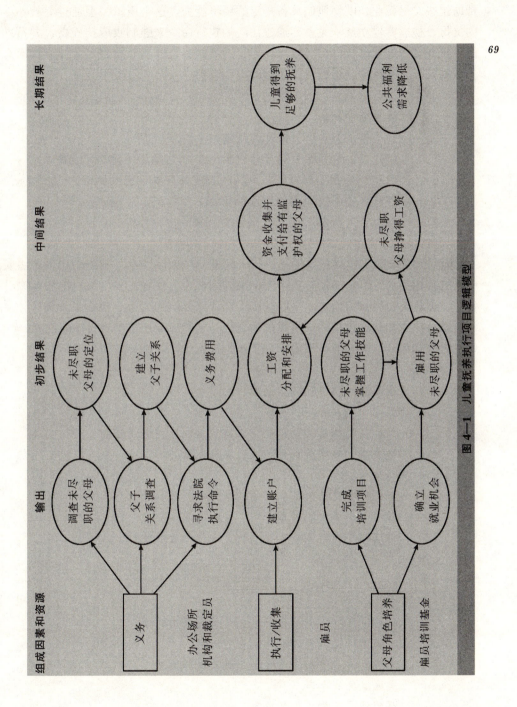

图 4—1　儿童抚养执行项目逻辑模型

职的父母给子女提供抚养费。根据这三点来强制收取抚养费，并且如果需要的话，帮助这些父母就业，以使他们具备一定的经济能力。这个逻辑模型通过寻找不尽职的父母，视需要建立父子关系，通过法院的执行命令来强制收取抚养费，并帮助不能尽抚养义务的父母获得经济收入。但是，其底线是能够募集到资金并支付给有监护权的父母，来确保孩子们得到足够的财政支持。

70

雇员培训基金

接下来是为该项目建立的绩效标准：

（1）为该项目待处理案件中至少80％的私生子建立父子关系；

（2）为案件总数的至少50％的儿童强制收取抚养费；

（3）保持欠款的案件数低于50％；

（4）至少收取所有义务费用的40％。

就像该逻辑模型中详细说明的一样，这四个绩效标准都与初步、中间或者长期结果直接相关。对于那些没有启动考评的部门来说，尽管这些标准可能看起来非常保守，但是，在现有的绩效水平以及跟踪测评未尽职的父母、建立父子关系、寻求法院执行命令和费用收集困难重重的情况下，这些标准还是相当有挑战性的。

无论如何，这些标准与该逻辑模型还是提出了以下种类的绩效指标：

儿童抚养执行项目的绩效指标

- 生产力

    每个裁定员对父母未能行使监管权的案件的调查数量

    每个执行机构所负责的现行案例数量

- 实施效率

    完成每次父子关系调查的成本

    每个账户建立的成本

    培训一个未能行使监护权的父亲或母亲的成本

- 服务质量/客户服务

    履行监护义务的父母对获得帮助的满意度

- 效果

    待处理案件中为私生子建立父子关系的比率

    父母支付抚养费的案件所占的比率

    未能行使监护权的父母有工资收入的比率

    欠账案件的比率

    强制性抚养费的收集比率

- 成本—效益

    每花费一美元能够收来的抚养费

生产力指标包含了每个裁定员对父母未能行使监管权的案件的调查数量，以及每个儿童抚养执行项目的执行机构所负责的现行案例数量，尽管后者很可能会被认为是一个工作量指标。实施效率的考评涉及父子关系调查、账户建立、培训等活动的单位成本。服务质量指标其实是一个顾客服务指标，也即履行监护义务的父母对获得的援助感到满意的比率。

如前所述，与绩效标准最为相关的效果指标包括待处理案件中为私生子建立父子关系的比率、父母支付抚养费的案件所占的比率、未能行使监护权的父母有工资收入的比率、欠账案件的比率以及抚养费的收集比率等。并且，因为与结果有关的底线是用收到的抚养费价值来衡量的，所以，最为直接的成本—效益的考评指标是每花费一美元能够收到的抚养费数额。

服务标准：州政府办公用品供应服务部

服务标准是指在目前基础上所希望达到的具体的绩效标准，通常涉及服务过程、服务质量和生产力等产出结果。在一些案例中，服务标准不同于项目目标，但是可能在更多的时候它们是同义的或者是密切相关的。假如我们对于什么是项目使命、目的、目标和服务标准还不够清楚，那么，在开始进行有效的绩效考评之前，无论如何一定要把它们搞清楚。

举例来说，州政府办公用品供应服务部的使命可以描述为："及时满足州政府所有机构、学区和地方政府辖区的办公用品的需要。"在特定时期，它的基本目的可能是提高服务质量和在竞争的商业环境中保证其市场份额。一个支持性的目标可能是在下一年里将中央物资供应库的客户订单增加10％。该服务项目可能建立如下服务标准：

- 在接到订单的三个工作日内发送完所有的货物；
- 在第一次发货时至少完成所有订单的95％（没有延期交货订单）；
- 在第一次发货时至少保证99％的订单发货正确。

生产力的一个相关标准是每个雇员每小时装运20套生产线的设备。

这些标准被认为是该项目的目标，可能还有其他目标，例如，下一年反馈卡上顾客对服务的满意度增至85％。假如满意度只是达到80％的"充分比率"，那么，下一年的一个关键的目标可能将其增至90％，再下一年达到95％。但是，使命、目的、目标以及服务或绩效标准终究还是有形的、可以描述的，了解了某个项目所要实现的目标能够极大地帮助管理者确定绩效考评的关键指标。

4.4 项目的目的和目标与管理的目的和目标

为了保证考评效果，绩效考评应该重点关注管理者想要达到的任何种类的结果。从"纯粹"的项目评价角度看，合适的指标通常关注项目的目的和目标，而项目和组织生产的真正结果则"被忽视"。然而，从一个现实的管理视角来看，关注实施和结果产出的绩效考评指标也很重要。所以，公共和非营利组织经常把项目

58

的——以结果为基础的——目的和目标与管理的——以产出为基础的——目的和目标结合在同一个绩效管理系统中。

项目的和管理的目标都应该被描述为 SMART 目标，并用适当的绩效指标来跟踪考评。例如，一个社区防止犯罪工作的项目目标可以是在一年内将人身伤害降低20％，财产盗窃降低25％，同时90％的居民在其居住区内感到安全和放心。这些结果可以用上报的犯罪统计数据和年度居民调查来监控。其管理的目标包括：前6个月内初步实施社区治安行动，以及在第一年内至少组建25个街道巡逻队。这些成果可以通过内部报告系统来跟踪监控。

组织制定有意义的目的、服务标准和具体的管理目标的一个范例是州工人赔偿项目。为了保证受工伤的雇员得到应有的治疗、身体复原服务、工伤假期以及法律要求的其他利益，所有政府管辖区都坚持推行工人赔偿项目。图 4—2 表明了一个州政府的工人赔偿项目的潜在逻辑，它除了要求加强工厂安全之外，还强调受伤雇员应能尽快返回工作岗位。从州政府的角度看，关键是使受伤雇员康复并重返工作岗位，这样，损失的工作日和业务中断可以最小化。从受伤雇员的角度看，关键的结果不仅是他们身体康复并重返工作岗位，而且还包括一旦需要长期或永久地离开工作，他们可以获得政府的财政支持。

下面的清单显示了该项目建立的目的、服务标准以及具体的管理目标：

工人赔偿项目的标准和目标

● 项目目的

落实州政府的工作安全管理计划，帮助相关机构防止在职雇员受伤；

及时解决工人的赔偿要求，保证受伤雇员得到适当的医疗、身体康复服务以及根据法律所要求的其他利益；

实施重返工作岗位项目，为受伤雇员尽快返回原机构工作提供方便。

● 服务标准

在发现雇员受伤后的 21 天内，向州工人赔偿委员会（State Workers Compensation Board）提交该雇员时间损失的 WC—1 报告（工伤赔偿的第一份报告）；

在发现雇员受伤后的 21 天内，经委员会核准，对其时间损失进行经济补偿；

在收到可接受的发票 60 天内，付清所有与工人的赔偿要求有关的医疗账单。

● 管理目标

与去年相比，将 WC—1 的报告数量降低 30％；

每月处理完的赔偿投诉至少应和新增数量一样多，以维持或减少待处理案例的数量；

通过和善于管理的关爱组织签订合同，把工人赔偿要求的总成本降低 15％；

通过实施积极的重返工作岗位项目，将每年损失的时间减少 15％。

74

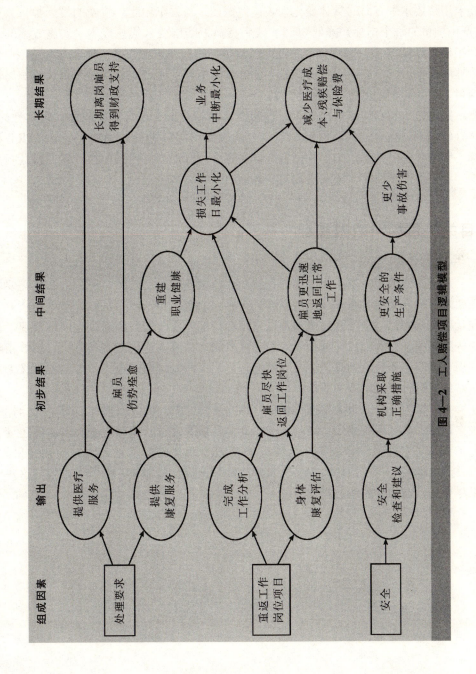

图 4—2 工人赔偿项目逻辑模型

75　　　在这里，这些目标是针对特殊情况编制的。尽管项目的目的适合于用更为概括的形式来表述，服务标准在某种程度上说也是一种规范性的规定，但是管理目标则要求用绩效水平方面的具体变化来表述。例如，与去年相比，将新的投诉报告数量（产出质量的一个指标）降低30％，或者将员工赔偿要求的总成本（实施效率的一个指标）降低15％。每月处理完的赔偿投诉至少应和新增数量一样多，这是工作量管理的一个目标。最后一个目标是主要的效果指标：通过实施积极的重返工作岗位项目，将每年损失的时间减少15％。

　　　在该机构现有的绩效水平下，这四个目标都被认为是具有挑战性和现实性的，并且它们都是在规定时间内对期望结果的性质和数量进行精确测定的 SMART 目标。简单、易懂的绩效指标和服务标准对每个目标都具有可操作性，它们将共同为管理者提供一个关于工人赔偿项目总体绩效的清晰描述。

4.5　目的、目标和绩效指标

　　　总之，管理者一方面需要增强目的和目标之间的紧密联系，另一方面也需要增强绩效指标之间的联系。加强对以结果为导向的考评和以项目目标为基础的绩效监控是很重要的，但是加强对更多地以管理性目标为导向的跟踪考评也同样重要。在一些案例中，目的和目标被描述为通过项目的行动所要达成的各种结果，绩效指标则用来跟踪考评它们的实现情况。然而，在另一些案例中，目标本身就被定义为用来对结果进行跟踪考评的指标。

　　　有时绩效标准或服务标准是被独立建立和跟踪考评的，有时候，目标和指标的设立是建立在对现有绩效标准与服务标准进行绩效改进的基础之上的。虽然还没有一个正确的方法，但是以结果为导向的管理者的起码要求是先混合使用"目的""目标""标准"和"指标"等概念对期望结果进行明确定义，然后再寻找与这些结果尽可能密切相关的绩效指标。

第 5 章

绩效指标的设计

当我们确定了工作的结果及其绩效标准以后，应该如何设计 *76*
相应的考评指标？有效的绩效指标应该是什么样的，有效的绩效
指标体系的特征是什么？我们可以从哪里获得数据来衡量这些绩
效指标？为了确保绩效监测系统能够传达有意义的项目绩效信
息，我们所使用的指标必须是合适的，并且必须符合相关的考评
原则。本章主要论述如何定义有关效果、效率、生产力、质量与
顾客满意度方面的指标，以及如何进一步使之更有效度、信度和
实用性。

5.1 考评数据的类型

在开始探讨考评问题本身的挑战以前，对绩效指标常用的数
量的或统计的形式进行介绍是十分必要的。一般来说，最常见的
统计形式——原始数字、平均数、百分比、比例、比率和指数
（indexes）——为我们定义那些最能够反映待考评的绩效提供了
可选择的指标范围。

原始数字和平均数

尽管这个领域的一些权威人士可能会对此存有异议，但是原 *77*
始数字通常对特定绩效指标提供了最直观的描述。例如，工作的
产出通常以原始数字来考评，并且产出目标通常也是以原始数字

来规定的，比如县公路维护方案中提及的路肩的英里数，公共图书馆系统中流通的图书的数量，或者州政府残疾认定部门每个月处理的索赔案件的数量。除了产出以外，效果指标也经常要求以原始数字的形式跟踪工作的结果。例如，一个地方经济发展机构可能会跟踪全县新增加的工作岗位数量或者年底工作岗位的净增长或净损失；州环境保护机构可能会在其城市地区监测臭氧活动警告的天数。

通过那些描述每个部门工作及其成果方面实际的原始数据来考评产出和结果特别合适，而这正是基层经理所关注的。例如，除了每个月要设计和考评的运输英里数和运输时间以外，一个小城市的公共运输系统可能会把来年要达到的主要市场目标设定为：总乘客要超过 200 万人次。尽管单位运输英里数或单位时间运输的人次也是非常有用的，但是相比之下，更有意义的结果指标是年内运输人次的原始数字。事实上，运输主管也会考察过去几年的季节性变化情况，然后把一年 200 万人次的总目标分解为每个月的目标，进而跟踪每个月的人次并与规定的目标相对照，以此来设计运输系统最直接的结果指标。

然而，有时候可以用统计平均数来总结绩效数据，并可以提供比原始数字更明确的描述。例如，为了努力改善顾客服务，州摩托车部门可能会考评每天通过邮寄方式更新的车辆注册证的平均数；一个地方公立学校系统可能要跟踪其教师的平均从业时间。同样的，用来考评雇佣服务工作有效性的指标之一，可能是劳动力市场中的人均周平均工资；一个公立大学系统可能会通过考评每年新生的语言和数学的SAT（学术能力测试）分数的平均值，来跟踪它的招生工作的效果。这些平均数更容易解释，因为它们表达了基于"典型情况"而不是总数方面的绩效信息。

百分比、比率和比例

78　　百分比、比率和比例是和统计有关的概念，它们经常以更有意义的关联形式来表达绩效信息。**百分比**在考察与期望的结果相比较的时候特别有用——例如，能产下健康婴儿的未成年母亲在养育方案中所占的比例，一个旨在帮助竞争性劳动力市场中有精神障碍的人的非营利机构的顾客的百分比，以及那些从青少年司法拘留中心释放的少年在六个月内不再重返犯罪审判系统的百分比。

一般来说，百分比是比平均数更权威的绩效信息，当服务标准或绩效目标已经确立时尤其如此。例如，跟踪每天通过邮寄方式更新的车辆注册证的平均数，这可能是衡量服务质量的一个有用的指标，但是这个指标并不能提供对周转时间满意的客户数量指标。然而，如果设定的标准是在三个工作日内处理完车证更新，那么在三个工作日内实际处理的百分比就是更合适的绩效指标。

以**比率**来表达的绩效信息，往往通过把绩效与一些以显性的或隐性的方式表达的语境信息相关联，从而更准确地表现绩效水平。例如，为减少城市内邻里间的犯罪而建立的邻里监控方案，可能会跟踪从这一年到下一年报告的人身和财产犯罪的原始数字。然而，为了解释在相关人口范围内的犯罪趋势，全国统一的犯罪报告系统往往需要跟踪地方司法部门报告的每千户居民所犯的杀人、人身伤害、抢劫、盗窃、汽车盗窃等罪行的统计数字。同样的，在经济不发达且人口过剩的国家当中，实施生育控制方案的效果可能通过考评记录在案的每千个育龄妇女的生育数据来获得。事故比率通常根据被报告的案件数量来考评，比如每亿运输英里发生的公路交通事故的数量，或者商用客机每亿承载英里发生空难的数字。在考评地方社区内的保健资源的充足程度时，联邦卫生保健财务管理部门把每 1 000 人中的内科医生数量、每 10 万人中的医院数量和每 1 000 人中的医院床位数量作为考评指标。跟踪这些比率指标有助于在更有意义的范围内解释绩效。

比例在绩效考评系统中的运用非常广泛，因为它们也表达了某些与特定基础相联系的绩效范围。尤其是，比例可以用于衡量效率、生产力和成本—效益这些指标，因为这些指标都是根据投入—产出联系来定义的。操作效率通常是根据单位成本来考评的——例如，一个运输系统每运输英里的成本，一个精神疾病治疗中心每完成一次解毒过程的成本，在未成年母亲的养育方案中开展每个程序所需要的成本，以及美国环境保护机构完成每次调查的成本。同样，生产力也能由这样的比例来考评：每个工作日能够收集的垃圾吨数，每个残疾认定员处理的案件数量，每个航空交通控制员控制的飞行段数量，以及每个青少年司法顾问提供咨询的少年的人数。成本—效益指标一般通过诸如每个顾客在竞争性雇佣中的成本或者在养育方案中产下每个健康婴儿的成本之类的比例形式来表达。

人们喜欢使用百分比、比率和比例，因为它们在相关背景下表达了工作绩效的一些范围。然而，更重要的是它们是适用的，因为作为相关指标，它们根据一些基础绩效因素**规定**了考评指标，这些基础绩效因素有助于控制那些用来解释结果的因素。就像在第 6 章可以看到的那样，以百分比、比率和比例规定的绩效指标也有助于对跨时间的、下属部门之间的或者特定机构和其他类似机构之间的绩效进行有效的比较。

指　数

指数是比例变量，可以通过合并多个指标或者组合变量，得到单个的总括性指标。例如，联邦储备部门为了考评其避免过度通货膨胀的货币政策所用的一种方式就是消费者物价指数（CIP），消费者物价指数是指在全国范围内的不同市场购买一套"标准的"家居消费品所花的成本。因为指数是通过综合其他指标、分数或重复性指标而得到的，所以这些指数中的一些看起来很抽象，但是可以通过定义范围或类别来解释不同比例值所代表的实际意义。

指数被用作各种各样的项目的绩效指标。例如在州和地方空气污染控制项目工作中，把空气质量指数（AQI）用作标准指标，用来监测该地区空气符合联邦清洁空气标准的程度，告知公众其所在社区的空气污染程度。州和地方空气监测站和全国空气监测站使用被称为公开路径分析师（open path analyzers）的仪器，这些仪器使用紫外线、可见光或红外线，可以监测从几米到几千米高空的空气中的二氧化氮、臭氧、一氧化碳、二氧化硫和其他污染气体的含量。在城市中，每天都可以获得这些考评结果，并且可以拟合成公式来计算空气质量指数的值，这个值的范围从0 到 500，0 代表原始空气，500 代表能最直接危害公众的空气污染程度。为了更好地进行实际解释，空气质量指数被划分为五类：好的、对易感人群来说不健康的、不健康的、非常不健康的和有害的。

适应行为量表（Adaptive Behavior Scale, ABS）是美国智障协会（American Association on Mental Retardation）开发和完善的标准，用来评估患有精神残疾的个体在两个方面的功能水平：人格独立和责任感（第一部分）与社会行为（第二部分）。致力于帮助智障病人的公共和非营利机构经常使用这个量表来评估其病人的需要，以及监测各个项目工作对顾客功能水平的影响。该量表包括 18 个部分——例如独立功能、生理成长、语言提高、自我定位、自虐行为以及扰乱人际行为——这些部分进一步细分为由一系列项目所代表的分部分。例如，独立功能部分的一个分部分是吃，而吃则是通过使用餐桌用具、在公众场合吃、喝水和餐桌礼仪等四个项目点来考评的。适应行为量表是通过临床检验或通过对熟悉被评估对象的个体进行深入访谈来完成的。各个项目点总括起来构成每个部分，进而构成适应行为量表整体，而那些分数转化为百分点的等级、精神受损标准分（均值是 100）以及年龄当量分数。适应行为量表的均值也可以用来跟踪特定群体的进步，比如具有大住宅的顾客，以及为无法自立的残疾人管理小社区的工作。

指数并不是统计指标中一个不同的种类，而是反映某些特征或条件的程度的综合性量表。因此，就像其他绩效指标一样，指数可以用原始数字、平均数或百分数来表达。例如，一个绩效监测系统可能会报告亚特兰大空气污染的天数，或者在新泽西非营利机构中适应行为在"适度独立"范围的顾客的百分数。

许多绩效考评系统都会包含我们前面讨论的各种表现形式的绩效指标。下面以*81* 引自《州运输部绩效考评》（Poister, 1997）的清单为例，说明在跟踪公路维修项目工作中的常规指标。

公路维修绩效指标举例

绩效指标	绩效范围	统计形式
修补所使用材料的加仑数	资源	原始数字
重铺路面的车道公里数	产出	原始数字
重铺路面车道每公里的成本	操作效率	比例
每个工作日质量验收员认定的公里数	生产力	比例
每个工作小时完成的任务小时数	生产力	比例
质量保证分数的均值	质量	平均数
符合美国各州高速公路与运输联合会（AASHTO）标准的公路的百分数	直接结果	百分数
平均铺路质量标准（PQI）	直接结果	中值

考评员定为质量满意等级道路的百分数   客户满意度   百分数

客户服务指数（CSI）   客户满意度   原始数字

每亿运输英里发生的与路况相关的交通事故数量   结果   比率

  以上绩效指标包括资源、材料和产出的原始数字，效率和生产力指标的比例，质量保证分数的平均数，平均铺路质量标准分数的中值，满意道路和满意客户的百分数，以及与路况相关的事故的比率。

5.2 绩效数据的来源

  在绩效考评系统中，所使用的数据来自各种不同的来源，这与数据收集和处理的成本以及数据的质量和有效性有一定关系。在某些情况下，在服务于其他目的的档案和系统中也存在着合适的数据，这些数据可以被提炼并运用于绩效考评，然而对于为其他考评目的服务的数据来说，必须有选择性地进行收集。

82

  前面的清单列出了关于公路维护的指标，其中，有关修补材料的加仑数方面的信息可能很容易从高速公路部门的存货控制系统中获得，而重铺路面的英里数、认定的公里数以及实际完成这些活动的任务和生产的小时数，则可能被记录在公路管理部门的维护管理系统中。工作成本可以从基于部门活动的财政系统中跟踪分析。质量保证分数可以通过检查员按照既定程序对完成维护工作的抽样"检查"来获得。平均铺路质量标准和符合美国各州公路与运输联合会（AASHTO）标准的公路百分数，是一个需要通过机械与人力对路况及公路缺陷进行检查的综合指标。为得到汽车司机把公路认定为满意的百分数，可能需要对注册司机进行阶段性的邮件抽样调查。可以从州的警察记录的交通事故数据档案中获得事故的相关比率数据。

  在下面的清单中，所显示的数据类别并没有详尽地列出绩效数据的所有方面，但是它们的确能说明绩效数据的主要来源：

   绩效数据的来源
- 现存数据的编辑整理
- 临床试验
- 机构记录
- 测验
- 管理记录
- 调查
- 跟踪接触
- 客户反馈卡
- 直接观察
- 专门设计的工具

66

有时，机构为了其他目的而保留的数据库，也可以用于对特定工作的绩效考评。许多联邦机构保留了对人口统计、住房、犯罪、运输、经济、健康、教育和环境方面的数据档案，这些数据本身就可以跟踪分析某些工作的绩效。许多州政府机构和一些非营利组织都建立了类似类型的统计数据库，其他正在进行的各种社会调查和城市民意测验，也可以用来产生绩效考评的数据。

83

机构和管理记录

目前，绩效数据经常来自机构的记录。负责管理项目工作和提供服务的公共机构和非营利机构一般会储存交易数据，这些数据记录了项目工作的个案流、服务的顾客数、完成的项目数、提供的服务数、做出的指示等。大部分数据主要针对服务提供和产出，而机构记录中保留的其他交易数据则进一步与产出链条相联系，例如关于事件的处置、获得的结果或者被投诉的次数。除了管理信息系统以外，这些类型的数据也可以从服务需求、活动日志、事件日志、生产记录、发放和撤销的许可证记录、投诉档案、事件报告、投诉处理系统，以及处理和跟踪记录等其他来源中获得。

除了使用与专门的工作特别相关的交易数据，还可以分析诸如有关人事和费用的管理数据来产生绩效数据。在一些情况下，这些管理数据也可以从负责提供服务的项目机构中获得，但这些数据也经常要从总部的职能部门中才能获得，比如人事机构、培训分部、预算办公室、财务部、财政分部，以及计划和评价部门。这样的管理数据的来源可能包括时间、出勤、薪水报告，以及预算和财政系统和财务、绩效与合规性审计。

跟踪接触

在一些工作中，实际的结果可能要"在机构以外"才能实质化，并且要在工作完成一段时间以后才能体现出来，这就需要对顾客进行进一步的接触才能跟踪其效果。这个过程需要通过相关的追踪服务才能实现。例如，在州的青少年司法局开展的训练营项目工作中，青少年犯罪者从州的青少年司法局释放出来以后，司法局也

84

可能提供后续帮助服务，由顾问来帮助这些少年重新适应他们的家庭和社区环境；鼓励他们认真地学习、工作和从事其他健康的活动；并且努力帮助他们远离犯罪活动。通过这样的跟踪接触，顾问也能对其进行密切关注，保证青少年置身于有益的活动而不是再走上犯罪道路。许多种服务项目工作——例如再就业项目工作和未成年母亲的养育教育项目工作——都使用类似的与顾客保持接触的后续行动，以获得关于工作结果的数据。当深入跟踪不是正常的项目工作活动的一部分时，为了清楚地获得服务质量、客户满意度和项目工作效果指标的客户信息，可以通过邮件、电话或个人访问来跟踪和调查原来的顾客。

直接观察

许多时候，考评要求进行直接观察——通过机械工具或人工的方式，这与跟踪接触顾客的情况不一样。例如，州运输部用各种不同的机械和电子设备来考评它们维护的高速公路的状况和路面质量，而环境机构则采用精密的测量设备来监测空气和水的质量。在另外一些情况下，可以训练观察者进行直接的物理观察，并使用评分的方式来获得绩效数据。例如，有时地方公共事业部使用经过训练的观察者来评估城市街道的状况，公共卫生部可能使用经过训练的观察者来监测街道和小巷的清洁状况，而运输路线管理机构经常使用经过训练的观察者来检查公共汽车是否按时到站。

临床试验

一些绩效考评数据来自一类特殊的直接观察：临床试验。生理医生、精神科医生、心理医生、职业临床医生、语言临床医生和其他专业人员都可能参与一些临床试验，从而获得关于某个项目的顾客的数据，而这些数据能够满足绩效考评系统的要求。例如，来自医学诊断或评价的数据不仅可以用于跟踪保健项目工作的绩效，还可以用来考评精神疾病治疗中心、未成年母亲教育项目工作、职业修复项目工作、残疾项目工作、工人赔偿和再就业项目工作和其他项目工作的效果。类似的，从心理评价中得到的数据，可以用作身体协调能力恢复项目工作、毒品和酒精滥用项目工作、神经病人的行为校正项目工作和公立学校的暴力减少项目工作的绩效考评。

85

测验数据

测验是专门设计的工具，可以用来考评个体在某个特定领域的知识或他们完成特定任务的技能水平。显然这些内容是与教育项目工作最直接相关的，就像地方公立学校日常使用课堂测验来测试学生学习或学术成绩一样。另外，一些州采用统一的考试形式，并且因此导致了过多的标准化考试的问题，但是这些标准化考试不但推进了对地方的、州的或全国范围的教育绩效的监测与跟踪，而且允许私立学校以其他全国性的考试结果作为自己的评价基准。除了教育项目工作以外，可以用测验来获取各种其他类型的培训项目工作的绩效数据，包括对工厂工人的工作技能与空军飞行员的飞行技能的测验，以及对警察的合适程度的测验。

调查和客户反馈卡

公共和非营利机构也采用大量的个人面谈、电话、邮件和其他个人问卷的调查来产生绩效数据，通常是针对服务质量、项目工作效果和客户满意度。除对现有客户和原有客户的调查外，还包括对顾客、服务提供者或合同相关人、其他利益相关人、公民或其他更大范围的公众以及机构雇员的调查。然而，调查数据是相当敏感的，因此在设计和实施调查的过程中必须非常小心，以确保高质量的、"客观的"反馈。

客户反馈卡是一种特殊的调查形式，也是绩效数据的一种来源，对它的使用正变得越来越普遍。客户反馈卡是非常简单的一种调查卡，仅包含一些在提供服务时或服务提供完成不久后直接询问客户的问题，用来考评客户对这一特定服务的满意程度。例如，这些反馈卡可能被分发给那些刚刚更新驾驶执照的人、那些即将从精神疾病治疗中心出院的人、那些刚拜访完儿童抚养执行项目地方办公室的儿童抚养监护人，或者那些刚刚参加了有关公司如何与州政府开展商务往来的研讨会的企业代表。这些反馈卡不仅可以用来直接确定和解决服务提供方面的问题，还可以产生总体上的、跨时期的、对项目工作服务质量及客户满意度非常有用的考评数据。

专门设计的考评工具

绝大多数用于绩效考评系统的指标，都来源于我们已经讨论过的常规的来源，但是在一些情况下，设计专门的考评工具来衡量特定项目工作的效果是可取的或者必要的。例如，全国性的美国市容保持工作的州和地方分支机构采用美国公共事务联合会开发的感光测量法来监测地方社区的垃圾数量。简单来说，感光测量法是对一块面积为 96 平方英尺的、能代表社区收入水平在土地使用上又具代表性的一个场所进行拍摄。拍摄场所的具体类型包括街道、人行道、空地、停车场、垃圾堆放地、装卸码头、商业储藏区，也许还有乡村公路、海滨和公园。在一个地方社区的标本中这样的场所可能会有 120 处之多，并且每年都要对同样的场所进行拍摄。

在相片拍下以后，它们被张贴到坐标地图上，然后计算出每张照片中的"垃圾"（littered）方块的值。每年都要检查根据每张幻灯片中垃圾方块的数量计算出来的感光测量的值，并用这个值来衡量市容保持项目工作在减少社区特定场所以及社区整体垃圾排放方面产生的影响。这个特定的考评工具的设计主要是用来监测美国市容保持项目工作主要的预期结果的，或许把它归类为非直接观察最为合适。

5.3 效度和信度

就像我们看到的，对于某些绩效考评结果来说，好的数据可能随处可见，而其他的考评结果则可能需要进一步的观察和调查，或采用其他专门设计的数据收集过程。尽管现成的数据资源在时间、精力或成本方面的优势都是很明显的，但是它们并不总是好的数据——不过这些数据也不总是低质量的数据。从方法论的观点看，

"好的"数据是具有高效度和高信度的数据——也就是说，它们是无偏见的指标，对绩效来说是合适的指标，并提供了合理的、客观的统计信度。

信　度

从技术方面来说，绩效**指标**是关于如何获得考评结果或者如何收集数据而对绩 87
效维度进行操作化界定的一种说明。例如，每年进入州立大学系统的学生人数的操
作化指标的数量是，在上学年中，通过系统中每个机构的注册办公室，首次登记选
择 3 门或更多课程的学生人数。类似的，城市运输系统运送乘客人数的操作化指
标，可以是自动投币机记录的人数；客户对州的巡检机构更新驾驶执照的过程满意
的百分数，可以通过他们在完成执照更新手续后在所发的反馈卡上勾出"满意"或
"非常满意"的百分比来进行考评。

绩效指标的信度是关于指标客观、准确和可靠程度方面的一种度量。例如，如
果多次询问一个大学的注册办公室，了解在本学期登记进入各个年级的学生人数，
每次都得到不同的数字，那么学生人数这一指标就缺乏一贯性或可靠性，从而不是
非常可信的。虽然这些回答的人数范围提供了多少学生登记进入各个年级的大致情
况，但它显然不是非常准确的指标。

从考评的前景来看，完美的绩效指标可能并不存在，因为在考评过程中总是存
在出错的可能性。考评结果的错误程度在多大程度上是随机的和无偏向的，这就是
一个信度的问题。尽管就像第 8 章要讨论的，在数据处理过程中需要建立质量保证
过程，但是在数据报告、编码和制表的过程中，总是会存在偶然性错误的机会，这
就会产生信度的问题。例如，州的儿童养育执行管理部门跟踪没有承担监管责任、
拖欠法律规定必须支付费用的父母的百分数，计算这个百分数看起来是一件简单的
事情：在任何给定时刻这些父母要么准时缴纳了费用，要么拖欠了费用。然而，这
项管理工作在中心数据库中记录的数千条关于家庭中的儿童的数量、亲子关系的建
立、支付的义务和最近的情况方面的信息，都是以个别的方式来自地方办公室和其
他各种途径。尽管时效性及准确性对于这些记录来说是重要的，也是反复强调的，
但错误和报告的"偏移"还是会出现的，因此，在任何时点上，实际的计算结果都
可能会有这样或那样程度的（甚至严重的）失真。因此，在以月为单位跟踪这个指
标的系统中，计算出来的百分数在有些月份可能夸大了拖欠的比例，而在其他月份 88
却低估了这个比例。甚至在没有高估或低估拖欠父母的百分数的情况下，这个指标
也不是高度可靠和可信的。

绩效数据缺乏内部一致的信度，这往往意味着绩效数据方面存在一定的问题。
例如，如果一些经过培训的观察者，在同样的时间内采用同样的程序、定义、分类
和评分形式对同一区域的街道进行观察，通过这样的方法来对城市街道的状况评
分，然而观察者得出的等级事实上却各不相同，那么对这个街道的考评结果显然不
是非常可靠的。即使培训观察者以同样的方式运用这个工具，评分的实际结果看起
来也是更多地依靠评分者个人的**主观**印象，而不是**客观**标准。只要绩效指标由不同

的独立的观察者观察并做出判断，这种内部一致性的信度问题就必然出现。例如，当房屋检查员确定符合法规要求的居住单元的百分数时，当工人补偿检查员确定需要长期医疗福利的受工伤的员工的百分数时，或者当职业心理医生确定一个轻微或中度低能的顾客的能力时，就可能会出现这样的情况。

效　度

信度是客观和准确的问题，而绩效指标的效度关注的是**合适**程度的问题，就是指标直接与成果相关或者代表所关注的绩效维度的程度。如果设计的指标与特定工作的预期产出毫不相干或者相距甚远，那么指标就不能有效地说明工作的效果。例如，有时 SATs 测验的语言部分的分数，可以用作公立学校的 12 年级学生的写作能力的替代性指标，但是这些测验针对的是词汇和阅读的综合能力，这种能力与写作能力相关，但仅仅是部分地与写作能力相关。相反，最近开发的美国教育评估项目（National Assessment of Education Progress）在写作方面的测验提供了更直接地考评学生写作能力和写作效果的指标，是专门针对解决如何测试他们的写作能力的问题而设计的。

作为另一个例子，大城市的运输管理机构的"从福利到工作"项目可以通过增加运输服务，把可雇用的人从依赖福利转移到正常的雇佣关系上。然而，作为可能的有效性指标，此地区的无家可归人口估计数量在很大程度上与该问题不相关，大城市的雇佣人口总数和平均中等收入受各种因素的影响，可能对"从福利到工作"项目仅有微弱的敏感性。更多相关指标应聚焦于福利机构所报告的已从福利名单上划掉的人数，生产车间和其他职员提供的"第三班"职位的数量，或者作为"从福利到工作"项目组成部分的客车运输数量。但是，作为测量原来没有工作而依赖福利但现在因为能够利用运输系统而获得工作的人的数量来讲，这里的每个指标仍然是有缺陷的。

大多数已建立起来的绩效指标至少在一定程度上是适合于被考评对象的，但是效度的问题经常取决于所提供的指标相对有关的绩效维度在多大程度上是公正的与无偏向的。信度问题产生于考评过程中的随机误差。而在考评过程中，当系统产生高估或低估工作绩效的系统性偏见时，效度问题就会出现。例如，犯罪预防管理工作可以把官方报告的犯罪比率作为主要的绩效指标，但是，众所周知，许多犯罪由于各种原因并没有向警察局报告。因此，这些报告的犯罪比率趋向于低于在特定时期、特定区域内的实际犯罪数量。另外，如果地方警察部门报告的"已处理案件"的百分比中包括那些起初报告为犯罪而后又被确认为非犯罪的案件，那么这一比率就相应地夸大了警察局的办事效率。

设计涉及工作效果的有效指标往往会有相当的挑战性，因为期望的结果或者是有偏差的，只与工作有少许的关系，或者受到工作无法控制的许多其他因素的影响，或者因为期望的结果只是被简单地运用而不适合于应用到实际的考评中。例如，美国外交服务部（U. S. Diplomatic Service）的绩效考评系统可能会跟踪资源的使用、战略会议的次数、与其他国家的代表接洽的次数、签署协议的数量等，但是这些工作中的许多都是非正式或在幕后出现的，进展程度完全取决于主观的理解，并且就维持和平或者获得战略性优势而言，其实际影响是很难确定的。对于美国森林服务部（U. S. Forest Service）来说，森林保护指标或者执行的重新造林项目工作的实际影响要到十年以后才能得以量化。在同样的情况下，最实用的方法都主要依赖于产出指标，或者试图确定合理的近似指标，就像本章后面要讨论的一样。 *90*

甚至对于预期结果很接近于"达到目标"的公共和非营利的工作来说，定义有效的结果指标也可能是困难的。例如，一个精神疾病治疗中心可能会监测完成治疗并从中心出院的客户当中，在 30 天内又被中心接收的百分数。然而，出院的客户可能会搬出这个地区或者在 30 天内因为同样的问题被其他类似的机构收容，或者他们在下一次又碰到他们以前经历过的心理或药品滥用问题而发病时没有获得相应的帮助。因此，在 30 天内重新接收的百分比确实是一个相关的指标，但是很可能是一个有偏差的指标，趋向于低估实际上没有长期保持稳定的已出院客户的百分数。

对于许多公民服务工作来说，当顾客离开服务工作以后就很难跟踪他们，而通常真正的结果正是在他们离开服务工作以后出现的。精神疾病治疗中心只有在客户住院的短期内才能观察他们，因此不可能跟踪他们是否继续服用医生开的药品，是否又开始服用毒品或酒精，或者是否继续参加长期的保健项目工作。在这种情况下，合适的效果指标并不难定义，但是通过系统的顾客跟踪调查来操作它们就需要大量的人员、时间和精力。

例如，未成年母亲养育培训工作的绩效考评，可能会跟踪顾客参加的培训会议，但是必须保持与所有完成培训工作的顾客的联系，以确定她们产下健康的婴儿、正常年龄体重的婴儿、没有艾滋病的婴儿等的百分数。但是在婴儿出生的第一年给予的养育照顾的质量如何？考虑到应该了解母亲向她们的婴儿提供培训工作中所传授的照顾方式的程度，我们可以对新妈妈进行定期的电话或邮件调查。但是应该注意，在有些情况下，她们的回答可能会因为想表达得比实际情况更好而发生偏移。另外，可以选择的是，让经过培训的专家对顾客进行定期的跟踪家访，主要帮助母亲解决所有她们关注的问题，并且，通过与母亲的交谈和对她们的婴儿的观察，专家也可以评估母亲给予婴儿照顾的充分程度。如果方案设计包括跟踪访问以提供进一步的支持的话，这就是可行的，并且，这或许可以提供一个更加令人满意的指标，即使有些母亲在那些短暂的家访中可能会做出最好的表现，从而导致对婴儿所得到的照顾质量的高估。 *91*

效度的基础

效度在一定程度上是主观判断方面的问题，但是我们能够从四个方面来分析绩效指标的有效性。首先，指标应该具有**表面效度**（face validity），也就是说，"从表面上"判断，指标是一种有效的指标。例如，在既定的某个月份中，公共汽车投币箱中登记的支付票价的数量记录，显然是那个月地方运输系统搭乘的有效指标。**一致性效度**（consensual validity）是指，一定数量的专家和其他这方面的工作人员明显同意某绩效指标是合适的绩效指标的程度。例如，地方政府负责车辆维修管理的主管一致认为，可利用的车辆的平均数是他们管理工作效果的有效指标。要注意的是，这些例子中都存在发生错误的空间。如果一些个人没有支付车票就上了公共汽车并实际完成了运输搭乘，那么指标系统就低估了搭乘人次；在车辆维修管理中，一些车辆在存在严重的运行问题时也可能被允许继续服务或重新投入服务工作，在这样的情况下，指标可能夸大了管理工作的效果。然而，要记住的是，就像信度一样，效度也是一个程度问题。

当一些正在被考评的绩效指标与另外一些已被证明了有效的绩效指标在统计上高度相关时，**相关性效度**（correlational validity）就出现了。例如，国际上公路粗糙性指标（international roughness index，IRI）是一个直接用于考评公路表面的光滑度的指标，但运输部门认为把它用作道路整体质量的一个指标更合适，因为在已经开展的以严格的实验为基础的专家小组的研究中发现，IRI的值与驾驶员凭他们的自我经验对道路质量的评分结果高度相关。

预见性效度（predictive validity）是指目前考评的指标值可以用来准确地预见未来的一些结果。例如，军队平时的主要使命是训练，或者为战争做准备。检测资源供给、训练活动和某些中间考评结果将与军队战斗力直接相关，但是直接考评战斗力只有到他们训练的部队进入实际作战的时候才有可能。然而，如果根据过去的经验，能够证明部队在模拟演习中的绩效的效果得分与他们随后要投入的战斗的绩效高度相关，那么这些演习的效果得分作为战斗力指标就具有了预见性效度。

5.4　常见考评问题

92　　在界定有效的操作化指标的过程中，为了克服其中存在的困难，考评系统设计者应该对可能遇到的问题有一个全面的认识。可能危及信度、效度或者这两者的常见问题包括数据缺乏可比性、替代指标相关度低、对数据的趋势估计过高或者过低、工具设计拙劣、观察者偏好、指标设计落后、考评受到无关因素影响、系统偏差和数据虚假。

没有可比性的数据

在数据通过分散的程序进入系统中的任何时刻，都存在缺乏可比性的可能。甚至当已经规定了必须使用统一的数据收集程序时，也无法保证在把数据从一个工作地输入另一个工作地或者从一个点到另一个点的过程中它们都是以同样的方式完成的。这在单个机构或工作中都是一个实际存在的问题，而那些负责从各自的办公室、分支机构或工作单位输入数据的人，由于他们的工作任务非常繁重，他们可能会为了方便而使用他们自己的一套方法来输入数据，这最终会造成他们互相之间数据格式不统一的问题。因此，在一个大型的有着众多数据输入点的机构，只有细心才能保证以统一的格式输入数据。

在那些通过分散的单位提供工作数据的大型机构中，例如，在一个有 104 个地方办公室的全国性公共事业机构中，中央办公室可能希望跟踪一定的指标来比较各地方办公室的绩效，或者可能想集中数据来跟踪全州范围内的绩效。特别的，如果地方办公室都以同样的自动化程度来运行，但是在不同的地方办公室之间，对指标的操作化程度存在明显的不同，这就可能存在严重的不一致问题。这可能会危及地方办公室之间的比较效度，以及全州范围内数据的效度。在州和联邦共同承担的工作中，出现没有可比性数据的可能性通常更大，当数据通过独立承担者——地方政府机构或者非营利组织——输入数据的时候，这些独立的承担者又有可能通过建立存在一定独立性的程序来完成这个工作，而这些程序之间也会存在差异。

在那些没有比较标杆的数据之间，数据没有可比性的问题经常是特别严重的。机构维护它们的数据和把数据输入中央系统的方法可能存在重大差异，因此在这当中必然存在大量的无效数据的比较。

替代指标相关度低

当我们无法直接界定工作绩效的考评指标，或者把这些指标操作化比较困难的 93 时候，经常会采用**近似指标**来代替。近似指标是那些被认为大致相当于直接考评的绩效指标的指标的。事实上，近似指标是那些被假定与绩效存在一定程度的相关性或预见性效度但是不那么直接的绩效考评指标。例如，客户投诉的记录是经常用作特定工作的客户满意度的一个指标的。事实上客户投诉是**不**满意的指标，而客户满意度是一个更广泛的概念。尽管如此，在缺乏来自调查、反馈卡或目标群体的好的反馈时，有关投诉的数据就经常被作为客户满意度的近似指标。

类似的，通常地方公共运输系统的目标是：（1）满足那些不能通过拥有私人运输工具满足自己交通需求的特定群体的需要；（2）通过提供有竞争力的替代方式，减少私人汽车的不合理收费。然而，公共运输系统很少直接跟踪这些预期的绩效结果，而是考评整体的乘客搭乘数量，把它作为一个近似指标，因为他们相信这些数据与我们最终的绩效结果相关。

有时，当我们难以获得考评最终工作效果的实际指标的时候，绩效考评系统就依赖于产出指标的数据，或者把起始的结果作为最终结果的近似指标。例如，州的行政服务部可能会向州政府的其他机构，比如汽车租赁部门、办公用品供应部门和印刷部门，提供相关服务。所提供的这些服务的真正效果，应该通过分析这些服务对这些部门运行效率与效果的改善以及对它们的客户所提供的实际帮助来进行考评。然而，这些部门采用的绩效指标不可能敏锐地反映出支持服务的全部贡献。因此，对行政服务部最好只考评服务产出和服务质量的指标，因为，如果直线部门使用这些支持服务并感到满意，那么，行政服务部提供的服务实际上就对这些机构达到更高水平的绩效做出了部分的贡献。

尽管近似指标可能经常有用，但当它们与我们所关注的绩效指标低度相关时，效度问题就出现了。例如，假定州的经济发展局把其使命定义为最大限度地拉动与刺激全州的商业投资、经济活动、工作岗位的创造，以及向海外市场出口商品和服务。对经济发展局来说，直接考评其绩效是困难的，而且也因为其他一些原因，经济发展局把每年上缴的个人所得税作为其效果的近似指标。在一定程度上，支付的税收与经济发展活动是相关的。但是，如果只是低度相关，那些支付的税收就可能还受其他因素的更直接的影响。例如，如果每年都有更多的退休人员迁入这个州，那么个人所得税可能会增加，即使经济发展局的工作并不是那么有效，这个指标看起来也会让人们感到经济发展局的工作做得很好。相反，这个州可能处于经济衰退时期，或者正在经历人口和企业的外迁，这样每年上缴的个人所得税可能会因此而下降，在这种情况下，即便经济发展局在说服一些公司不要撤回在该地区的投资，以及吸引新的行业进入该地区，以替代该地区某些业已没落的经济活动方面取得了一些显著的成绩的时候，个人所得税这个指标的反映也会让人觉得经济发展局的工作毫无成效。

低估或高估实际绩效

因为有些指标是很"草率"的，并且在夸大一些情况的同时低估了另外一些绩效的情况，因此损害了绩效指标的信度，其他绩效指标由于考评系统低估或高估实际绩效的趋势，因此，还会产生绩效指标的效度问题。例如，就像在前面提到的，报告的犯罪统计数据趋向于低估实际发生的犯罪情况。因为存在各种原因，使许多犯罪案件没有报告给警察局。定期的受害情况的调查数据，对实际发生的犯罪情况可能可以提供更有效的估计，但是调查需要相当的时间、精力和资源。因此，尽管官方报告的犯罪统计数低估了实际的犯罪比率，但是它们还是经常被用作犯罪预防管理工作或警察局犯罪管理工作的效果指标。这在一定程度上是有效的，因为报告的犯罪统计数对于跨时期的犯罪情况跟踪是有效的，比如说，在每月报告一次的基础上，只要月与月之间已报告和没有报告的犯罪的趋势是固定的。

少年拘留中心一个备受关注的问题是消除、至少是尽量减少每个少年在监管过程中被其他拘留者或管理员进行生理或性虐待的行为。因此，对它们来说，一个重要的绩效指标是，每个月出现的少年被虐待事故的次数。但这个绩效指标的操作化界定是什么？一个可能的指标是每个月**报告**的事故数量，但这个数字实际只代表了**申诉**的儿童受虐待的次数。如果这些申诉情况中的一些可能实际上并没有发生，那么这个指标就可能趋向于夸大了这种事故的实际数量。一个更好的考评指标可能是，当发生这样的申诉时，经过了实际的调查并记录在案的儿童受虐待事故的数量。然而，就像在报告的犯罪比率中普遍存在的实际情况一样，如果在这些拘留中心的一些受害者不敢报告事故，那么这个指标可能就低估了儿童受虐待事故的实际数量。

工具设计拙劣

对于有效的绩效考评来说，设计完好的考评工具是至关重要的。这在对客户和其他利益相关人的调查中总是特别重要的；不清楚的问题或不合适的偏见，都可能会导致严重的考评结果偏差问题。在这种拙劣的调查工具中，经常包括模糊的、有疑问的或含糊的调查问题，而且因为回答者可能会通过不同的方式对问题进行解释，所以产生的数据包含一定量的"水分"，因此不十分可靠。

当调查工具中包括了一些个人偏好的问题时——有意或无意地，这些问题会促使回答者按特定方式回答问题——更严重的考评结果误差问题就产生了。例如，一个机构正实施的客户满意度调查，可能包括问题和选项，而选项可能会最大限度地促使回答者自然而然地把他们的工作评为好的等级。这很明显高估了这项工作的客户满意度，并且使调查数据无效。这些类型的问题也可能在其他形式的绩效考评中出现，比如经过培训的观察者评分和其他专门设计的考评工具。因此，要特别小心地设计考评工具，考评的问题设计要清楚、不含糊且无偏好。

观察者偏好

影响效度的另一个重要原因是有偏好的观察者。例如，即便是用一个好的调查工具，一个有一定偏好的采访者，不管是支持还是由于某些原因反对某个项目的，都可能会通过引入调查、设定总体导向并以特定方式提问，得到带有偏好的回答。在极端的情况下，通过调查得到的绩效数据，可能实际上更多地代表了采访者的偏好，而不是对回答者看法的实际反映。

显然，观察者偏好的问题不仅仅限于调查数据。许多绩效考评通过观察者评分来实施，包括生理状况的检查、行为模式的观察或者质量保障的审查。另外，医生、心理医生、治疗医生和其他专家通过临床评价得到的绩效数据，也可能易受观察者偏好的影响。为了降低这种可能性，对采访者和观察者的认真培训以及强调公正、无偏好的观察和评估都是很必要的。

指标设计落后

除了工具完好设计以外，对绩效考评系统来说，一段时期内指标的一贯运用是很重要的，准确地说，这是因为绩效监测系统需要跨时期地跟踪关键绩效指标。如果考评工具在这个时期内出现了改变，那么就很难通过考评数据趋势来反映考评过程中的绩效变化趋势。例如，如果一个地方警察部门把原先不计为犯罪的特定事故归类为犯罪，而其他所有事项都不变，那么报告的犯罪比率就会上升。这些绩效数据很容易被解释为那个地区犯罪率的上升，或者那里的犯罪预防项目工作没有很好地运行，而事实上这种上升趋势仅仅反映了记录程序的变化。

指标设计落后是指把其完整性随着时间的推移受到侵蚀的绩效指标当作有效的和可靠的绩效指标来使用。例如，城市卫生管理部门为了进行质量控制，培训了几名检查员来开展社区的"污染程度检查"，他们的工作就是观察垃圾收集人员刚清理过的社区，看有多少废物和垃圾尚未清理干净。开始时检查员严格按随机挑选的社区访问安排表进行访问，并按照规定的指示很尽责地对清洁程度进行评分，但在几个月以后他们就开始懈怠了，停止了对社区内的随机性卫生检查，并且不按指示进行评估。因此，指标在这个阶段就落后或者失真了，并失去了它的大部分信度，而数据也因此不十分有意义了。

无独有偶，一个地方运输系统把一些特定的运输工具从一条路线调配到另一条路线，让它们成为独立的乘车班次。这样，它的考评趋势曲线表明乘客人数增加了，显然这个考评结果不是实际的，这些数据所反映的变化仅仅是由于考评对象的变化所致。指标设计落后在绩效考评中是一个时间持续性的问题，可以用两种方式来解决。首先，当考评程序有意地被改变时，通常是为了改善工作效率或者效果，我们应该及时记录这种变化，并在改变的前后指出不同时期的数据代表的情况。其次，不论绩效指标定义改变与否，重要的是必须确保所规定的考评要求在一定时期内的一致性，以此来维持指标的一致性与完整性。

受到无关因素影响

有时候考评过程可能会受到其他无关因素的影响，因为人们在考评过程中在一定程度上会受到项目本身的影响，或者因为人们在一定程度上受到其他考评数据的影响，或者受到用于其他特定目的的数据的影响。例如，如果一个州政府引入一个新的奖学金项目工作，奖学金的授予以学生在中学的成绩为基础，这样，教师就可能会有意或无意地在评分时放松标准。事实上，他们的评分标准，或者他们实际上如何确定学生的学习绩效的等级，都因为受到新的奖学金项目工作的影响而改变，结果数据表明学生在中学目前的表现比以前更好，而事实上并非如此。

或者，我们来看一个在城区内开展的社区监视管理项目，这个项目是为了配合地方警察部门，以增加个人安全和保障，威慑潜在罪犯，并帮助警察降低犯罪率。随着这个项目工作的逐步建立，居民对犯罪和警察的态度改变了，并且他们向警察报告犯罪情况的倾向增加了。与以前相比，这实际上提供了关于实际犯罪水平的更有效的指标，但数据可能显示出报告犯罪的增加，尽管这仅仅是受到无关因素的影响的结果。

就像这两个例子说明的，受无关因素影响的考评可能会也可能不会产生有害的影响，但会减弱绩效指标的效度，并且可能会在跨时期的纵向比较方面误导绩效数据使用者。因此，预见考评过程本身可能受到项目刺激因素的影响，并了解可能会对结果的绩效数据带来什么影响，这些都是非常有意义的。

系统偏差

因为不完整的特性，绩效考评数据的质量经常出现问题。甚至用例行的程序来维护系统和处理数据库，机构也会由于各种原因而经常不能在所有的时间内、所有的情况下维持最新的信息。在观察事实和数据"运行"的任何时点上都如此，可以说每个月结束时在记录中都可能存在不完整的数据。如果遗失的数据纯粹是随机的现象，那么这会减弱数据的信度，并会产生统计的不稳定问题。然而，如果存在一些系统性的数据遗失，或者更严重一些，如果数据库趋向于存在更不完全的信息，这可能使考评具有系统性的偏差并侵蚀绩效指标的效度。尽管系统偏差的问题在技术上可能是一个抽样的问题，但实际的影响是导致偏差或扭曲绩效指标。

因此，在考虑可供选择的绩效指标时，有一个好办法是查明指标产生的基础，以此来估计遗失的数据是否可能影响数据的效度或信度。例如，大部分的学院或大学都要求申请者提供 SAT 测验分数。尽管这些测验分数的主要目的是帮助甄选申请者，但是，SAT 平均测验分数或 SAT 测验分数的中间分布，还有助于比较不同学院的申请者的质量，或者跟踪特定大学新生在几年内的学业精通程度。98

然而，在某些中学或学校系统中，有时 SAT 测验分数也用作学生完成学习任务的近似指标，这可能会由于个案遗失而出现问题。并非所有的中学生都参加 SAT 测验，并且那些更优秀的学生比其他学生更可能参加 SAT 测验。因此，SAT 测验平均分数实际上高估了学生总体的学业精通程度。事实上，有些学校的老师和行政人员可能通过鼓励一些学生参加测验和劝阻另一些学生，来影响他们学校的 SAT 测验平均分数。因此，SAT 测验分数作为整个学校学业完成情况的一个指标，与由州对所有学生安排的标准化测验相比，可能更有问题。当个案遗失造成潜在的问题时，重要的是我们应该以数据产生的实际情况为基础来解释数据。因此，SAT 测验平均分数可以作为考评既定中学那些选择参加测试的学生的学业完成情况的指标。

当绩效指标从调查中产生时，因为可能出现的系统偏差，个案遗失可能会造成指标的缺陷。大部分调查的回复率都不到 100％。例如，如果那些回复调查结果的人大多数是那些对项目工作最感兴趣的人，或者是那些更多地参与项目工作的人，或者是更熟悉项目工作的人员和提供服务的人，或者是更支持项目工作的人，或者是更关心项目工作的某些方面前途的人，那么他们的回答可能不能作为对所有调查对象调查的总体数据的代表。对于客户反馈卡系统来说，系统偏差的问题更明显，在这个系统中一些客户经常返回卡片而另一些从不反馈。如果那些返回反馈卡的客户是几个积极的支持者，结果数据自然就是满意的，而如果只有那些对项目工作严重抱怨的客户返回卡片，数据将偏向于反对的等级。

当绩效指标，特别是效果指标，来自对原有顾客的跟踪接触时，系统偏差就更成问题。不论是否经过调查、跟踪访问或者其他的直接接触的方式，特别是在公共事业工作中，要想与所有接受过服务的人或者在一段时间以前完成治疗的所有顾客保持联系是很困难的。特定类型的顾客不愿保持联系也是可能的情况。例如，就像在职业恢复项目工作、未成年母亲养育项目工作和特殊的精神疾病治疗中心可能出现的情况那样，在那些原来的顾客中，最难追踪后续情况的顾客往往就是那些最缺乏肯定结果的人，而对那些人来说所进行的项目工作可能是最无效的。这些人很可能是那些已搬离原居住地的人、从项目工作人员的视线中消失了的人、已离开"系统"的人，或者是从缝隙中漏掉了的人。显然，跟踪接触获得的数据很容易排除一些最成问题的顾客，这样的系统偏差容易导致夸大项目工作的绩效。这不是说这样的指标不应该包含于绩效考评系统之中，因为它们经常是项目工作效果的重要考评指标，但是在实际调查回复比率的限制范围内，我们必须小心地解释这些指标的结果。

数据虚假

除了上述提及的可能削弱绩效考评数据质量的问题以外，一个常见的破坏效度和信度的问题是数据虚假。如果绩效考评系统在实际管理工作中真正得到了有效的使用，它们就会根据工作、人员、资源和战略的决定而产生积极影响。因此，组织的各级管理者都想通过绩效数据，使业绩"看起来更好"。例如，训练飞行员完成飞行战斗使命的空军培训项目，其绩效考评在一定程度上要根据他们击中的地方离目标有多近来进行评价，这与飞行员所完成的"出击"次数相关。出击是这种训练的主要产出，并且已经有了对于完成出击构成的清楚的定义。然而，如果前提是司令官在巨大的压力下来实现这些目标，而且实际绩效大大地落后于这些目标，那么他们可能会把所有的出击都作为完整的出击，尽管这些出击中的一些由于各种原因而突然中断，并且没有得到真正的完成。这种对绩效指标定义的修改看起来似乎只是微小的差别——由于要在压力下维持高比率，司令官对此很容易自圆其说——但是一个包含水分的报告，让培训工作的绩效显得比实际情况更有效。

绩效考评系统为组织和个人以高水平的努力完成工作提供了动力，这也是把考评系统用作绩效管理工具的逻辑基础的核心。然而，由于人的掩饰性的驱动，在公共和非营利组织中的人有时会虚报数据——有选择地报告数据，故意伪造数据或者利用其他"欺骗方式"，以此来让绩效更加令人满意。这类行为有人称之为"欺骗"行为，它的产生并不奇怪。但是因为这种欺骗是影响绩效考评的一个实际问题，因此我们必须直接和坚决地消除这种现象。一个保证数据质量的战略是，在系统的整体设计中建立抽样检查，这方面的内容我们将在第 8 章中讨论。另外一个解决方法是使用罚款或其他制裁方式，尽可能阻止这种"欺骗"行为的出现，这种方法我们将在第 14 章中进行讨论。

就绩效指标本身来说，有时候可能用补充指标来帮助说明绩效数据显得不足的情况，因而提供对绩效数据虚假情况的检查。例如，在一个州的高速公路维护项目工作中，工头从工地输入的产出数据可能会夸大重修路面的英里数、筑坡的路肩的英里数或者设置护栏的英尺数，通过这样的指标来谎报他们的工队成员的产出水平。如果这些数据只是微小的夸大，那么它们就会被认为是合理的，并且可能不会作为差错而被揪出来。然而，如果一个独立的系统用来报告存货控制和资源的使用，并且这些数据从组织的不同部分通过不同的个人输入，那么就可以用一前一后的对照来跟踪这些指标。数字不匹配将促使数据审查者找出那些出现明显矛盾的原因。这样的防护措施可能是对虚报数据"欺骗"行为的一种有效的制止办法。

5.5　绩效指标的其他评价标准

从管理效果的观点来看，除了效度和信度以外，绩效考评系统的合格指标还应该符合其他一些标准，这些标准我们将在下面逐一讨论。尽管这些标准中的一些是专门用于单个的绩效指标，但集中它们可以形成**一套**反映绩效指标有效性的特征。

有用的绩效指标的评价标准
- 有效度和信度的
- 有意义和容易理解的
- 全面的和综合的
- 有明确行为导向的
- 有时限的和可操作的
- 抵制目标转换的
- 低成本的（不浪费）

有意义的指标

绩效指标应该是**有意义**的。也就是说，它们应该与工作的使命、目标和预期结果直接相关，并且它们应该代表已经被确认为工作逻辑一部分的绩效维度。绩效指标有意义，对主管、政策制定者、员工、客户和其他利益相关人都是很重要的。主管可能更关注生产力与工作影响，政策制定者可能更关注效率与产品成本，而顾客则更关注服务质量。绩效指标有意义，至少必须让这些利益相关群体中的一部分对它们感兴趣。如果没有利益相关人对特定指标感兴趣，那么它作为绩效考评系统的一部分就不是特别有效的。绩效指标对于利益相关人来说也必须是**可以理解的**。也就是说，指标需要以这样的方式来表达，这种方式可以清楚地解释它们包含什么以及它们如何代表绩效的某些方面。

全面的和综合的指标

在给定的考评系统的范围和目标以内，一套绩效指标应该是全面的和综合的。一个全面的和综合的考评指标系统，应该囊括所有的绩效维度和在第3章讨论的指标类型，包括产出和结果，如果有必要的话，还包括服务质量和客户满意度，以及效率和生产力。甚至在更窄的范围内定义的系统，例如，只针对战略结果的系统，或者在另外一个极端，只针对生产活动的系统，考评系统也应该试图包括绩效的每个相关方面的指标。也许最重要的是，绩效考评系统应该包括一套全面的效果指标，而不是强调某些预期的结果，同时却忽视其他重要的结果。

例如，下面所列的（Bugler and Henry，1998）是一套比较全面的绩效指标，这些指标是用来考评创立于1994年的佐治亚州希望奖学金项目工作的效果。从州的中学以B或B以上的平均成绩毕业的学生，只要他们在大学阶段一直保持B或B以上的平均成绩，希望奖学金就支付其在佐治亚州大学系统的任何学院的所有学费，外加每学期给予100美元的书费。一旦佐治亚州学生进入州的私立学校学习并达到了同样的水平，项目工作也会给予他们与公立学校的学费相同的金额作为补偿。这个项目的资金来自州的福利彩票收入。项目工作的目的是激励学生在中学达到更好的学习等级，使更多的中学毕业生能够进入大学，增加少数民族学生进入大学的人数，激励更多的低收入家庭的学生进入大学，鼓励更多的佐治亚州中学毕业生进入佐治亚州而不是其他州的大学，以及激励佐治亚州的大学生取得更好的成绩并完成大学学业。这些绩效指标通过年度跟踪，来提供对希望奖学金项目工作绩效的全面性描述。总体的指标如下：

- 希望奖学金的领受人数
- 进入佐治亚州的学院接受高等教育的学生人数
- 平均成绩在B或B以上的中学生的百分数
- 希望奖学金的领受者在进入大学一年、两年和三年以后还在学校的百分数
- 希望奖学金的领受者学习成绩等级的平均数和每年所修学时的平均数
- 最初的奖学金领受者在一年、两年和三年以后还是奖学金的领受者的百分数
- 非裔美国大学新生的人数和百分数
- 来自佐治亚州的 Pell 补助金的申请人数
- Pell 补助金资助的佐治亚州大学生的人数
- 佐治亚州的学生进入其他州的大学的人数

有明确行为导向的指标

为了发挥绩效指标的导向作用，必须对期望的指标发展方向达成一致意见。例如，一个客户满意度的指标可以被操作化为：在每年调查中，他们认为从特定机构中获得的服务令人满意或非常满意的百分数，更高的百分数就代表更好的项目工作

绩效，在这里表明了主管希望看到这个百分数逐年增加的态度。

　　但期望的发展方向并不总是这么清晰。例如，一方面，诸如学生和教员的比例或者班级规模的平均数之类的指标，有时被用作公立大学教育项目工作质量的近似指标。在理论上，小班提供了更多参与课堂讨论的机会，并增加了对学生在课内外的需要的关注。基于这样的理由，期望的发展方向将会是倡导更小的班级规模。另一方面，学院的院长一般喜欢看到教室里有更多的学生，这样可以更有效地利用教学时间，并补偿更高比例的运作成本。因此，从预算的立场来看，应该倡导更大的班级规模。一般来讲，在如此含糊的情况下，如果对绩效指标的发展方向不能达成一致，那么提出的指标就可能不会被使用。

有时限和可操作的指标

　　绩效指标也应该是有时限的和可操作的。在主管对绩效考评系统的抱怨中，最常提及的问题之一是系统不能及时报告数据。例如，当绩效指标用于支持政府部门的预算过程时，在开发预算需求或计划的时候，应该能够获得上个财政年度的绩效数据。然而，在实践中，有时只能获得两年以前的数据，并且有时只能以过时的数据为基础，做出有关目前分配资源方面的决定。绩效数据被期望用来帮助那些目前的项目工作——比如公路维护工作、中央办公用品供应、索赔或儿童抚养执行客户服务——可能应该以月或季度为基础进行更频繁的检测，以利于更及时地解决具体的操作问题。尽管像在第 2 章讨论的一样，报告频率在整个系统设计中是一个实际问题，但它也需要考虑指标本身的定义。

　　为了保证指标的可操作性，指标必须联系工作影响领域中的某些东西，联系工作或管理可以影响的一些标准。只要绩效指标与合适的目标和目的相联系，它们通常就是可操作的，尽管工作不可能有完全控制预期结果的方法。例如，运输管理机构负有维持顾客搭乘次数的责任，少年拘留中心希望减少再犯的比率。因此，搭乘数和再犯比率对于这些组织来说就是可操作的指标。

　　相反，一些绩效指标可能超出了工作的控制范围，并且因此不可操作。例如，公立医院跟踪其绩效的一种途径，是对最近出院的患者进行调查，因为他们可以提供对自己所得到的服务质量和答复率方面的有用的反馈。然而，假定在这样的调查中，一个特定的问题是指特殊服务或治疗选择的可获得性。对这个问题的回答是一致的并且通常是否定的，但造成这种现象的原因是没有一家保险公司会支持这种选择，这就超出了医院的控制范围。因为在这方面只有很小的或者几乎没有改进绩效的机会，至少在现存的约束条件下，这个指标不能向医院的管理者提供任何新的或有用的反馈。

抵制目标转换的指标

　　在有关绩效指标定义的问题中，最严重的问题之一是目标转换。如果主管和其他人员直接按照考评指标执行工作，可能会对工作或组织真正的目标造成损害。例如，如果一个地方学校管理部门过于关注某些标准化测验中学生的表现，那么熟悉这种特定测验的策略和形式的老师，就会倾向于把他们课堂上真正的教学时间用于"应试教育"（teach to the test）。类似的，如果州的残疾鉴定单位的主管，受到来自社会伤害管理机构要求改善生产力的压力，并且如果关键绩效指标被定义为每个全职员工的工作量考评指标，即每周内完成的索赔数量和在 7 天内完成的工作的百分数，那么主管就可能一心只关注快速处理索赔。在确定怎样的索赔是对残疾者的利益最合适的时候，往往就不考虑对公正和准确的要求。

尽管绩效考评系统的设计意图是希望其对行为产生积极的影响，但是当目标转换出现时，它对绩效的影响就是负面的。例如，一个试图恢复其公路维护项目工作的生产力的州运输部，可能会强调作为关键产出指标的每月重修路面的道路英里数。如果维护管理员和工头得知高管层关注这个特定的指标，并试图把真正的奖励和惩罚与此挂钩，在其他情况不变时，他们自然就会想重修尽可能多的道路英里数。这可能会产生期望的结果，但如果维修队伍有很重的达成这些产出目标的压力，或者过分热衷于使这个指标"看起来更好"，他们可能就会致力于"低质量的维修"。不难想象这必然会使改进道路的努力失败，并不得不在比平均周期短的时间内重复这项工作。或者维护主管可能会把重修路面的工作集中在交通容量低的道路上，因为在那些地方工作可以更容易和更快地完成，但是这可能会对改进那些司机们使用率最高的道路的质量毫无帮助。或者他们可能会计划实施那些重修英里数特别大的重修路面的工作，而排斥其他类型的维护工作，比如排水的改进，这样，他们这种做法将对公路的整体状况带来长期的负面影响。因此，在特定的重修路面指标方面的工作绩效出色，可能会在实际上对改进公路质量、对那些经常使用的道路优先进行维护以及长期维护道路的整体状况这样的更重要的目标产生相反的作用。

在不平衡的绩效指标中，目标转换经常发生。因此，我们通常可以通过定义一系列平衡的、能把绩效引向正面目标的指标来避免这种情况的发生。例如，职业恢复项目工作的期望结果是帮助顾客准备和找到满意的工作。其中的一个关键绩效指标，可能是那些后来找到工作并退出项目工作的顾客的百分数。这个指标当然指对了方向，但如果这是表明成功的唯一指标，它就会促使职员致力于那些扩大受雇百分数但从长远来看会起反作用的工作。他们可能会把顾客推向那些收入最低或者非全职的容易获得的工作，而失去了可以把顾客放到更满意的位置的机会。他们也可能会不惜以忽视那些有严重残疾的顾客为代价，把最优先的机会给那些更有市场竞争力并能很快成功找到工作的顾客，而那些残疾顾客相对来说更难找到工作。然而，不难通过定义其他指标来控制这类行为，比如，我们可以采取以下指标：

- 已受雇顾客中工作时间在每周 35 小时或以上的百分数
- 所有已受雇顾客中竞聘、自我雇用或被商业企业雇用的百分数
- 有严重残疾的受雇顾客中竞聘、自我雇用或被商业企业雇用的百分数
- 所有已受雇顾客中收入等于或超过最低工资的百分数

● 已受雇顾客中收入在一个家庭成员的贫困线——每月 645 美元——以上的百分数

跟踪这样一套结果指标的绩效不仅可以对职业恢复项目工作提供更完整的工作效果的描述，而且还可以以此来降低目标转换出现的可能性。因为，这套指标可以激励管理部门关注项目的各个部分，并且努力避免把它的顾客放到没有竞争力的位置，或者忽略严重残疾的顾客的需要。

低成本的指标

绩效指标应该有成本—效益的考虑，但它不应该被过度强调。实施考评系统可 *106* 能需要相当的成本，特别是在数据收集和处理过程中，并且相对于考评结果而言，这种成本花费应该是物有所值的。但是，可能某些类型的指标会比其他类型的指标更耗费成本。例如，与常规检查的记录数据方式相比，特殊目的的调查、检查和临床评价往往更耗费成本，但是，即使是收集日常的绩效数据，也要耗费时间并需要相当的额外努力，特别是当数据必须通过分散在"现场"的职员来输入，并且让一个质量控制小组在抽样的基础上确认时，更是如此。

因此，收集和处理绩效数据应该被看作一项有目的的投资，可以向主管和政策制定者提供有用的信息。尽管开发一套全面的指标来检测工作的绩效显然是很有益的，但在质量和成本之间有时必须相互妥协，尤其是当那些最有意义或者有最强的效度和信度的指标也是最耗费成本的指标时。当然，应该小心地让系统不包括过多的绩效指标或很不相关的指标，这些指标不但要耗费成本，而且不能增加有关工作绩效的信息。然而，最后我们应该对绩效指标的有用性，以及收集它们所需要花费的成本、时间和努力做一个判断。

5.6　定义绩效指标的建议

显然，定义有用的绩效指标可能是具有挑战性的。对一些组织和项目来说，它可能是直接的过程，但在另外一些情况下，除了有一个完好的逻辑以外，对好的绩效指标的描述也可能需要相当的才智和小心的判断。总结本章讨论的大部分内容，下面是定义有用的绩效指标的几个建议：

● 直接从项目的逻辑模型以及目的、目标和服务标准的清晰的陈述出发，来定义绩效指标。

● 努力开发平衡的绩效指标，但要避免过多的或与指标无关的绩效指标。

● 拒绝采用那些对主管、政策制定者和其他利益相关人没有意义的指标。

● 在任何可能的情况下，定义那些对预期使用者和外部听众有较高的表面效度 *107* 的指标。

● 检查采用的指标的效度和信度，在其他情况一样的条件下，选择那些对其预期使用者而言问题最少的指标。

● 在需要的情况下使用近似指标，但避免那些与关注的绩效标准极不相关的指标。

● 预测目标转换可能带来的问题，并在适宜的时候包含其他指标，以抵制目标转换的发生。

● 对收集数据的成本与绩效指标的质量之间的平衡进行明智的判断。

● 定义能够清楚地获得其"数据采集过程"的指标，从而得到有效的质量保证机制。

● 提供数据来源和数据收集过程的清晰定义，以保证能够从分散的机构中获得一致的报告。

第 6 章

绩效数据的分析

当政府或非营利组织设计好绩效指标，并设计某一考评系统 *108*
来收集这些指标的数据时，应该如何有效地分析和运用这些数
据，如何把数据转化为**信息**，以及对结果如何解释才有意义呢？
本章以两个地方公共运输系统为例，提出了绩效考评系统中四种
主要的数据分析方法，即跨时期分析、目标参照分析、子单元分
析和外部标杆分析，以此来评估系统的实际运行情况。

6.1 公共运输系统绩效考评模型

图 6—1 描述的是一个通用的公共运输系统所包括的基本逻
辑模型，包括服务的提供、计划营销与维护三部分，前者为主要
组成部分，后两者为支持性组成部分。系统的投入有雇员、车
辆、设施、设备和材料等，对他们的考评可以是以考评对象为单
位的独立考评或者综合的总投入考评（按美元计算）。这个项目
本身就是一个生产过程，其中的政策、方案设计以及营销战略、
行车路线、时刻表、票价结构和预防性维护程序等操作性因素决
定了这些资源是如何转化为产出的。

运输系统的主要产出——服务组成部分的直接产出——是运 *110*
行的车辆英里数和车辆小时数，这是运输系统向社区提供的服务
指标；另一个指标是提供给乘客的座位英里数，它代表了系统的
运载能力。在运输逻辑系统产出阶段，各个部分之间的相互依赖
关系开始显现。例如，维护产出（即公共汽车的清洁、完成的预

109

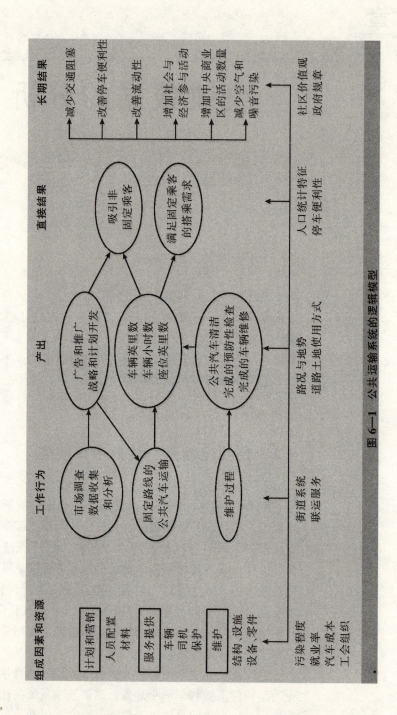

图 6—1 公共运输系统的逻辑模型

防性检查和车辆维修）既有利于提高服务产出的能力（车辆运行的小时数和英里数），又有利于保证这些产出的质量。类似的，一些规划和营销产出，如战略和计划，也有助于提高服务的数量和质量。

尽管公共运输经常被赋予不同的政策目标，但其所有的目标都可以概括为给乘客提供交通服务。因此，其直接结果经常被认为是满足所谓的固定乘客，即那些没有其他交通方式可以选择的乘客的需要，并吸引那些可以随意选择交通工具的非固定乘客来选择公交系统。从较长的时间来看，客流量和乘客数的增长也对其他的社会目标产生了更大的影响，比如帮助人们参加更多的社会和经济活动，扩大中央商务区的活动，减少交通阻塞，改善停车状况，甚至降低空气和噪声污染。这个模型也纳入了众多的影响运行系统绩效的环境变量，如人口统计特征、就业率、地势、土地使用方式、旅行方式等。

表 6—1 列出了一些公司主管、政府部门和基金机构常用的绩效指标，这些指标经过组合后直接与运输系统的逻辑模型相联系。首先，因为管理绩效对成本控制来说是很关键的，所以，列表中包含了总费用一项。同样的，列表中也包含标准产出和服务质量指标。标准产出指标，比如车辆英里数和车辆小时数，是作为规模因素被包含在考评系统中的基础操作指标；服务质量指标，比如公交车辆按照公布的时刻表运行的百分比和乘客在乘车中的换乘率，是从乘客的角度来反映所提供的公交服务让人满意的程度。

根据图 6—1 的逻辑模型，公共运输系统的有效性通常由乘客来考评，乘客搭乘数直接反映着系统的有效性，为了便于比较，年度人均搭乘数也是值得我们关心

表 6—1　　　　　　　　　　运输系统的绩效指标　　　　　　　　　　*111*

资源和产出	服务质量
总费用	准点车的百分数
车辆小时数	换乘的百分数
车辆英里数	每 10 万车辆英里的事故数
乘客有座的英里数	每 10 万车辆英里的服务中断数
劳动生产力	**服务消费**
每个员工的车辆小时数	乘客的搭乘数
每个司机的车辆小时数	年度人均搭乘数
每个维护人员的车辆英里数	每乘客搭乘(即一名乘客搭乘一次)的收入
车辆生产力	**利用率**
每辆车的车辆英里数	每车辆小时的乘客数
每辆车的车辆小时数	每车辆英里的乘客数
效率	顾客有座的乘车英里数
每车辆英里的费用	每车辆小时的收入
每车辆小时的费用	**成本—收益**
每车辆英里的可变成本	每乘客搭乘的成本
每车辆小时的可变成本	成本补偿百分比（收入/费用）
	赤字
	每乘客搭乘的净成本

的指标。我们也可以运用该运输系统的总收入和每次运送乘客的平均收入来考评服务消费。这两个数据至少可以部分地反映公共运输系统所获得的利润。运输系统的总体生产力可以通过车辆使用比率——即与服务总量相关的车辆使用程度——来衡量，因此，每车辆小时的乘客数、每车辆英里的乘客数、乘客有座的英里数以及车辆上座率等指标，就经常受到跟踪测量。另外，运输系统获得收入的能力——在与服务提供量相关的方面——可以用每车辆小时的收入指标来度量。

虽然每辆车所行驶的小时数也部分地反映着运输生产力，但因为车辆英里数比车辆小时数更能精确地反映车辆的消耗与磨损情况，所以，每个维护人员的车辆英里数是更合适的运输生产力考评指标。车辆生产力可以通过车队中每部车所运行的小时数或英里数来考评。运行效率可以通过产出的单位成本来考评，比如每辆车行驶一小时和每辆车行驶一英里的运输成本。

112最后，成本—效益指标把工作产生的直接或长期的结果与投入的资源成本（最直接的是每位顾客的乘车成本）联系起来。尽管很少要求公共运输系统盈利，甚至也没有几个公共运输系统是靠其获得的收入来养活自己的，但是，盈利却是商业公司生存的底线。因此，我们仍旧采用收入与投入之比以及成本补偿的百分率这两个指标来反映成本—收益情况。

6.2　跨时期分析

因为绩效考评系统是按照固定的时间间隔来对绩效指标进行跟踪考评的，所以将数据库里的数据按时间序列自然汇集，就很容易预测其未来的发展趋势，以及进行跨时间的绩效比较。例如，图6—2显示了1993年到1994年间亚特兰大地区高速交通网管理局（Metropolitan Atlanta Rapid Transit Authority, MARTA）所管辖的汽车和铁路运输系统的季度乘客数据。很明显，公交系统运送了更多的乘客，每个季度运输的乘客数在900万~1 200万，比铁路系统的600万~900万的乘客数要多。仅有的一次例外发生在1996年的第三季度，铁路运输系统走出陡峭的波峰，那是因为该年7月国际奥林匹克运动会在亚特兰大举行。

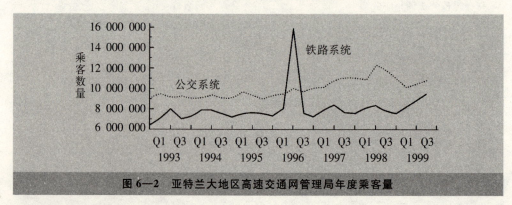

图6—2　亚特兰大地区高速交通网管理局年度乘客量

更重要的是，图 6—2 毫无疑问地说明了公交和铁路系统六年间的长期乘客的　*113*
增长趋势。两个系统都明显地呈现上下波动，虽然这种波动更多地反映的是乘客数
量的季节性变化，但是两种运输曲线的增长趋势是逐渐的，同时又是非常稳定的，
公交系统从 1995 年开始的增长趋势尤其如此。在这段时期的前一部分每季度的铁
路乘客数徘徊在 700 万～800 万，在后一段时间中，乘客数增长不多。公交系统在
1995 年的搭乘数始终保持在每季度 1 000 万以下，但随后就增长到 1 100 万～1 200
万。乘客数的稳定和增长对运输系统的生存来说是至关重要的，这种长期增长的趋
势对系统制定发展战略也非常有用。

从长期发展看，尽管亚特兰大地区高速交通网管理局的整体乘客数呈增长趋
势，但是其一贯存在的剧烈波动也应该引起该局对近况的关注。从管理的角度看，
该局更需要的是近期的更为精确的数据。

表 6—2 显示了公交系统和铁路系统最近四个季度的乘客数据。因为运输具有
一定的季节性特征，所以，与其他工作和政策领域一样，最相关的跨时期比较不应
该是拿本季度的情况与上一季度进行比较，而应该是和去年同期进行比较。

这些数据表明，亚特兰大地区高速交通网管理局的公交系统 1999 年第三季度
的乘客数比 1998 年第三季度减少了 1 772 652 名，下降了 14％。这种急剧的下降引
起了运输主管部门的担忧，他们开始果断地查找原因，并关注乘客数是否能在第四
季度反弹。最近三个季度的数据表明，铁路系统乘客量的增长在一定程度上导致了
公交乘客量的下降。在最近四个季度中，公交乘客量有三个季度低于去年同期水
平，而铁路系统四个季度的乘客量都高于去年同期。但是，总的来说，最近的 12
个月（或四个季度）亚特兰大地区高速交通网管理局公交系统的乘客数比上年下降
了 5％，而铁路系统却比上年上升了 4％。总体而言，在过去的四个季度中，该局
的乘客总数比上一年下降了 1％。

6.3　目标参照分析

绩效考评系统经常参照项目目标、服务标准或预算目标来考评实际绩效，以此　*115*
衡量绩效是否达到了明确的预期目的。例如，在宾夕法尼亚州的威廉斯波特市运行
着一种被称为城市公共汽车的通用公共运输系统，城市公共汽车在威廉斯波特市内
和周边地区运行，由威廉斯波特市运输局负责经营。该局已经定义了一套有 29 项
的关于劳动生产力、运行效率、服务质量、利用情况和成本—效益的标准，并每年
针对这些标准来评估实际的绩效。

表 6—3 显示了所选的这套标准的一部分，以及按这些标准衡量的 1999 财政年
度威廉斯波特市公共汽车系统的实际绩效。在能收集到数据的情况下，宾夕法尼亚
州的其他小型、中型运输系统（比如在里丁、哈利斯堡、约翰斯托恩、兰开斯特、
伊利、阿尔图那、威尔克斯-巴瑞、史格兰顿、州立学院和约克）的平均数据也可
以拿来进行比较。例如，在 1999 财政年度中，该市公共汽车系统要求每个员工完

114

表 6—2　　亚特兰大地区高速交通网管理局季度乘客数

乘客数量	1998 年第四季度	1999 年第一季度	1999 年第二季度	1999 年第三季度	1999 年第三季度同比变动（%）	四季度总计	总计同比变动（%）
公交系统	11 383 420	11 038 818	10 128 240	10 610 160		43 160 638	
上年度	11 057 038	11 058 056	10 842 331	12 382 812		45 340 237	
升/降	326 382	−19 238	−714 091	−1 772 652	−14	−2 179 599	−5
铁路系统	7 909 413	7 610 955	8 184 452	9 166 253		32 871 073	
上年度	7 675 004	7 543 414	8 025 582	8 373 379		31 617 379	
升/降	234 409	67 541	158 870	792 874	9	1 253 694	4
总计	19 292 833	18 649 773	18 312 692	19 776 413		76 031 711	
上年度	18 732 042	18 601 470	18 867 913	20 756 191		76 957 616	
升/降	560 791	48 303	−555 221	−979 778	−5	−925 905	−1

成 15 000 或更多的车辆英里数，实际上每个员工大约超额 1 799 车辆英里，实际也超出了全州范围的平均数 14 635 车辆英里。

表 6—3　　　　　　　　　　城市公共汽车系统的绩效标准　　　　　　　　　　*116*

	城市公共汽车系统标准	1999 年实际情况	全州范围内的三类系统均值
生产力标准			
每个员工的车辆英里数	≤15 000	16 799	14 635
每个司机的车辆英里数	≥22 000	24 190	—
每个维护工的车辆英里数	≥80 000	100 793	—
每辆车的车辆小时数	≥2 000	2 232	1 903
每辆车的车辆英里数	≥28 000	31 829	25 486
效率标准			
每车辆英里的费用	≤3.63 美元	3.28 美元	3.63 美元
每车辆小时的费用	≤52.92 美元	46.34 美元	48.11 美元
服务质量标准			
在 ±5 分钟内到达			
非交通高峰时期	≥95%	97.4%	—
交通高峰时期	≥90%	96.0%	—
换乘的百分数	≤10%	17.6%	—
每 10 万车辆英里的事故数	≤3.0	0.7	—
公路电话之间的车辆英里数	≥3 500	6 171	—
两次服务间隔的车辆英里数	≥25 000	60 756	—
利用率标准			
年度人均搭乘数	≥15	16.2	11.4
每车辆英里的乘客搭乘数	≥2	2.1	1.7
每车辆小时的乘客搭乘数	≥28.0	30.5	22.3
每车辆英里的乘客英里数	≥6.0	5.7	6.2
成本—收益			
每次乘客搭乘的乘车成本	≤1.85 美元	1.57 美元	2.14 美元
每次乘客搭乘的收入	≥0.70 美元	0.58 美元	1.04 美元
每次乘客搭乘的纯成本	≤1.15 美元	0.99 美元	1.10 美元
成本补偿百分数	≥35%	37%	49%

　　资料来源：Williamsport Bureau of Transportation，2000。

　　威廉斯波特市的公共汽车系统有这样一个标准，即在非交通高峰期间 95% 的车辆应在时刻表前后 5 分钟内达到站点，而在高峰期间的比率则为 90%。抽样调查显示，1999 财政年度中，两项指标的实际绩效都超过了这个标准。尽管安全和机械故障问题会导致服务中断，但实际绩效还是远远超过了服务质量的标准。不过 17.6% 的乘客换乘率远远高于预定标准（标准≤10%），为此，公交系统通过在威廉斯波特市的中心商务区开设新的贸易和运输中心的方式，以期降低换乘率并达到预定标准。

内部运行效率标准是有一定意义的，部分原因是该标准是依据州内其他可比较系统的情况而设立的。城市公共汽车每车辆英里的费用标准是不超过州平均数；每车辆小时的费用标准是不超过州平均数的110%。在这两个方面，威廉斯波特市的公共汽车的单位成本都比州平均数要低。

利用率标准可以真正地反映更广泛的系统整体生产力概念，其中，某一区域每年人均乘车数是该区运输系统利用率的一项衡量指标。这个标准直接反映了运输服务的质量以及向社区推广运输服务的努力效果。在1999财政年度，威廉斯波特市的公共汽车的利用率不仅超过了自己的原定标准，也大大高于全州平均数。在每车辆小时和每车辆英里的乘客搭乘数方面，其实际绩效也高于原定标准以及全州的平均数。然而，在每车辆英里的乘客英里数方面，实际绩效略低于标准（标准为6.0），并低于全州的平均数6.2。

最后，在其成本—效益标准方面，1999财政年度威廉斯波特市的公共汽车表现良好，达到了它的成本—效益标准。其每位乘客的运行成本是1.57美元，低于1.85美元的标准，并远低于全州的平均数（2.14美元）。不过，每位乘客搭乘的收入为0.58美元，低于0.70美元的标准和全州平均数（1.04美元）。之所以如此，很大程度上是为了符合政策规定——让所有需要乘车的人都能支付得起费用，所以其票价在宾夕法尼亚州的小型和中型城市运输系统中是最低的，现在该市公共汽车准备在2000年中期进行适度的提价，以期达到预定收入标准，并保持收入与费用之间的合理平衡。同时，票价补偿了它的运行费用的37%，略高于其标准（35%），但远低于全州范围内的平均数（49%）。然而从总体来看，在1999财政年度，该市公共汽车系统达到或超过了它的大部分服务标准，并且它正采取措施来改进那些没有达到标准的工作。

6.4　子单元分析

通过跟踪考评某些服务标准的关键指标，我们可以了解地方公共运输系统的总体绩效，但是，在同一套考评标准中通过比较系统的不同部分，我们同样可以更深层次地理解并确定系统在哪些方面做得好，而在哪些方面还没有做好。亚特兰大地区高速交通网管理局实际上就做了这项工作，其做法是：将各种数据分解，然后分别跟踪考评，依此计算出本市公共汽车和铁路的绩效。另一运输权力机构，弗吉尼亚州纽波特·纽斯的半岛运输管理区，也采用了一套绩效指标来跟踪考评五种服务，即日常交通运输、校车、工作班车、轮船快递和为年老和残疾人服务的特殊运输系统。

许多运输管理机构对各种公共汽车路线或铁路运输线的绩效指标进行比较，以辨别绩效较好和较差的运输路线。在每年9月或10月，威廉斯波特市运输局都抽出一周时间来跟踪考评每趟公共汽车在每条路线上的乘客数，以分析该路线的绩效。表 6—4 列出了该市从 1998 年秋天开始使用的绩效指标。

表 6—4　　　　　　　　　　威廉斯波特市公共汽车路线统计

路　线	运行的车辆英里数	扩展的乘客搭乘数	每车辆英里的乘客数	每乘客搭乘的可变成本（美元）	可变成本的补偿百分比（%）
纽巴瑞	1 505.0	6 089	4.0	0.66	57.69
蒙徒思维利	1 866.0	3 437	1.8	1.23	30.52
花园风景区	1 488.2	3 605	2.4	1.09	33.80
罗耶斯克	1 365.0	2 991	2.2	1.28	29.64
市场街	498.4	1 012	2.0	1.47	20.88
西街	1 276.2	2 707	2.1	1.11	40.86
南区	915.2	1 004	1.1	2.41	17.57
东区	912.6	1 523	1.7	1.58	27.29
东线夜车	127.8	331	2.6	0.99	35.05
西线夜车	175.2	509	2.9	0.78	45.92
曼西/当地商业街	421.5	181	0.4	4.38	20.74
莱克敏商业区	328.5	178	0.5	2.98	30.57
远郊	309.6	289	0.9	2.03	23.49
总计	11 189.2	23.856	2.1	1.17	33.80

资料来源：Williamsport Bureau of Transportation，2000。

很明显，纽巴瑞、蒙徒思维利、花园风景区、罗耶斯克和西街的路线是城市公共汽车系统的主要路线，它们占系统运行的车辆英里数的 2/3，并运送了将近 80% 的乘客。根据每车辆英里的乘客数，一些其他路线，如最著名的市场街和两条夜车路线，被公认为是很好的，甚至比上述的"主干道"（workhorses）都好。

从每次乘客搭乘的可变成本（不包括所摊的管理方面的固定成本）来看，纽巴瑞和夜车路线的绩效是最佳的，成本—效益最低的路线是曼西/当地商业街、莱克敏商业区和南区路线，紧接着是远郊路线和各式各样的外加的驾驶路线。从通过票价收入补偿可变运行成本的百分比来看，最成问题的路线是南区、市场街和曼西/当地商业街的路线，紧接着是近郊路线和东区路线。在很大程度上，由于受到这些 *119* 可比性绩效数据的影响，城市公共汽车管理机构已经重新设计了一些路线，并且将市场街、南区和东区路线之间的资源重新进行分配，努力在这些路线之间实现服务水平和乘客数之间的平衡，并促使整个系统更加有效地运转。

6.5　外部标杆分析

与其他公共和非营利组织一样，运输管理机构常常发现，把它们的绩效与其他类似组织的绩效进行比较是有益的，这种比较也是绩效考评的一种基本方法。在庞大的公共服务业中，运输部门只是其中一分子，和同类组织间的绩效比较有助于在大环境和大背景下考评其运作绩效。这种绩效数据的外部比较通常被叫作外部标杆分析，以区别于在子单位或各组成单位之间的内部比较，内部比较被叫作内部标杆分析。通常，外部标杆分析的主要挑战有两个：一是数据的信度；二是确保各部门选择相同的考评指标和采取相同的数据收集程序，从而在不同的机构和项目之间提供公平的比较基础。

正如我们所看到的那样，在城市公共汽车系统的一些关键指标方面，将威廉斯波特市和宾夕法尼亚州的其他中小型城市进行比较是有益的。表6—3中列出了全州一些绩效指标的平均数，数据是根据地方运输局向宾夕法尼亚州交通部（Penn DOT）统一报送的年度数据得来的，州交通部向地方运营者提供资金和财务运营方面的帮助。因此，如果任何一家地方运输管理部门想与其他地方进行绩效比较，他们会很容易地从州交通部获得这些数据。对威廉斯波特市公共汽车系统而言，这些数据肯定了其绩效，认为它在大多数方面与行业标准相比较是令人满意的，但仍有几个地方需要继续改进。

有时，基于统一的基础来比较不同的机构或实体的客户反馈情况也是可能的。在宾夕法尼亚州最近制定的增加公共运输系统收入的法律中，有一项条款要求所有受惠的公共运输机构对它们的乘客开展周期性的调查，以了解客户对其服务质量的满意度。这些机构响应这一要求，于1998年开展了首次调查，尽管各系统的调查结果不完全一致，但它们还是包含了一些共同要素。图6—3显示了乘客对运输服务质量的6个常见指标的满意度，即准时率、公共汽车的清洁、票价、司机的热情和个人的安全，以及总体满意度。尽管前面列出的全州其他小型、中型运输系统的平均数掩盖了满意水平上相当大的变化，但是威廉斯波特市公共汽车的乘客对服务质量的平均满意度比其他城市的结果要高。

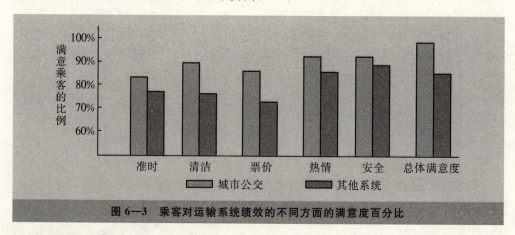

图6—3　乘客对运输系统绩效的不同方面的满意度百分比

资料来源：On-board passenger surveys conducted in 1998。

因此，外部标杆提供了另外一种分析方式，它有助于公共和非营利部门主管对本部门的绩效进行定期观察。事实上，一些绩效考评系统设计的主要目的就是用于统计标杆分析（statistical benchmarking），这是第12章要讨论的主题。

6.6　其他类型的分析

　　进行绩效数据分析除了运用上述四种方法之外，其他类型的分析有时也是有一定作用的。最常见的是针对不同顾客群体之间的交叉分类总结，例如，城市公共汽车系统在不同年龄群体之间进行了满意度比较，同时又在新乘客和长期固定乘客之间进行了满意度比较。与此相似，美国卫生与公众服务部跟踪考评了肥胖人口的百分比，将它作为生理健康的一个指标，并在不同年龄的群体之间进行交叉比较；许多公立大学统计了所有学生中入学第二年留级的百分比，并按种族群体分类对数据进行了分析和总结。

　　按环境或运行状况进行分类总结有助于准确地考察绩效或指出所存在的问题。例如，威廉斯波特市公共汽车系统比较了许多服务于城市和郊区的传统路线与那些延伸出去主要服务于农村的路线的绩效指标。类似的还有：为监测全国日常健康趋势而设计的考评系统比较了城市、农村和郊县的指标，也比较了中等收入水平不同的县之间的指标。工作培训项目可以比较不同劳动力市场条件下的地方行政区之间以成功受雇为导向的培训效果。一般而言，设计或维护绩效考评系统的人应该不断寻求新的方法来对数据进行分类总结，从而为决策者提供更有用的信息。

6.7　绩效指标分析小结

　　当我们进行绩效数据分析时，统计信度常常是我们关注的问题。通常，绩效考评系统监测的数据是**人口学**数据，即它们是基于所有相关案例的数据。因此，假定数据记录准确，所有单元通过分散的报告过程统一汇总，并且正确地输入软件系统，那么信度就不成问题。然而，有时数据是以**抽样的**方式获得的。例如，运输系统运送的乘客英里数可以采用公共汽车运行班次的简单随机抽样来计算，客户反馈可以通过每年一次的抽样调查来征求。抽样可以用来节省数据收集过程中的时间、金钱和精力，但是抽样总有错误的可能性。因此，当绩效数据通过抽样来收集时，样本规模应该足够大，以便使统计信度的水平足够高，例如，在95%的置信水平下是正负10%，并且考评结果的报告也应该说明它们的统计信度。

　　不管怎样，无论绩效考评是基于所有人口还是基于抽样，如果它不能在一定程度上解释其工作的实际绩效，那么，绩效考评的结果就其本身而言就是没有意义的。绩效是提高了还是下降了？我们是否满足了特定的标准或者达成了我们的目标？某些单位——例如，不同的办公室、组织单元或者其他系统组成部分——的绩效是否比其他单位好？我们的绩效是如何超过其他类似的机构或工作的？这些都是相关的问题，并且它们都是通过对绩效考评系统产生的数据进行跨时期分析、针对既定目标的分析、子单元之间的分析或针对外部标杆的分析来处理和解决的。

然而，为了确保绩效数据分析的质量，有两点我们必须指出。首先，我们需要明确，本章所提出的绩效分析方法仅仅是关于工作绩效的浅层次分析。按周期来观察的一套指标可以为我们提供自然的、**描述性的**绩效数据，但不是严密的评价。例如，当正在运行的绩效考评系统产生的数据表明工作的预期成果正在增加，这可能是事实，但该数据却很难**证明**有益的结果是由工作本身**直接产生**的。事实上，我们通常假定工作逻辑模型所反映的因果关系是正确的，例如，当绩效数据显示工作的产出增加、与此相对的效果增长时，我们便可以肯定工作是有成效的。从事实上看，这经常是有道理的，但当我们对工作逻辑的因果联系不十分肯定时，这个假设就需要运用试验或半试验进行更深入的分析和检验，否则我们就不能确信绩效考评结果是否可以说明工作的效果。这就是深入的工作考评的作用，而不是描述性的绩效考评系统的功能。

其次，外部力量经常会对正在进行的绩效考评系统的结果产生极大的影响，我们在检验绩效数据时应将这些影响予以考虑。例如，对公共运输系统而言，大型的特殊事件可以解释某一地区某一月份乘客数为什么会急速增加，1996 年 7 月亚特兰大奥运会对该市乘客数的影响便是一例。某个时刻乘客数极低的也有，如下列两种情况：一是大的地方企业的雇主给雇员放了两周的"假"来降低成本和减少库存；二是非常恶劣的天气迫使许多学校和工厂关闭以便人们更多地待在家里。这些情况说明，工作所不能控制的一些外部因素可能会对工作绩效产生巨大影响。我们在建立逻辑模型的过程中应该将这些因素视为模型的一个部分，同时通过非正式的途径跟踪这些因素，以便让人们真正了解绩效数据的其他实践意义。就像我们在第 7 章要讨论的，许多绩效考评报告形式中包括"评论域"（comment fields），目的就在于此。

只要我们牢记这两点：能够很好地关注绩效考评数据的描述性实质特征和外部变量对绩效的重大影响，我们就可以合理地运用绩效考评系统来分析工作的绩效。这个分析包括：（1）运用本章讨论过的方法进行绩效分析；（2）考察这些分析方法，并考察它们在整个平衡的指标体系中的相互关系，从而制定出综合的、全面的绩效考评方法；（3）密切关注外部环境和外部变量的变化，以便了解组织绩效的发展趋势。

第 7 章

绩效考评结果的报告

绩效考评的结果如何有效地传递和沟通？各类绩效数据的说 124
明形式中哪种最好？考评结果的传递或沟通是否每次都有必要运
用图表形式？一旦绩效数据收集完成，考评结果计算出来之后，
组织管理者和员工必须确定最为有效的沟通方法。本章指出了描
述绩效数据要考虑的几个问题，也提供了几个例子来说明考评结
果的传递或沟通方式。而第 8 章所要讨论的是如何使用软件来支
持这些报告形式以及通盘考虑绩效考评系统的设计问题。

7.1 绩效数据及其听众

我们实施考评系统是为了监测组织绩效并把考评结果传递给
主管、顾客、政府部门和其他利益相关人。事实上，该系统产出
的重点就在于考评结果的报告。为保证考评绩效的有效传递和沟
通，组织的管理者和员工不仅要考虑绩效数据的特性，也要考虑
所有数据听众的需要。

绩效数据的特性

正如在第 3 章中所讨论的，绩效考评系统应该包括效果、效 125
率、生产力、质量和顾客满意度等考评指标。其中一些指标可直
接用原始数字来表示，而其他指标需要用平均数、百分数或比率
来表示。在某些情况下，某一指标可以是各种不同变量的概括，

比如整体的项目质量。考评数据可按月、按季或者按年来收集。考评项目可局限于某单一办公室，也可分散到向绩效考评系统提供数据的不同地区的办公室。

因为数据所具有的不同特性，组织的管理者和员工在选择数据时，应该注意以下三点：首先是选择什么时间的数据。是否需要选择两个或两个以上的时间段？应该考虑突出现在时间段还是另一个特定时间段的数据会更有意义？其次是否需要把实际绩效与工作目标进行比较？例如，在不同的考评项目、不同的客户群、不同的地理区域或不同外部标杆中选择同样的绩效指标是否合适？最后，这些数据是否还需要有额外的解释？例如，在跨时期的数据中是否有需要着重强调变量？是否有不寻常的情况出现并影响了绩效？如果有，就需要采用结合评语讨论的方法来表达绩效的结果，而单单通过数字或图表的形式来解释或评价数据显然是不够的。对这些问题的回答有助于引导我们选择考评数据。

听众的需要

系统的设计者对其绩效报告的听众的需求越了解，就越能有效地传递绩效结果。绩效数据应该便于听众准确和快速地理解。组织的管理者和员工可以通过选择恰当的方式来传递绩效结果，以达到上述目的。总的来说，我们必须考虑到这些人阅读数据的技术水平及兴趣。有时，针对不同的听众，同样的数据可能会有不同的表达形式。例如，那些组织内部的听众或者非常熟悉本项工作的人可能会喜欢更详细和更加"细分"的数据，而普通公众可能需要更简单、更容易理解的绩效数据表达形式。民选官员常常更喜欢简要和容易理解的信息，而媒体可能更喜欢容易理解的、吸引人的数据表达方式。数据的听众既可能喜欢看纯数字的绩效结果，也可能喜欢强调绩效数据的不同侧面的某些解释性信息。

126

7.2 报告形式

就绩效结果表示形式而言，我们有许多不同的选择。本章的下一部分要对几种可供选择的方式进行说明，并探讨每种方式的适用条件和优缺点。绩效结果的报告形式包括列表、图表和绘图等。尽管这些形式对一定范围的数据阐明是有用的，但仍要注意的是，还有很多方法也符合向组织和听众进行绩效报告的需要。

列表形式：基本的电子表格

并不是所有的绩效考评系统都包含成熟完善、功能强大的数据库。事实上，对一些组织来说，绩效数据管理系统可能仅仅包括详细的和编制较好的电子表格。例如，表7—1的例子就是佐治亚州行政服务部电信局（Telecommunications Division of Georgia's Department of Administrative Services）所设计的用于绩效数据报告的

表 7—1

基本的电子表格举例：区域数据

佐治亚州行政服务部电信局绩效报告

地方电话服务　1998 年 1 月

绩效指标	1区 亚特兰大	2区 米利奇维尔	3区 奥古斯塔	4区 雅典	5区 罗马	6区 奥尔巴尼	7区 萨凡纳	8区 哥伦布	总计
服务电话线	46 310	12 368	9 355	18 166	11 415	13 935	12 032	7 936	131 517
问题票									
上月结余	5	0	12	0	2	5	0	3	27
本月票数	1 896	211	392	296	276	312	305	174	3 862
总票数	1 901	211	404	296	278	317	305	177	3 889
问题票解决									
24 小时内	1 395	146	241	252	245	171	210	131	2 791
比例	99%	72%	63%	91%	88%	55%	73%	75%	84%
24～48 小时内	10	5	131	16	7	92	41	35	337
比例	1%	2%	34%	6%	3%	29%	14%	20%	10%
超过 48 小时	8	53	11	10	26	49	37	8	202
比例	1%	26%	3%	4%	9%	16%	13%	5%	6%
总解决数	1 413	204	383	278	278	312	288	174	3 330
服务订单									
上月结余									
常规订单（10 线以下）	44	27	37	14	20	35	24	24	225
复杂订单（11 线以上）	9	0	9	11	0	6	0	1	36
本月订单									
常规订单（10 线以下）	371	158	94	138	185	164	104	69	1 283
复杂订单（11 线以上）	24	3	0	6	0	2	6	3	44
常规订单完成									
当月总数	415	185	131	152	205	199	128	93	1 508
本月完成的工作量	326	155	116	144	120	102	109	73	1 145
10 个工作日内完成	278	100	93	138	100	73	87	44	913
比例	85%	65%	80%	96%	83%	72%	80%	60%	80%
超过 10 个工作日完成	48	55	23	6	20	29	22	29	232
比例	15%	35%	20%	4%	17%	28%	20%	40%	20%
约定时间内完成	268	126	89	11	113	80	16	37	740
比例	82%	81%	77%	8%	94%	78%	15%	51%	65%

简单的电子表格，它重点关注顾客反映的问题、"问题票"（trouble tickets）的解决、新电话的安装以及服务订单等。该部门以电子表格形式向州级机构提供了全州八个地区的电话服务数据，从而有助于不同地区之间进行比较，也有助于"概括了解"（roll-up）全州的情况。这个报告也是工作完成的时间列表，同时又可跟踪当前工作的完成进度。

电子表格也可用于描述不同时间段的绩效数据，由此，我们可以进行月份、季度或年度绩效数据的比较。在另外一个简单的例子中，得克萨斯州向所有政府机构提供了绩效考评年度报告的表格形式。表格中不仅有季度绩效数据，还有年度绩效水平、当年绩效目标以及当年绩效目标完成的百分数。那些在目标绩效上下波动5％以上的指标则用"★"来强调和突出，这种说明方式很容易将人们的注意力集中到某个别指标上来。

直接从电子表格或数据库产生的绩效报告具有方便和容易获得的优点，而且生成这样的报告也很经济，并且可以进行快速、常规的升级。一旦我们将电子表格设计好，不需要专门的介入或者命令就可以生成报告。如果人们需要定期查看某个绩效指标，那么这种报告形式对该类绩效指标而言就是特别有用的。一旦我们设计出电子表格，且数据得到升级，电子表格报告也就随之升级，并且可以开始作为绩效报告使用。

然而，以表格的形式报告绩效数据并不总能使所有的听众都满意。它们最适合那些对电子表格详细列出的项目活动都非常熟悉的听众，以及那些希望看到详细数字的听众。对于不需要定期查看电子表格报告的个人来说，弄懂数据可能就需要耗费很多时间。有些人可能只对几个绩效指标感兴趣，在这样的情况下绘图形式可能更受欢迎。

改进的表格化形式

额外信息可以在一个表格形式中进行整合，通过使用形象性符号和图形来增加信息的可传达性。佐治亚州学校绩效管理委员会公布了针对学校和州的学区的"报告卡"（report cards）。该报告的阅读群体是政策制定者、家长和其他教育团体的负责人，人们可通过互联网获得该报告。表7—2是佐治亚州爱普凌县的一所小学的报告卡。数据是用百分数和绘图符号来表示的，这种形式便于理解。这些绩效报告的目标之一是提供跨时期的绩效比较和类似学校之间的绩效比较，以及州内所有学校之间的比较，因此，报告提供了关于比较等级的百分数。详细的图例和报告卡的描述标注于报告的顶部，这些信息对于理解符号和整个报告来说是很有用的。

运用改进的表格形式进行绩效报告具有显著的优点。该表可以向考评结果的听众们传递大量的数据。在表7—2的例子中，一些人可能比较喜欢看绘图符号，用箭头来快速和简便地确定学校的情况。对特殊数字感兴趣的人更容易通过看各类数字或数字列表来获得信息。报告通过数字和符号的组合，帮助用户理解和整合各类比较信息。用户可以快速地浏览报告来发现那些特殊的符号，比如向下的箭头。如

表 7—2　改进的表格形式举例：学校绩效委员会

爱普凌县学校：阿尔塔马哈小学

学校绩效委员会对该小学的绩效报告（1997—1998 年）

这个绩效报告提供了可以用来表示学校改进和责任方面的信息。请注意：（1）并非所有学校的指标和相互比较都有同等意义的，请自己判断所给定指标或比较的重要性。（2）更多的"★"形或"√"意味着该校相对于类似学校或全州范围内的学校来说有更好的绩效。对于有些指标而言，较低的分数更令人满意，比如辍学率，那么更多的"★"形或"√"意味着更低的辍学率。（3）如果数据缺失，或者学生数量太少而不足以保证数据的信度，则无法进行比较。如果数据缺失，学校是新近成立的，或者指标是新增加的或者发生了变化，也无法进行比较。（4）绩效发展趋势是 1997—1998 年和 1996—1997 年的数据比较的结果。如果数据缺失，你将看到佐治亚州的其他学校的报告，以及上一年度的报告。（5）请访问我们的网站 http://arcweb.gsu.edu/csp/。

图例

★★★★ 学校在同类学校中的前 20%	√√√√ 学校在佐治亚州学校中的前 20%	↑ 本年度提高了 5% 以上
★★★ 学校在同类学校中的前 40%	√√√ 学校在佐治亚州学校中的前 40%	↗ 本年度提高了 2% 以上
★★ 学校在同类学校中的中间位置	√√ 学校在佐治亚州学校中的中间位置	↔ 上年度绩效变化在 2% 以内
★ 学校在同类学校中的后 40%	√ 学校在佐治亚州学校中的后 40%	↘ 本年度下降了 2% 以上
★ 学校在同类学校中的后 20%	√ 学校在佐治亚州学校中的后 20%	↓ 本年度下降了 5% 以上
	TFC 报告的情况太少	◆ 不可能进行绩效比较
	DNR 数据没有报告	↓ 较低的分数是更好的

注：社区指标用仿宋体

指标	在类似学校中的等级	在整个州的等级	佐治亚州学校中值	你的学校	两年的趋势
学术准备					
1. 幼儿在进入幼儿园之前有过学前/有组织的儿童托育经历的百分比	★★★	√√√	64.5%	62.0%	↗
2. 幼儿通过佐治亚州幼儿园评估方案的所有 5 个部分考试的百分比	★★★★	√√√√	89.0%	97.7%	↔
3. 在全国平均水平之上的三年级学生的百分比：艾奥瓦阅读基本技能考试	★★★★★	√√√√	50.0%	73.0%	↑
4. 艾奥瓦算术基本技能考试	★★★★★	√√√√	55.6%	86.5%	↑
5. 艾奥瓦科学基本技能考试	★★★★★	√√√√	50.0%	83.8%	↑

序号	指标			
6.	艾奥瓦社会研究基本技能考试	51.6%	73.0%	↑	√√√√	★★★★★
7.	艾奥瓦语言艺术基本技能考试	54.5%	81.1%	↑	√√√√	★★★★★
8.	艾奥瓦信息资源基本技能考试	52.1%	75.7%	↑	√√√√	★★★★★
9.	三年级学生分数的百分比：在艾奥瓦阅读基本技能考试中前 1/4	19.3%	40.5%	↑	√√√√	★★★★
10.	在艾奥瓦阅读基本技能考试中前 3/4	78.1%	91.9%	↑	√√√√	★★★★
11.	在艾奥瓦算术基本技能考试中前 1/4	30.2%	67.6%	↑	√√√√	★★★★
12.	在艾奥瓦算术基本技能考试中前 3/4	82.9%	91.9%	↑	√√√√	★★★
13.	在全国平均水平之上的五年级学生的百分比：艾奥瓦阅读基本技能考试	51.3%	58.1%	→	√√	★
14.	艾奥瓦算术基本技能考试	54.9%	46.7%	↕	√√√√	★★★★
15.	艾奥瓦科学基本技能考试	55.7%	74.2%	↑	√√√√	★★★
16.	艾奥瓦社会研究基本技能考试	53.2%	71.0%	↑	√√√	★★★
17.	艾奥瓦语言艺术基本技能考试	57.0%	58.1%	↑	√√√	★★
18.	艾奥瓦信息资源基本技能考试	53.7%	64.5%	↕	√√	★★★
19.	五年级学生分数的百分比：在艾奥瓦阅读基本技能考试中前 1/4	16.9%	12.9%	↕	√	★
20.	在艾奥瓦阅读基本技能考试中前 3/4	84.0%	90.3%	↑	√√√	★★★
21.	在艾奥瓦算术基本技能考试中前 1/4	26.1%	13.3%	↕	√	★
22.	在艾奥瓦算术基本技能考试中前 3/4	81.5%	86.7%	↔	√√√	★★

同电子表格设计一样，改进的表格形式经常也可以自动产生，但是产生报告很可能还需要另外的步骤和更多的专门技术。然而，随着软件的不断发展，利用嵌入式公式对简单符号进行整合就会变得越来越容易。 *132*

通用的绘图展示

　　许多软件包使得用各种绘图形式来表示数据变得容易和快捷。在不需要用户深入掌握原始数字的情况下，图解方式具有快速传递绩效结果的优势，而且对于说明跨时期的趋势或者不同群体之间的联系特别有用。可能最重要的是，绘图使得信息容易传播并且能被大范围的人们所接受，那些难以读懂实际数字或者对实际数字不感兴趣的人很容易就能看懂绩效结果。用这些简单的绘图形式来说明绩效数据，无论是对于组织内部还是组织外部的利益相关者都是合适的，比如政策制定者或者媒体。普通公众乃至政策制定者可能都对组织绩效趋势或者群体间的绩效比较最感兴趣，而用绘图展示就能很容易传递这方面的信息。同时，绘图方式给人的印象深刻，与实际数字相比较，一些人可能会更快地记住用折线图表示的绩效趋势或者用柱状图表示的相互比较。

　　常用的图形表示包括饼状图、柱状图和折线图。其中，柱状图对于展示绩效数据特别有用，简单的柱状图可以用来显示单个维度的数据，也可以组成柱状"集合"（cluster），用于分类数据的总结以及不同群体和跨时期的比较。图7—1中展示了不同绘图形式的例子，得克萨斯州将机构预算和绩效信息集中在一份绩效考评报告中，这个报告可以从得克萨斯州经济发展部（Texas Department of Economic Development）的硬拷贝或者互联网上获得。

133

得克萨斯州经济发展部

选取的预算信息

2001 年所有的基金预算

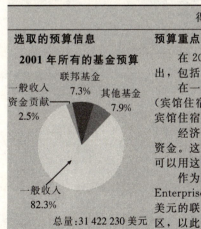

联邦基金 7.3%
其他基金 7.9%
一般收入资金贡献 2.5%
一般收入 82.3%
总量:31 422 230 美元

预算重点

　　在 2001 财政年度，一般收入资金提供了 82% 以上的机构支出，包括国防部隶属机构在 2000 财政年度结余的 100 万美元。

　　在一般收入资金中，2001 财政年度大约使用了 2 030 万美元（宾馆住宿税），占全州住宿税总收入的 1/12（住宿税率为 6%），宾馆住宿税收入主要用来开拓全州旅游市场。

　　经济发展部在 2001 财政年度花费了大约 80 万美元的资产评估资金。这些资金被用于吸引借款机构向商业进行小额信贷。州政府可以用这些基金贷出的小额款项累积成更多的贷款总数。

　　作为联邦授权地区/企业团体（Federal Empowerment Zones/Enterprise Communities）的经营管理者，经济发展部将超过 230 万美元的联邦基金（Federal Funds）提供给了得克萨斯州的地方社区，以此来对那些创造和保持工作岗位的企业进行激励。

　　因为快速工作方案（Smart Jobs Program）对新的合同已经冻结，所以大约 4 880 万美元的其他基金（Other Funds）在 2001 财政年度没有花费。

全日制等量岗位

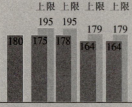

上限　上限　上限　上限
195　195　179　179
180　175　178　164　164
1997　1998　1999　2000　2001

2001 年的主要合同

Despocho Travel SC
　墨西哥市办公室会计服务
　527 550 美元
Gaiza, Gonzalez & Associates
　审计服务
　40 000 美元
Read-Poland Inc.
　战略任务开发
　14 500 美元

2000—2001 年的法律报告

1 项未指明潜在债务量的诉讼

全日制等量雇佣

在 2001 财政年度，由于 28.6％的人才流失，造成一些岗位空缺，经济发展部的全日制等量雇佣（full-time-equivalent，FTE）岗位数没有超出其上限。

相关报告和回顾

在 2001 年 2 月发布的《得克萨斯州经济发展部的财政概要》中，州审计办公室（State Auditor's Office，SAO）报告说，经济发展部 2000 财政年度预算中没有花掉的资金大约有 5 800 万美元，该机构在两个战略安排中大约高估了 400 万美元的支付额度。为遵守政府法令的 481.154（i）条款，在 2000 财政年度，经济发展部计划将每月大约 9 300 万美元的快速工作基金转移到失业救济基金（Unemployment Compensation Funds）中去。

在《对快速工作项目规划、失业救济信托基金和快速工作基金的评论》中，州审计办公室估计，在 2001 年 12 月 31 日快速工作方案结束的时候，快速工作基金将有 10 160 万美元的财务盈余，这个数目将远远高出快速工作基金估计的 7 160 万美元的盈余。在 2001 年 10 月以后转移 8 340 万美元的快速工作基金到失业救济基金，并在 2002—2003 年逐渐转移 1 020 万美元左右给高等教育联合部（Higher Education Coordinating Board）。经济发展部报告说，快速工作基金的盈余刚刚够支持其出色地完成工作。

134　选取的绩效指标

商业机构发布的就业机会数量

—目标值 ---实际值

35 409　35 457
25 459　32 870
18 125　21 141
10 355
17 240　18 125
2 600
1997　1998　1999　2000　2001

接受 SMART 培训参与者的数量

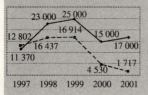

— 目标值 ---实际值

23 000　25 000
16 914
12 802　15 000
16 437　17 000
11 370　1 717
4 530
1997　1998　1999　2000　2001

1997 年 8 月州审计办公室关于 26 个机构的绩效考评审计报告对该机构 1996 年所使用的三个绩效指标未做鉴定，当时经济发展部被称作商业部。

绩效重点

在 2001 财政年度，经济发展部达到（在 5％以内）或者超过了其确定的 16 个绩效目标的 63％。

该部达到或超过了其 7 个结果目标中的 3 个以及其 9 个产出/效率目标中的 7 个。

2001 财政年度商业机构发布的就业机会数的目标没有达到，说明了经济增长放慢以及下半年工作机会公布的减少。因为全国经济的疲软，很多公司不愿意建立新的商业场所。

SMART 参与者接受培训的数量下降到原定目标的 10.1％。因为在 2001 年 12 月 31 日受法定工作权力丧失的影响，SMART 工作方案活动被限制在合同管理、工作停止和报告方面。更多的公司没有严格执行用工和培训条款，结果只有很少的培训者完成了培训。

随着各商业机构对扩张业务的迫切需要，经济发展部的目标就是促进商业机构的规模和数量扩大以及业务扩充，并专门提供有关税收问题、营业执照、营业地点和财政方面的信息。

在 2001 财政年度，经济发展部因旅游广告所引发的消费者咨询数量为 180 万，超过了 1999 年的峰值。包括彩票业推广的旅游城市网站以及其他互联网络和网站项目在内的旅游广告运动成功地激发了人们对得克萨斯州旅游信息的兴趣。

规模扩大/业务扩充的商业机构数量

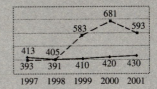

旅游广告所引发的消费者咨询数量
（单位：百万）

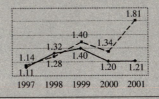

州议会预算委员会	第 199 页	预算和绩效考评

图 7—1　绘图举例：得克萨斯州经济发展部预算与绩效摘要

资料来源：Legislative Budget Board，2001a。

图 7—1 是得克萨斯州的其他政府机构绩效报告形式的代表，这些机构的报告提供了类似的预算信息和关键绩效指标。在第二部分"选取的绩效指标"中，绩效数据（包括目标数据和实际数据）描述了 4 个关键的经济发展指标在 5 年内的折线走势图。例如，第一个指标反映了商业机构 1997—2001 年间公布的工作机会呈增长趋势。因为这些报告是用于预算过程的，所以，报告中提供了一定的财政预算和人员数据。多年来，得克萨斯州一直要求各政府机构提供其绩效信息，因此，报告所包含的多年以来的数据可以使我们对政府绩效进行跨时期的比较。除了数据图示外，得克萨斯州的报告还包括每个机构的另一面，即提供机构额外的描述性信息，以便进一步强调其绩效考评成果并对结果提供解释性信息。这些方面的解释和评论对于传递其他定性的信息或者传递需要重点描述的数据都是很有用的，例如，这些评论可以说明企业发展和创造工作机会的目标绩效的完成情况。

形象性的图解和图示

前面所介绍的一些数据的图解形式对于大多数人来说是常见的和熟悉的。使用刻度和图解方式更容易被人理解。然而，对那些理解简单的柱状图或饼状图都有困难的听众来说，形象性地运用来自日常生活中的图画和线条可以让他们更加容易理解和接受。例如，图 7—2 是用温度计来说明某一公共医院的"总体照料质量"，其中的数据通过与近期患者的短暂访谈获得。使用温度计，"高温"代表更好的照料质量，而"低温"则表示低质量的服务。在这个例子中，一些具有可比性的服务项目也可以在温度计中展示，比如标杆的"目标"水平、20 家医院的系统均值和调查结果的最低

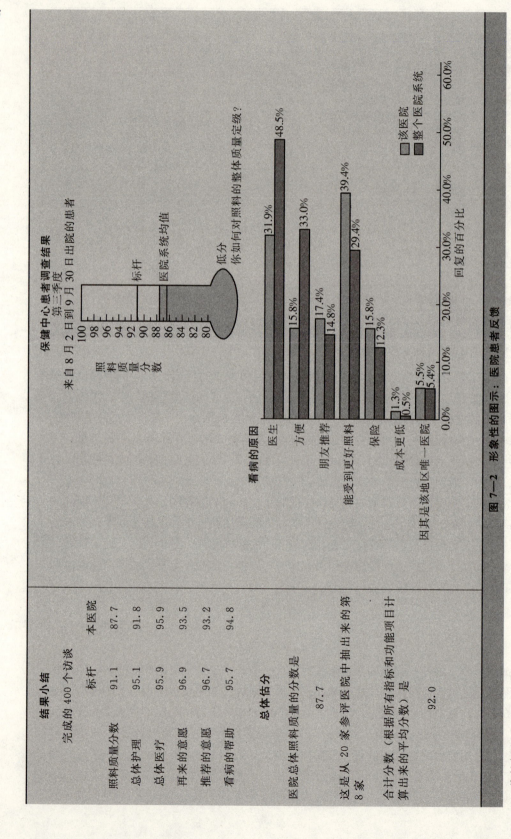

图 7—2　形象性的图示：医院患者反馈

资料来源：StatisQuest^{SM}。

分。这是不难理解的、方便的方法，它不仅可以反映绩效结果，还可以反映绩效与其他关键指标之间的联系。在温度计中显示的患者反馈以及患者对其他指标的评价，包括总体护理、总体医疗质量、以后是否愿意再来本院、是否愿意向他人推荐本院以及看病时获得的帮助等，这些还可用表格形式来展示。其他对听众有用的数据也可以用柱状图来表示（比如保健中心的"看病原因"），以便在报告中添加患者的其他信息。

此外，图7—3用一个"仪表板"（dashboard）来描述青少年司法局绩效的随机调查结果。在本例中，每个刻度盘同时反映特定绩效指标的现状和目标水平，其中，箭头表示绩效指标的现状，实线表示目标水平。例如，逃跑人员的实际数字与虐待事故都在目标水平之上，而被释放的青少年再犯的比例比目标要低。在这里，仪器板上的箭头表示向上发展的倾向。在仪器板下面，"交通信号"（traffic signals）说明了一系列事务的运行状况。黑色表示单个绩效指标存在问题，灰色指的是警告，而白色是实际绩效在可接受的范围内或者运行良好。这些图画的例子可以使用户快速浏览并看到可能出现的问题。

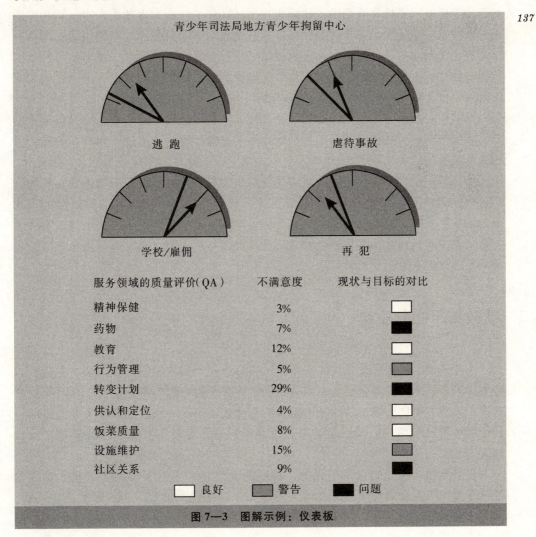

图 7—3　图解示例：仪表板

我们可从众多的图解和图示中进行选择。例如，某些项目或组织是面向广阔的区域的，那么，形象性地使用地图在展示绩效结果方面可能特别有用，它便于在地区之间进行比较。随着地理信息系统（geographic information systems，GIS）的发展，地图也越来越多地被用在绩效报告中。例如，纽约城市基金会（Fund for the City of New York，FCNY）（www.fcny.org）就广泛地利用复印文本和在互联网上运用地图传递绩效结果。

138 他们用地图描述了纽约市 59 个社区中的每条街道，用阴影来说明街道的平整程度，并用其他记号来说明每英里可能遇到的颠簸次数。地图旁还有一些小表格，表格总结了有自治权的市镇在这两个变量方面的绩效，在图 7—4 中，在线地图还允许浏览者点击某个市镇或社区，以获得该地区的其他绩效结果。纽约城市基金会在其计算机化的街道环境跟踪方案（Computerized Neighborhood Environment Tracking program，ComNET）中包含了大量的针对街道水平的质量问题方案。众

139 多街道数据——比如垃圾、凹坑、乱画和损坏的街灯——是由社区代表提供的，他们运用手提电脑直接将数据输入计算机化的社区环境解决方案数据库中。运用地图还可以提供一个街区区域的数据，可以精确地显示出街道条件变差的位置；运用这个系统，详细的报告、图画和社区地图都可以很容易地展示出来，使得政府和社区能更有效地解决各种问题。而且，如果能够收集到其他年度的数据，地图还能用来

140 做时间序列上的纵向比较，如图 7—4 所示。

形象性的图示法，比如温度计或仪表板，在使用简单方法来传达绩效结果方面特别有优势。地图能形象性地描述地区之间的差异，也可以通过不同符号的综合运用来反映其他细节，如图 7—4 所示。总的来说，形象性的图解或图示在各种媒体、印刷品、年报或者有各种读者的新闻摘要中是非常有用的，组织应该选择它们的听众感兴趣的和符合其服务内容的图解形式。对于一些不可能记住精确数字的人来说，图解形式的记忆是深刻的。然而，和前面所讨论的简单图示方法不同，有些图解形式需要专门技术，并且不是所有人员都能轻易做出的，有时可能更多地需要专业的绘图软件或专门的设计方法。

7.3 绩效结果报告小结

一般来说，绩效考评系统的产出就是某种形式的绩效报告。所谓绩效报告，就是考评者正式地向其利益相关者或政策制定团体说明它们的绩效状况，并对组织绩效进行纵向和横向比较。绩效考评系统的整体效用在很大程度上取决于其结果的可获得性和可理解性，也即预期听众是否能够快速、容易和准确地理解和掌握绩效报告。

在确定绩效报告的最佳形式时，组织的管理者和员工不仅需要考虑数据的本性，还要考虑听众们对信息的需求。对许多组织来说，绩效报告的形式不止一种，因为考评系统可能包括各种指标和绩效数据，用不同形式向不同的听众做同样的报告

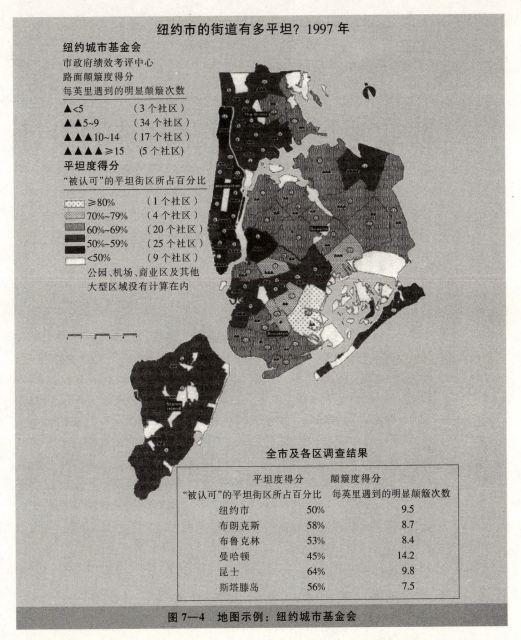

图 7—4　地图示例：纽约城市基金会

资料来源：Fund for the City of New York. http://www.fcny.org/cmgp/streets/pages/map.htm。

也是常见的。组织应该创造性地选择报告形式，并且不能仅仅局限于选择最容易的、最常见的形式。我们可用柱状图展示一些绩效指标，用更形象的图示或图解来说明其他指标，总之，混合的报告形式也可能是实用的。

随着软件技术的进步，一般用户，甚至是不太熟悉计算机的用户，也能够很容易地使用不同的演示手段和方法，而且人们可选择的数据演示范围也在不断扩大。因此，为了使绩效考评报告更加生动形象，所有的组织都应该熟悉和采用软件技术。

第 8 章

绩效考评数据管理系统的设计

本章由朱丽娅·梅尔克斯执笔

141　　在绩效指标已经建立起来以后，有什么好方法可以用来保存绩效考评的数据？通常情况下，组织是以电子形式保存数据的，这就是人们所熟知的绩效数据管理系统（performance data management system）。这个术语是指，通过这个系统，可以建立数据库之间的联系，提供或者创建进入和报告数据库的接口，或者形成数据库之间的软件和硬件的集合。有用的绩效数据管理系统具有什么样的特征？在选择和设计这样一个系统的过程中，你应该考虑什么？建立一个保持绩效数据的电子平台涉及数据的质量、完整性和可获得性。本章首先讨论的是绩效数据管理系统的设计或选择，接着提供可以选择的各种管理软件的概览，包括建立高质量系统的建议。

8.1　选择或设计数据管理系统

　　数据管理系统的质量和使用的容易程度与有效地运用和传递绩效信息的能力具有很深的关联。尽管在这里不可能指出"唯一最好的"数据库系统，但是我们的目标应该是建立一个这样的绩效数据管理系统：

142
- 确保数据录入安全、有效和容易完成。
- 减少数据录入误差，从而使数据录入和核查变得容易。
- 具有成本效益。
- 依据用户的需求，设计适应多种情况的报告形式。

- 当数据和报告需要改变时，具有可改变性。
- 容易与基于网络的软件兼容，可以选择各种数据传播方式。

不同组织之间对数据管理的需求非常不同。组织需求的确定主要依据以下一些特征：组织的规模；数据类型、复杂程度和组织方案的差异；组织的报告需求；组织的技术熟练水平。理想的情况是：当你设计指标本身的时候，就能够确定数据管理的问题并着手解决它。

为绩效考评数据选择或设计软件平台时需要做出的决定：

- 明确数据的时间框架，并在选择或设计数据管理系统的过程中应用这个框架。
- 决定并计划绩效数据分析所需要的分析水平。
- 明确计划绩效数据库之间以及新的与现存的数据来源之间的接口，并且明确收集数据的工具。
- 确定所需数据系统的复杂程度，从而最有效地把数据录入系统。
- 选择合适的形式和操作平台来报告绩效数据。
- 确定数据安全要素，并结合这些要素设计系统。

数据时间框架

基于不断的演变，你的组织可能会有很多指标需要收集和报告。有用的数据管理系统不仅能够对数据代表的不同时间框架进行区分，而且，如果需要的话，还能在数据报告中满足用户对不同时间框架的需求。例如，一些数据最适合按月或按季来进行观察，而其他数据只有一年分析两次才最有意义。数据的考察者也可能想选择特定的时间框架进行比较。在系统开发阶段就必须计划系统的这种能力，在系统设计阶段也应该把这种能力整合到系统中去，只有这样才能以对考评者最有用的方式收集和保存数据。

143

分析水平

决定和计划所需的绩效数据分析水平也是很重要的。例如，是否只需要总的数据，是否允许用户在系统中按时间框架或其他方式对数据进行分类？是否允许用户选择一个地区或一个特定区域的办公机构来收集绩效数据？对于顾客满意度的数据来说，是否有必要在数据库中保存问卷中所有的数据，还是只要知道有多少"非常满意"就够了？除了原始数据以外，是否有必要计算和报告相关数据的百分数？

与其他数据系统的接口

在设计绩效数据管理系统时，除了数据的特性以外，也要考虑数据收集过程的特性。因此，明确和计划数据来源之间、数据库和系统之间的接口是很重要的。绩效数据管理系统可以设计来适应不同的信息类型和来源，也可以设计来适应各种来源之间的信息关联。因为，在绩效数据中可能有不同类型的来源——其中一些是新的（比如新设计的顾客反馈卡），而其他是现存的（比如财务或预算数据库）——绩效数据管理系统要能够整合现存的和新建的数据库。对新产生的数据收集工具来说，需要建立新工具与绩效数据管理系统的联系，这种联系应该在系统设计时就进行开发。例如，当技术改进或者管理人员与公众开始适应互联网技术，并且也可以很容易和很便宜地使用这种技术的时候，在线数据录入和在线获取绩效报告就会变得越来越重要。然而，你不需要总是创建新的数据收集工具或收集过程。你也可以研究使用**现存的**数据收集形式，比如财务报告或者客户反馈卡，如果需要的话，还可以修改或改变它们，使之更加适合数据系统。建立数据库（新的或者老的）之间的联系的重点在于设计的过程，这样可以使成本—效益、操作方便性以及系统中的数据的精确程度最大化。

适当的数据录入系统

144　　　你也要决定数据录入系统的操作方式。对一些组织来说，设计一个结果相当复杂但是录入操作简便的系统是合适的。对于规模大的分散性组织来说，这样的选择无疑是特别正确的，比如联邦或州的机构，或者甚至是具有多个办公室的大型工作项目。在这些情况下，允许有多个数据录入和获得点的数据库系统可能是最合适的。此时我们所面临的挑战是，如何通过一个有用的和可行的方式，整合多个来源之间的数据。许多工作项目存在没有固定的单个办公地点这样的事实，使得在高度分散的组织当中设计绩效数据管理系统变得很困难。工作项目和活动可能在地方、州或者区域之间分散地进行，因而对整个工作项目的绩效考评就需要在这些地方之间收集和汇总数据。在这种特定的情况下，为了确保数据质量和信度的一致性，需要进行额外的沟通和工作。至少，绩效数据管理系统应该能够运用现存的系统，很容易地完成数据的录入。类似的，集权的组织正好相反，可能就很少需要复杂的数据管理形式。单一的工作项目或组织可能对跟踪它们的工作绩效数据更感兴趣，可能并不需要更多的接口和详细的报告。

数据报告形式

　　在绩效数据管理系统中，尽管数据保存问题是日常工作的一部分，但是建立这样一个系统的最根本目的，通常是针对报告结果而确定的。因此，在系统设计或选择过程中，另外一个重要的决定是关注绩效数据的报告。例如，对于报告结果来说，什么样的形式（就像在第7章讨论过的）是理想的？报告的形式是否仅限于阅读，电子拷贝与纸面报告形式是否也可取？是只有组织中的人能获得报告，还是外部的其他人也应该能够容易地获得报告？在互联网上公布绩效数据是否合适？对绩效数据管理系统来说，软件的选择或者设计应该考虑到这些需求。

就像在第 7 章讨论过的，许多组织发现，直接从电子表格或者数据库中生成的报告，是一种最方便和最容易获得的形式，特别是当用户需要日常查看绩效条目的时候更是如此。通过包含公式的电子表格的方案（如 Microsoft Excel）从特定的单元中生成图形或表格，这种方式是很容易的。电子表格或数据库也应该与其他软件包（如 Powerpoint）或者其他的绘图软件包保持紧密的联系，从而能够自动地生成图形、表格和报告。这两种方法中的任何一种，可能对常规报告的需要和需求都特别有用——对于每次都需要同样的数据范围这样的情况而言更是如此。　*145*

　　然而，传统的报告形式正在改变。随着计算机技术的飞速进展，政府和非营利组织经常使用互联网来提供和收集相关的工作信息，这种情况不但是人们所乐于接受的，而且是人们所期望的，因此，设计绩效数据管理系统时也需要考虑这一点。网络形式可以被组织内部和外部所使用。例如，一些产生的报告可以由员工或特定的雇员群体从内部局域网（local area network，LAN）获得。局域网可以用来在内部任务部门收集绩效信息，或者用来限制能够获得相关数据的特定管理者与部门，甚至限制在我们特别选择的部门以内。这也是一种比通过更大的外部网络公布形式更好的发布绩效数据的方式。

　　然而，一般来说，向外部利益相关者发布绩效信息是很重要的，并且互联网提供了一种更便宜和更快捷的向更多的单个群体传递信息的方式。政府和非营利组织可能希望在它们组织的网页上公布绩效信息。当家庭互联网广泛使用，普通公众对计算机技术的利用程度不断增加的时候，这个平台已经将越来越具有可接受性。网站可以提供报告的简单查询，或者甚至是提供便捷的报告和图形下载。PDF 文件浏览器（Adobe Acrobat Reader）已经变成流行的方式，通过一种可看、可下载的形式来提供报告，而且不会改变原来的形式。

　　互联网是一种越来越流行的信息获取方式，但是在通过网络发布数据方面，各种组织的熟练水平不尽相同。例如，得克萨斯州每年都使用 PDF 文件浏览器来提供在线报告。佐治亚州学校绩效委员会（Council for School Performance）允许用户在线阅读和下载各个学校的报告卡，甚至获得关于选定学校的整体情况的电子表格。目前，这个委员会正在设计更具互动性的系统，从而使得用户能够根据单个的绩效要素，把他们选定的学校与全州范围内的其他学校进行比较。

数据安全设计

　　在设计组织的绩效数据管理系统时，考虑数据安全要素是非常重要的。尽管你竭尽全力去雇用最好的数据管理者，雇用细心的、熟练的数据录入员，并且设计简便而对用户友好（user-friendly）的绩效数据管理系统，但是这些努力的整体质量　*146*
取决于数据本身的质量和准确性。简单地说，**出错是必然的**。在记录绩效数据或录入数据的过程中所发生的误差必须能被发现，并且得到及时的修正，只有这样，绩效数据才能被精确地分析、报告和使用。在最常见的情况下，误差的产生归咎于操作者或数据录入员的失误，因为开放系统的众多网点可能会使录入的数据产生误差，更糟糕的是，现存数据可能被改变，甚至是不可知的改变以及其他用户进行的改变，所以，需要建立合理的程序来确保数据的精确度。因为这些潜在问题的影响，所以，在确定谁能够获得进入系统的授权时应该小心。获得授权的人的数目应该保持最小，并且应该建立一个机制来鉴定他们，比如口令或者用户 ID。在系统设计过程中，我们就应该考虑增加这些防护措施。

在绩效考评系统的管理过程中，我们也应该对其他的数据认证技术加以重视，但是认证事项也可以整合到系统设计本身之中。在系统中也可以设立"安全门"（safety door），作为变量进行定义。例如，对一些不能超过特定值的条目来说，在这些数据单元格中应该录入特定范围内的数字。对一些条目来说，这是非常容易确定的（例如，顾客数量不会超过一个特定的值）。另外，数据录入员还可以使用"红色标签"（red flags），把这个标签整合到系统中去，即在数据录入页中使用标签，比如特定领域的最大值和最小值。这些标签可以作为数据录入员的醒目提示，从而为系统的整体完整性提供额外的安全警戒。

8.2　选择合适的绩效数据管理软件

为保存和使用绩效数据库，我们往往选择一个软件平台，而这个平台是经常改变的。一般来说，组织可以选择购买商业绩效考评数据库（commercial performance measurement database），也可以专门设计一个数据库，还可以通过修改现存的软件包，来处理、报告和发布数据。

商业软件

在一些组织中，如果对绩效考评数据管理的需要是广泛而复杂的，那么就可以选择购买一个商业绩效考评数据库。一般来说，一个绩效考评软件包可以允许组织安装软件，并且选择适合组织需要的选项。目前，市场上有不少商业绩效考评数据应用程序，比如项目管理软件（Flex Measures）和 pbviews（用于伊利诺伊州和几 *147* 个军事部门，以及其他部门），分析软件（Comshare，用于国际接待服务部门），以及一个报告软件（dbProbe，用于全国档案和记录服务部门），每个应用程序都是为绩效考评过程的不同方面而设计的。公共和私营组织在市场上都可以购买上述程序，并且可以在网络上使用。图 8—1 显示了来自绩效管理的提供者 pbviews 软件包的屏幕图片的例子，为一个假定的政府机构提供了一系列的绩效指标以及客户满意度数据的概览。图像显示了一系列指标的实际绩效与目标绩效的对比情况，并以柱状图的形式对客户满意度数据做了一个小结。

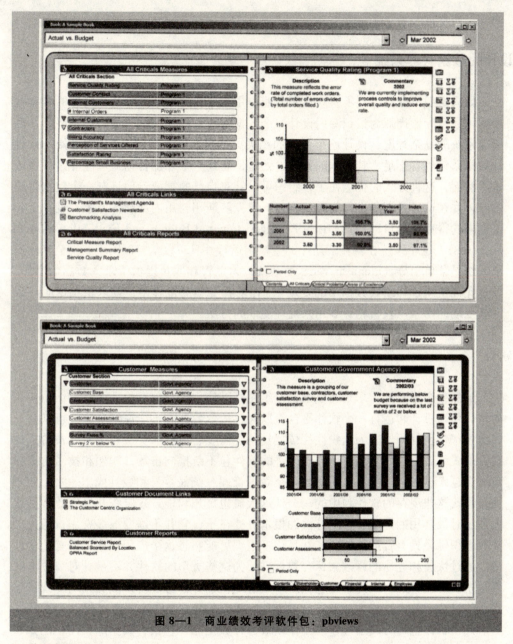

图 8—1　商业绩效考评软件包：pbviews

资料来源：pbviews。

　　就如上面的例子所示，可视图是合成的，因此用户使用一些作用相当于纸质文本中的活页夹的按钮，就可以很容易地在屏幕之间进行切换。对一些人来说，这些商业软件包可以作为有用的和可修改的数据管理系统来使用。购买这样一个系统的好处在于，这个系统是专门为保存和报告绩效数据而设计的，因而可以让用户简便地完成数据录入、升级和报告这样的操作。当出现问题的时候，通常可以通过服务商获得软件支持。就像已经提到的，用户通常能够在软件中做出选择，比如选择他们的组织中使用的术语。通用软件包的不足，是它们可能不能满足你组织特定数据的收集和报告的需要。

专门设计的数据管理系统

如果组织不能支付或不喜欢使用商业应用程序，另一个选择是让内部的专家或者雇用数据库咨询师为组织专门设计一个数据管理系统。根据咨询师的资格条件和所需系统的复杂程度，设计这种系统的相关成本是有所不同的。**"从零开始"**设计的数据系统也有不足，其根本的不足之处是，雇用一个外部咨询师可能非常耗费成本。然而，这种方式的优点在于，组织可以针对自己的需要专门订制一个数据管理系统，并在试运行期间进行修改。例如，得克萨斯州聘用内部软件专家，设计全州范围内的得克萨斯自动预算和评价系统（Automated Budget and Evaluation System of Texas），这个系统在得克萨斯州的主机上运行并且可以从互联网上获得信息。这

149　个系统是菜单引导（menu-driven）的系统，为主管和职员提供了录入数据的空间，并且允许机构解释绩效数据中的变动。（在解释变动的过程中，要求机构说明导致绩效变动的因素以及机构计划用来处理变动的方法。）

通用软件

虽然组织的数据需求相当复杂，但组织可以使用组织现存的、日常工作中使用的软件包来设计和运行一个软件平台，以保存绩效数据。不能说哪个软件可以在任何组织都特别好用，因为组织往往依据其特定需要、数据的类型和来源以及希望的报告形式而做出决定。随着新的和改进的软件包不断推向市场，软件和技术的选择范围会越来越大。一般而言，建立一个数据管理系统最容易和最具成本—效益的方法是修改这些现存的软件包中的一个，这大概也是州和地方政府在开发绩效数据管理系统时最常用的方法。这种方法的根本好处在于，它并不需要很多费用，因为大多数组织已经具有合适的软件，并且许多组织可能熟悉这个应用程序；现有的软件可以通过快速和容易的修改来保存数据。因为这些类型的软件并不是针对绩效考评数据系统而设计的，因此运用它们的不足之处在于，你可能要采取另外的步骤或建立新的链接，只有这样才能形成有效率和有效果的数据录入和报告过程。

几个软件包都可以通过修改用作绩效考评数据库，包括：数据库程序，比如微软公司的数据库软件 Microsoft Access 和甲骨文公司的数据库软件 Oracle；电子表格程序，比如微软公司的电子表格处理软件 Microsoft Excel、加拿大软件公司的电子数据表软件 Corel Quattro Pro 或者莲花公司的 Lotus 1-2-3 软件；以网络为基础的软件，比如结构化查询语言服务器 SQL Server。对更小规模的集中的组织来说，电子表格程序可以为保存绩效数据提供一个有用的框架。对于这些组织来说，建立一个绩效数据管理系统可能不需要涉及对电子表格程序的更多的改进。在这样的情况下，"设计"过程可能不会超过对电子表格的列和电子表格绩效要素的行的配置设计（时间框架、服务类型、地域类型或其他类型），在这些行或者列中的一些地

方，可能需要写一些简单的公式来计算百分数与总和。得到的电子表格可能是看起来像表 8—1 的形式，即宾夕法尼亚州交通部的季度报告。宾夕法尼亚州的各个地方公共运输系统的员工都可以通过互联网进入这个屏幕，录入他们当月的数据，并且向宾夕法尼亚州交通部递交电子形式的数据。组织中熟悉电子表格程序的员工都可以很容易地运用这种设计形式。

表 8—1　　电子表格形式的例子：宾夕法尼亚州交通部运输方案的季度报告 *150*

宾夕法尼亚州交通部操作报告（第 7 版）	系统范围的总数	固定路线的车辆运行	固定路线的车辆维护
乘客信息			
固定路线支付票款的乘客			
免费运送的年老的市民乘客			
支付部分票款的年老的市民乘客			
ADA 补充辅助客运系统的乘客			
其他始发站乘客			
始发站乘客搭乘数总计			
换乘的乘客			
总的乘客搭乘			
平均搭乘距离			
乘客英里数总计			
服务信息			
实际车辆英里数总计			
实际车辆小时数总计			
实际车辆收入英里数总计			
实际车辆收入小时数总计			
车辆运行的最大服务量总计			
车辆可以达到的最大服务量总计			
车辆达到最大服务量的平均年限			
在可利用的车队中 ADA 可达到的车辆总计			

　　规模大并且比较分散的组织可能会选择一个菜单引导的系统，在这样的系统中，个人负责回复屏幕中的问题或者根据提示完成数据录入。经过简单的修改，这类系统也可成为具有多个数据录入和获取点的系统。例如，弗吉尼亚州最初选择使用现存的数据库程序（Microsoft Access）来满足其绩效数据需要，而不是购买一个商业绩效数据管理系统。然而，随着这个系统的使用，新的数据管理需要出现了。现在，弗吉尼亚州的系统完全是一个基于网络的系统，可以形成弗吉尼亚州的报告，并且可以从州的主页上直接获得这个报告，系统强调了绩效管理的重要性，并且各类绩效导向的信息都可以直接获得。使用网站上可以利用的形式，机构就能

够向州的中央绩效管理数据库直接递交战略计划和绩效考评信息。这个系统是运用微软公司的结构化查询语言服务器（Microsoft's SQL Server）进行开发的，通过内部专家和人员的帮助，创建了完全个性化的系统。图8—2提供了弗吉尼亚州全州范围内的绩效数据管理系统中数据录入屏幕的例子。这个系统的用户不仅能够录入数据，而且可以在提供的空格中增加解释性信息和评论来详述绩效数据。例如，一个空格是专门提供给各个机构，用来说明其在达成绩效目标过程中的任何问题。数据库可以为州的任何机构展示下列信息：基准绩效数据、绩效目标、考评技术和过渡性绩效水平。而感兴趣的部门可以获得弗吉尼亚州任何机构的绩效报告，就如图8—3所示，该图显示了弗吉尼亚州矿藏、矿物与能源部（Virginia Department of Mines, Minerals and Energy）的绩效报告。用户可以查看报告要素的细节并且获得特定要素的绘图展示。

152

修改、删除或增加绩效测评指标以确保指标能够达到以下标准：
- ▲ 与所在机构的任务、关键用户和关键问题相关。
- ▲ 能够被非专业群体理解。
- ▲ 相互支持（比如，不互相对立）。
- ▲ 关注于某个问题（只产生一个定量的结果）。
- ▲ 被机构主要的利益相关者接受。
- ▲ 平衡（共同记录机构的关键性工作）。

　　按要求，每个机构至少要有一个绩效测评指标。只要能够满足上述标准，那么，在弗吉尼亚州绩效结果测评中，该机构到底可以列出多少项指标是没有上限的。

修改、删除当前的绩效测评指标：

增加新的绩效测评指标：

　　在下面的空格中通过提交某些信息，来增加一个新的绩效测评指标。

(?)新的绩效测评指标

　250　剩余字符（最大值为250）

(?)　所选指标的当前数据：
　　绩效数据录入：
- ▲ 必须是**数字**（不能包含任何文字或者逗号）。
- ▲ 用保留到小数点后一位的形式表示。
- ▲ 不能够超过五位数（即10 000）。必要的话，改变你的测量指标，用"千""万""百万"等来表示那些数据。

财年	数据
1996	
1997	

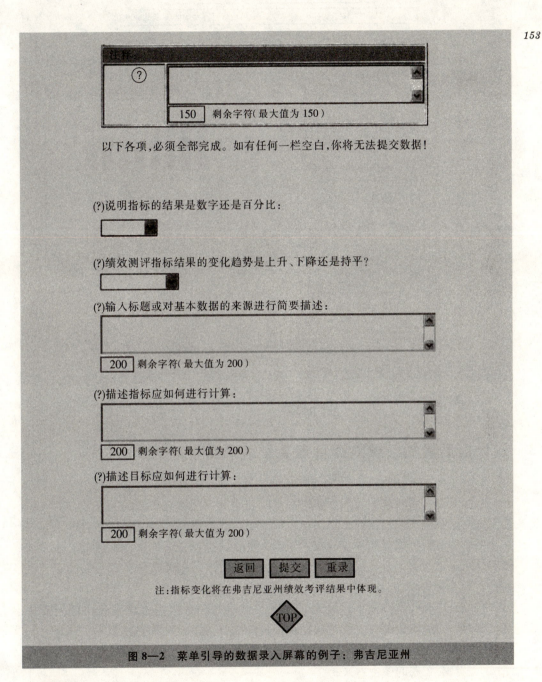

图8—2 菜单引导的数据录入屏幕的例子：弗吉尼亚州

资料来源：State of Virginia，2003。

154

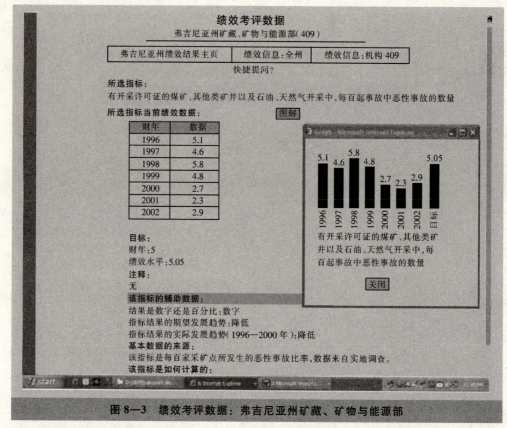

图8—3 绩效考评数据：弗吉尼亚州矿藏、矿物与能源部

资料来源：State of Virginia，2003。

8.3 设计高质量的绩效数据管理系统的总结性建议

总的来说，绩效数据管理系统的质量对使用的方便性有着较大的影响。对一些计算机网络系统比较完善的组织来说，绩效数据管理系统很容易融入现存的系统当中。一般的组织可能需要外部的技术帮助来设计或选择合适的软件和元件。本章前面部分所讨论的关于设计或选择过程中的决定，可以对相关数据管理系统的设计提供有效参考。

有一点应该注意：我们可能会试图开发或选择绩效数据管理系统中的所有附件。然而，组织应该明白它们对数据和报告的需要。建立系统的成本不应该超过你的组织的需要与可承受范围。下面所附的建议对于如何建立一个绩效数据保存的软件系统，具有重要的参考意义：

● 确定组织中现存的数据收集、录入和绩效数据报告的能力与程序。

● 根据要收集的数据类型和要生成的报告形式来确定数据库的需要。包括确定期望的数据获得优先权，比如那些使用频率最高的变量。

● 尝试通过修改现存的软件来节省成本，但是要注意的是，外部的数据库支持可能在长期内是非常有益和具有成本—效益的。

● 选择一个有助于考评改进阶段的数据主管，并且这个主管可以负责系统的总体工作，同时，还能在数据确认过程中起到重要作用。

● 建立数据录入过程，使得数据录入误差和对现存数据的非授权的修改最小化。

● 当组织自己开发系统的时候，建立数据认证职责和程序。　　　　155

● 在系统设计的过程中，明确报告需求和相关参数。

我们应该注意数据库开发的增值作用，这一点也是很重要的。尽管用户和利益相关人可以做出本章中讨论的许多决定，但是，在真实情况下并没有什么能作为测试数据需要和数据系统的替代。只有在数据系统使用一年或更久以后，用户才能准确确认相关问题和其他数据需要。组织不仅需要认识在特定的试用期后数据系统需要进行改变的可能性，而且还应该**预期**，系统在某些时候会需要更新。毫无疑问，出于自身利益的要求，组织在最初的设计阶段就应该考虑到这些需求，并为满足这些需求做出计划。

第3篇

绩效考评的战略性应用

- 第9章 绩效考评在战略规划与管理中的应用
- 第10章 绩效考评在预算管理中的应用
- 第11章 绩效考评在绩效管理中的应用
- 第12章 绩效考评在质量改进、效率提升与服务改善方面的应用
- 第13章 绩效考评在标杆比较中的应用

157　　在公共部门和非营利性机构管理中，绩效考评体系发挥着各种各样的作用。有些考评体系只是单独的报告体系，但也有很多考评体系是为支持管理和决策等其他重要过程而专门设计的。尽管本书所讨论的各种绩效考评体系具有广泛应用，但我们这里只介绍对公共部门和非营利性机构具有战略性价值的五种应用。

　　第 9 章论述了绩效考评在成功地进行战略策划中所起的关键作用。集中讨论了它对战略目标的执行进度和战略目标的完成情况的追踪作用。第 10 章探讨了将绩效考评纳入预算过程的方法，着眼于其优点和局限性的介绍。第 11 章介绍了绩效考评在引导和管理组织中各部门和员工个人的工作绩效中所起的作用。第 12 章着眼于绩效考评在改进服务质量、生产力和客户服务过程中的应用。第 13 章介绍了如何运用标杆比较绩效考评法，来考评项目绩效或组织绩效。在这一部分，我们一直强调这样一个观点，为适用各种不同情况而设计的绩效考评体系，会因设计方法、数据分布、报告的频率以及其他设计因素而产生系统性差异。

第 9 章

绩效考评在战略规划与
管理中的应用

为什么绩效考评系统对支持公共和非营利组织的战略规划和 *159*
管理过程是至关重要的？显然，战略管理需要绩效方面的明确信
息，但是哪些绩效指标在战略规划和管理中最为有用？如何最有
效地应用它们来增强战略管理和决策？本章简要回顾战略规划和
管理的过程，阐明绩效考评在战略规划和管理过程中的作用，探
讨绩效考评在战略规划与管理中的设计和应用。

9.1 战略规划和管理

战略规划和**战略管理**这两个术语经常被交替使用，但实际上
它们并不完全一样。战略规划是明确使命和远景、确定主要目标
及发展长远战略的过程，以便有目的地推进组织未来的发展，从
长远的筹划方面来确保组织获得高水平绩效。相比而言，战略管
理则是开发战略规划、执行战略设想并评估其有效性的更为宽泛
的过程。因此，战略规划是战略管理的关键部分或者说是战略管 *160*
理的核心，而战略管理则是一个比战略规划更加宽泛的过程。

战略规划曾被定义为产生基本决策和行动，从而形成和指导
组织是什么、做什么、为什么做的严密的活动（Bryson，1995，
pp. 4-5）。它融合了未来思考、目标分析以及对未来行动的优先
顺序和目标的主观评价。与传统封闭的长期规划或者工作规划过
程不同，战略规划提供了视野更为宽广的分析方法：

- 对于事关组织长期发展和绩效的最基本的问题进行明确界

定并制定有效措施；

- 关注影响组织使命、远景和战略的基本目标和竞争性的价值观等主要问题；
- 在外在环境和因素有可能影响组织使命时，突出强调它们的重要性；
- 考虑内部，尤其是外部利益相关者的需求、关注和偏好，从而获得政治上的可行性；
- 重点依靠那些能够得到大多数员工支持的高层管理人员的参与，这些人有时是民选官员或执行董事；
- 要求关键参与者勇敢面对组织或工作的关键环节，从而对规划承担责任；
- 以行动为导向，强调为执行战略而发展计划的重要性；
- 聚焦于执行决策，从而使组织在未来更好地定位。

战略规划主要被用来创造或更新组织的战略过程，而战略管理则是核心的管理过程，它整合所有重要活动和职能，使之推进战略过程。它关注于强化公共和非营利组织在实际政策和管理能力方面的长期有效性和效果。战略管理整合所有其他管理过程，从而以一致的、有效的方式建立、获取、管理和更新组织的战略目标。实际上，一个完整的战略管理系统"包含了一整套决定组织长期绩效的管理决策和行动"（Koteen，1989，p.8）。

161 　　在一个实施战略管理的公共或非营利组织中，预算、绩效评估、人力资源开发、绩效管理和其他管理程序都由战略过程引导，这个过程是通过和外部、内部支持者的广泛沟通并获得关键参与者的认可而形成的。战略管理关注执行战略、评估绩效、监控趋势以及探明需要做出战略回应的紧急事件。因此，正如图9—1所显示的那样，战略管理过程在重视规划的同时同样重视战略执行。为了确保战略规划成为组织执行层决策和活动的驱动力量，战略管理者必须建立程序来配置资源、管理员工和评估绩效，从而向前推进战略过程。

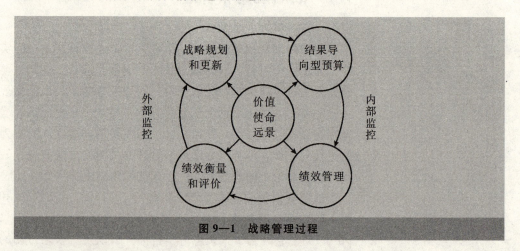

图9—1　战略管理过程

162 　　一旦战略规划得以形成，必须确保资源到位。如图9—1所示，在以结果为导向的预算系统中，资金与特定的计划、项目或活动以及预定的产出结果相关联，可以促进资源的配置，更好地推进战略过程。这种预算制度能够确保特定的战略意图

得到足够的资金支持，并为支持战略过程提供动力。

同样，战略管理要求依据特定的战略意图向特定人员和组织分配执行责任并使他们对结果负责。例如，在目标管理型绩效管理系统中，特定高层管理者的绩效合同包含了对特定战略过程的领导和支持职责。同样，这些管理者可以运用绩效管理使下属和这些职责联系起来，如此往下分解，一直到所有职级的人员。通过把战略规划和绩效管理过程相整合，战略管理者可以建立推行战略目标的清晰线路，组织的各级管理者和员工在推进战略过程中将会积极投入。

最后，战略管理过程包括对战略目标实现的监控和评价，本章下面的部分将讨论这个问题。而且正如图 9—1 所显示的那样，那些关注总体战略的公共和非营利组织的管理者，应该监控不断变化的组织内部和外部环境。尽管大部分信息可以通过广泛的渠道获得——发布的报告、专业协会、顾客反馈、咨询委员会、调研报告、任务报告、实地参观、非正式会谈和岗位轮换等，从一定程度上讲，这种监控活动将通过管理信息系统和绩效考评活动更好地完成。

9.2 战略管理过程中的绩效考评

绩效考评应该成为战略规划和总体战略管理过程的关键组成部分。虽然现有的考评系统有可能实现战略规划，但有效的战略管理常常需要新的或修改的系统来跟踪特定的指标，这些特定的指标是为正在被实施和监控的特定战略目标而专门量身定做的。

战略规划

尽管每个战略规划在某些方面都是独特的，但大多数战略规划都具有一套共同的组成部分。图 9—2 显示了这一过程，说明了很多公共和非营利组织进行战略规划的方式。战略规划从明确组织或项目的使命开始，并据此开展外部和内部分析。 *163* 随着过程开展，规划者通过环境分析以明确战略环节，这些环节很可能对组织的未来发展和绩效产生重大影响，接着具体说明战略目标、需要解决的问题和必须完成的任务。然后战略规划者集中于设计和评价战略计划来实现组织目标，并注重行动计划以实施这些战略。最后是对这一过程进行持续和定期的监督和评估，确保战略规划适应变化了的环境。

绩效考评在战略规划的两个阶段中起着重要的作用，即内部分析与持续的监控和评估阶段。

● 内部分析

内部分析主要包括明确和分析组织或项目的主要优势和劣势。这些优势和劣势，连同外部威胁和机会，对确定战略问题是至关重要的，并与绩效的每个方面都 *164* 相关，如资源可利用性、管理能力、员工技能和士气、技术运用、外部关系、质

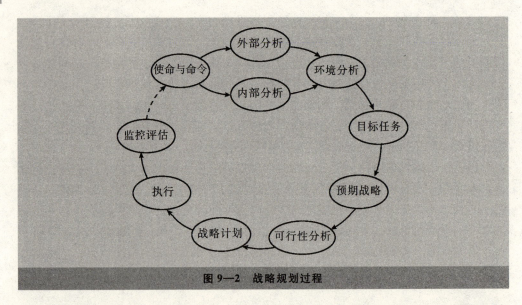

图 9—2　战略规划过程

量、生产率、服务的提供、工作效果和顾客满意度。战略问题可能从上述方面产生，但在大多数公共和非营利服务行业，关于质量、生产率、工作效果和顾客满意度方面的问题尤为重要。因此，现行体系中的绩效考评对于成功地进行战略规划是非常关键的。

　　这些方面的信息资料对进行形势分析是十分有益的。而形势分析是许多公共和非营利组织战略规划的关键要素。关于服务、参与率、业务范围、成本等类似的信息，能够反映出总体情况，从而帮助判断出一个组织或项目的战略境况。当这些考评得以系统地进行时，它们同时也提供了趋势信息，从而能够帮助组织更好地理解它从哪里来，要到哪里去。

　　例如，美国红十字会利用业务整合信息系统（FOCIS）来开展绩效考评，有的是"必须"提供的服务（比如紧急联系、国际追踪、多户家庭的灾难行动和灾难教育），还有很多"应该"和"可能"提供的服务，以及关于员工、志愿者和财务资源等方面的信息。这些信息由 990 个地方分支机构通过互联网传送上来，之后美国红十字会将会把 5 年来考评情况的综合报告提供给各个分支、州以及国家。此外，对每一个指标，报告把一个特定州或地方的工作情况与一个参照组进行比较检测，这个参照组是在相似的人口统计的基础上选择出的，并具有可比性的地理区域。红十字会的管理层和监事会可以利用这些 FOCIS 信息开展规划、评估和资源配置工作。

　　● **持续的监控和评估**

　　正如下一部分我们将要讨论的，战略规划过程中的监控和评估阶段与战略管理过程是紧密联系的。由于人们认为战略规划是一个保持组织或项目与所在环境契合的连续过程，因此，持续的绩效监控必须确保：在组织发展的过程中，其战略方向是正确的，或者做出了某些必要的调整。至少这意味着要时常监控项目的有效性，同时也意味着要跟踪环境状况，比如犯罪率、健康状况指标、公路死亡率、失业率或空气质量指数。这些对政策和项目都产生了相应的影响。

战略管理

正如前面已讨论过的，战略管理系统应该包括战略规划、以结果为导向的预算、绩效管理过程和绩效考评系统，并把它们紧密结合起来。绩效考评系统在以结果为导向的预算和绩效管理过程中扮演着重要角色，我们将在第 10 章和第 11 章分别讨论。预算和绩效管理对有效实施战略目的很重要，如图 9—1 所示，而战略管理过程中的绩效考评则主要是对战略目的的实施是否成功进行跟踪和评价。这就是说，绩效考评在实施战略目的的监控过程，以及在获取预想效果的作用评估中是极其重要的。

正如图 9—3 的战略管理模型所示，这些战略目的时常集中于服务提供，但也包括组织运作或管理的其他方面。模型的核心是组织最为重要的价值观、使命和所服务的社区，以及组织未来的远景。模型的外圆是一系列需要相互协调的管理职责。如图所示，所有要素和驱动战略过程的价值、使命、远景之间都是相互作用的。在模型中，核心管理职能围绕公共和非营利组织的核心价值观展开，在此基础上，战略得以制定、实施和评估。

166

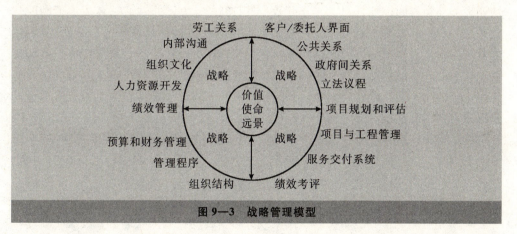

图 9—3 战略管理模型

例如，项目、工程和服务交付系统（模型右下部分）是执行战略计划的工具。同样的，组织战略管理者必须确保组织结构、预算和财务管理系统、绩效管理和其他管理制度（模型左下部分）的设计强化组织对于战略过程的重视。而且如模型左上部分所示，战略管理必须高度关注人力资源和组织管理中的关系方面。最终，战略管理者必须关注建立和维持外部利益相关者的支持（模型右上部分）。因此，战略管理就是不时地使这些要素相互促进以推动战略过程，而绩效考评则用来跟踪这些领域的进展情况。

9.3 战略性绩效指标

不同于项目规划、工作规划或业务规划，公共和非营利组织的战略规划倾向于注重采取全球视野，考虑长期影响，集中于组织整体或至少是几个重要部分或主要项目。因此，最适合于支持战略规划和管理活动的绩效考评系统能够描述全局景观，运用宏观指标反映与整个组织或者主要单位相关的总体绩效，而不是被拆散为众多单元的具体绩效数据。同时，战略绩效指标倾向于提供长期的信息，通常提供年度、半年或季度信息，而不是具体的每日、每周或每月的信息。

167

结果衡量指标

因为战略规划的主要目的是维持和改进组织的有效性，因此，在战略管理过程中常用的最主要的绩效指标是结果衡量指标。这些指标是用来追踪服务提供的有效性的，但也用于绩效的其他方面，诸如组织机构变革在改善顾客关系方面的有效性，在培训项目中员工技能的改进绩效或者公共关系创新对媒体正面报道的影响等。

在美国广泛应用的战略规划程序包括佛罗里达标杆管理（Florida Benchmarks）、明尼苏达里程碑和得克萨斯明日计划（Texas Tomorrow），这些程序涉及私人和非营利组织以及政府部门，包括了广泛的政策环节。这方面的先行者是俄勒冈州发展部领导的标杆项目，它是州议会于 1989 年创设的。这一名为"俄勒冈州的荣耀"（Oregon Shines）的战略规划项目由商业领袖、社区领导、教育工作者、非营利组织代表和民选官员来共同开发、更新和执行，目的在于扩展经济机会和提高全体公民的生活水准。所有的州政府机构通过创造性的工作推进战略规划，其他组织——公司、地方政府、学校、社区联合会和非营利组织都被鼓励积极采取行动来推进总体战略过程。

为了检查在执行规划中一系列战略目标的进展情况，发展部需要监控 92 个结果衡量指标，这些指标分为七类：经济、教育、市民参与、社会支持、公共安全、社区发展和环境。这些领域中比较有代表性的指标是：

- 收入是贫困线水平的 150% 或以上的俄勒冈人所占的百分比
168
- 使用电脑制作和编辑文件、图案或分析资料的俄勒冈人的百分比
- 每年自愿拿出至少 50 个小时参与社区或非营利活动的俄勒冈人的百分比
- 其母亲接受孕产保健的婴儿的百分比
- 每年每千人中青少年的被捕数
- 在交通高峰期搭乘公共交通工具的俄勒冈人的百分比
- 地下水符合饮用水标准的百分比

俄勒冈州发展部每两年报告一次上面的情况。表 9—1 反映了从 1999 年的报告中摘录的社会支持类指标情况。俄勒冈州标杆中的许多衡量指标是从现有资料中提取的，但表 9—1 中绝大多数指标是通过每两年一次的人口普查汇集而成的。资料显示了过去十年的变化趋势以及 2000 年和 2010 年的目标水准，并且按照最近趋势和当前绩效给每个标杆评定从 A 到 F 的等级。虽然标杆使用的衡量指标大部分是用于衡量社会现象中的某个方面的，这个含有 92 个指标的报告提供了有关经济活动、社区活力和城市生活水平的综合景象。在这个框架内，州和地方政府机构以及

其他单位致力于推进"俄勒冈州的荣耀"项目的使用，监控更加具体的衡量指标来跟踪特定战略计划的进展情况。

表 9—1　　　　　　　　　　　俄勒冈州标杆：社会支持　　　　　　　　　　　　　　*169*

保护	1990	1992	1994	1996	1998	2000	2010	等级
53. 八年级学生有以下行为的百分比：								D+
(1) 饮酒	23%	26%	30%	30%	26%	26%	21%	B−
(2) 食用违禁药品	14%	11%	19%	22%	29%	15%	12%	F
(3) 抽烟	12%	15%	19%	22%	20%	15%	12%	F
54. 每千人中受虐待或缺少照顾的 18 岁以下未成年人数量	11	11	10	10	—	9	6	F
55. 每千人中受虐待的老人数量	—	—	14	—	12	12		F
56. 婴儿的母亲有下列行为的百分比								A
(1) 孕期酗酒（由母亲自己报道）	22%	20%	18%	18%	—	15%	12%	A
(2) 孕期吸烟（由母亲自己报道）	22%	20%	18%	18%	—	15%	12%	A
贫困	**1990**	**1992**	**1994**	**1996**	**1998**	**2000**	**2010**	**等级**
57. 收入在联邦贫困线以下的俄勒冈人的百分比	11%	13%	15%	12%	12%	11%	9%	C
58. 没有享受医疗保险的俄勒冈人的百分比	16%	18%	14%	11%	11%	9%	4%	B+
59. 在任向指定的晚上无家可归的俄勒冈人	—	7 607	7 262	6 819	7 050	5 196	5 196	D+
60. 接受法定儿童援助的家庭的比重	50%	50%	60%	68%	68%	72%	80%	A
独立生活	**1990**	**1992**	**1994**	**1996**	**1998**	**2000**	**2010**	**等级**
61. 独立生活的老人的百分比	—	97%	97%	98%	—	98%	98%	A

资料来源：Adapted from Oregon Progress Board，March 1999。

以机构为基础的战略目标

战略规划应该在执行机构层次得到实际执行。为了确保战略规划在正确的轨道上得以执行，很有必要明确和监控与组织使命、战略紧密联系的绩效指标。公共和非营利组织越来越关注依据组织的使命监控绩效，这种联系常常贯穿组织目标实现的始终。组织任务和远景是定义绩效指标的驱动因素，为确保有效性，行动方案必须和组织任务保持一致，确立的目标应支持组织任务和方案宗旨。当一个组织清楚地认识到确立怎样的目标能够支持组织的任务，清楚地认识到为实现目标必须完成怎样的操作性目标，它就可以确定如何衡量特定行动方案的成就，并确信绩效指标　*170*
与组织使命取得一致。

战略目标及目的：美国教育部

必须提及使命和绩效指标的直接联系。例如，美国教育部的使命陈述是"确保接受教育的公平机会，提升全国教育水准"。像很多联邦机构那样，教育部并不直接提供服务,而主要是通过倡议、设置标准、提供学生贷款,以及向州教育机构、地方学校系统、高等教育机构等提供财政和技术支持来开展工作。

表9—2显示了美国教育部通过战略规划所制定的目标框架。这些目标涉及整个教育部,而不仅仅是特定的活动安排,它们确定了大约175个行动计划要完成的基本目标和从事的工作,从而推动教育部"提升全国教育水准"这个远景的实现。目标陈述实质上是很笼统的,但它们确实指明了在学术标准、学习成果、接受中学后教育以及教育部门本身的优异性等方面什么是最重要的。虽然陈述的目标和第4章定义的SMART指标不同,但它们在所必须从事的工作方面提供了明确方向,从而推进总体使命的完成。

171 **表9—2**　　　　　　　　　**战略规划目标和任务框架:美国教育部**

任务:确保接受教育的公平机会,提升全国教育水准			
目标1	**目标2**	**目标3**	**目标4**
帮助学生达到预期的学术要求,使他们成为负责任的公民,学会继续学习和提供富有成效的服务	为所有儿童的学习奠定坚实基础	确保接受二次教育和终身学习的机会	关注结果、服务质量和顾客满意度,使教育部成为高绩效组织
任务	**任务**	**任务**	**任务**
1. 为学生的核心课程设置有挑战性的标准并进行评价 2. 学校帮助学生顺利升入大学和满足相应的职业需要 3. 学校应是安全、有纪律和远离毒品的 4. 每个教室都配备有才华、有责任心的教师 5. 家庭和社区共同参与学校的改善 6. 学生和家庭有更多公立学校可以选择 7. 使用高科技改进教学质量	1. 学生乐于学习 2. 到三年级末学生能流畅地阅读 3. 八年级学生掌握复杂数学知识,包括代数和几何基础 4. 特定人群参与标准更高的适当服务和评估	1. 中学生获得信息技能和支持,为接受高中教育做好准备 2. 高中生获得财政支持和服务以接受和完成高等教育 3. 对高中生的帮助和项目管理有效、财务透明和反应迅速 4. 通过终生学习,知识不足的成年人提高读写能力,改进谋生能力	1. 顾客获得便捷、无缝隙服务与高质量的信息和产品 2. 合作伙伴获得支持和方便 3. 教育研究的最新知识为教育改革和公平提供支持 4. 信息技术投资合理和有效使用 5. 教育部员工有良好技能和绩效 6. 管理项目和服务确保财务上的完善 7. 所有部门都以绩效为导向

资料来源:U. S. Department of Education,2000。

然而,这些目标通过多重绩效指标和标准进一步明确化了,表9—2明确定义了每个目标的绩效标准。如目标1是"帮助学生达到预期的学术要求,使他们成为负责任的公民,学会继续学习和提供富有成效的服务",那么任务1.2就要求地方学校"帮助学生顺利升入大学和满足相应的职业需要",以支持这一目标。自然,完成这一任务的主要工具就是教育部的学校—工作系统（School-to-Work），具体到下一层次，则由六个绩效指标来监控目标的进展情况，这实际上就是 SMART 目标：

● 到 2000 年秋季，100 万年轻人将参与年度学校—工作系统。

● 到 2000 年秋季，职业学习者中完成核心课程任务的比例在现有水平的基础上翻一番。

● 到 2000 年秋季，高中毕业生，包括职业学校学生，成功就业、升学或参军 *172* 的百分比提高到 90％。

● 到 2000 年秋季，有 10％的参加地方学校—工作系统的学生获得技能证书。

● 到 2000 年秋季，通过执行新美国高中教育战略（把职业和学术准备相结合），200 所高中获得、250 所高中努力争取教育部的认可。

● 到 2000 年秋季，350 000 个参与学校—工作系统的雇主为学生提供实习机会。

图 9—4 显示了教育部《1999 年绩效报告和 2001 年年度计划》的情况，这是有关接受职业训练的高中学生中同时完成英语、数学、自然科学和社会学习等核心课程的百分比。这些资料是基于国家教育发展评估委员会（National Assessment of Educational Progress）做出的，并且每四年根据国家教育统计中心（National Center for Education Statistics）的评估程序和统计标准批准生效，数据显示教育部把 2002 年的标准从 33％提高到 50％，这是一个良好的正面发展趋势。

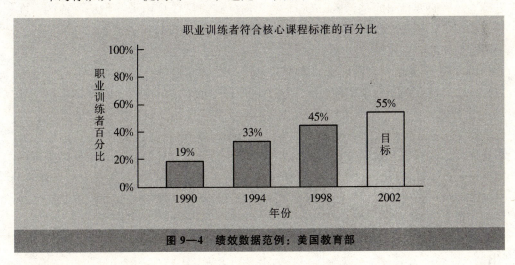

图 9—4 绩效数据范例：美国教育部

资料来源：U. S. Department of Education，2000。

然而问题的核心在于总体考评系统的进展情况：一个战略目标层级体系的每个层级由一些具体目标所支撑，每个目标又由考评实际绩效的指标所监控。这样一个 *173* 系统有利于向人们展现国家庞大而复杂的教育系统在美国教育部总体使命的指导下是如何运营的。

基于指标的管理战略过程：宾夕法尼亚州交通部

另一个支持战略规划的绩效考评范例是宾夕法尼亚州交通部（PennDOT），其1999年的战略规划中建立了8个战略聚焦领域，诸如优先维护现有交通设施、提高生活品质、提升安全程度、确保道路畅通与便捷。这8个领域由13个高级目标作为支撑，而这些目标又由21个战略任务来提供保证。虽然任务要比目标更加具体，包括在PennDOT总体计分卡中的战略绩效衡量指标和13个高级目标是相适应的。

在表9—3中，PennDOT计分卡汇总了该部门的战略聚焦领域、13个高级目标、用来跟踪这些目标的进展情况的指标以及2002年和2005年要实现的预期目标。例如，战略聚焦领域"优先维护"的一个高级目标是保持平坦的道路，并通过在州内隶属于国家公路系统（NHS）的主要公路上拥有更好的行驶条件进行考评，所使用的考评工具是国际粗糙指数（IRI），具体目标是州内NHS公路的IRI均值到2002年降至104，到2005年降至99。同样，安全领域的一个重要目标是在2002年高速公路死亡率减少5％，在2005年减少10％。

从战略规划过程可以看出，一些PennDOT指标关注组织内部，即PennDOT自身的运作方式。因此除了与服务提供相关的指标以外，规划也包括管理系统、减少工伤事故、革新和使用科学技术以及组织内部的领导等目标，这些目标对强化组织向社会提供服务的能力是不可缺少的，为它们而设立的绩效指标和目标也同时得以确立。有必要指出的是，PennDOT的大部分高级目标是由单一指标构成的，在其他情况下，如在ISO环境标准中和对组织员工气氛的调查中，一系列相关指标则是同时使用的。

176 PennDOT战略管理委员会每6个月审核一次计分卡中有关战略目标和任务的数据，每周重点关注几个目标。除了这个总部层次的计分卡以外，6个执行机构和11个工程区域都根据总部战略目标和任务开发了各自的计分卡，在交通部内，一些基层单位也拥有自己的计分卡。每个计分卡都记录着战略目标、任务、绩效措施和具体目标，每季度定期检查，将检查结果向战略管理委员会汇报，由他们最终确定组织是否实现了目标要求。当绩效资料显示进程缓慢或结果未达到预期目标时，委员会成员负责重新配置资源、改变策略或者调整规划，从而确保特定战略目的回到正确轨道上。

聚焦产出

公共和非营利组织的战略规划侧重于产生或改善行动成果。因此战略管理系统中使用的绩效指标构成了直接的效益指标——如取得的学业成就或通过教育项目获得的工作机会，或在运输项目中减少的旅行次数或降低的交通事故死亡率。然而因为战略规划往往关注公共和非营利组织实际所从事的工作或由此带来的变化，除了

表 9—3　考评计分卡：宾夕法尼亚州交通部

战略聚焦领域	向顾客许诺的高级领域	如何衡量成功	外部（顾客）	内部（支持）	考评工具	目标 2002年	2005年
优先维护	平坦的道路	州内隶属国家公路系统的主要公路上拥有更好的行驶条件	X		国际粗糙指数	104（NHS公路）	99（NHS公路）
	有效的公路维护投资	维护需求减少		X	公路和桥梁的状况评估	完成资产评估系统	达到2002年设立的目标
生活质量	社会，经济和环境协调平衡	基于公共和技术投入及时决策	X	X	公路项目环境认可达到目标时限	75%达到目标时限	90%达到目标时限
	合理的环境措施	达到世界级环境水准		X	ISO14001环境标准	实施试点项目	达到ISO标准
灵活性和便捷	产品和服务的高效运输	为运输项目提供高承诺	X		12年项目建设合同的美元价值	每年13亿	每年14亿
	人员和物品的高效流动	减少旅行延误	X		2002年—高峰期工作区域车道限制；2005年—特定获得路段的旅行延误	达到2000年为2002年减少窄车道限制设置的基线	达到2002年设定的关于减少窄路段旅行延误的目标
以顾客为中心导向	提高顾客满意度	Malcolm Baldrige优秀标准竞争力		X	Baldrige组织评价综合分—客户标准	部门平均分为80	部门平均分为100
	使客户轻松获得信息	及时回答电话咨询	X		客户呼叫中心电话答复率	回答了94%的来电	回答了94%的来电
革新和技术	世界级的程序和产品绩效	Malcolm Baldrige优秀标准竞争力		X	Baldrige组织评价综合分	先进组织达到500分	先进组织达到600分
安全	安全旅行	更低的公路事故伤亡率	X		每年死亡人数	减少5%	减少10%
	安全的工作环境	更少的工伤		X	每年每100名员工工伤率	8.25%	7.5%
领导	改善领导水平和工作环境	员工对工作相关因素反馈的积极倾向		X	组织气氛调查—部分项目	正面比例为48%	正面比例为54%
建立关系	培育有效的伙伴关系	有效的伙伴关系以取得商业效果		X	PennDOT伙伴业务有效性调查评价	建立标准、基线和目标	实现2002年设定的目标

资料来源：Pennsylvania Department of Transportation, 2000。

实际的结果指标，战略管理者也许需要更加侧重于产出指标，以确定组织是否有效地执行了战略计划。的确，产出指标经常作为近似的结果指标，但它们确实可以成为关键的成功指标，尤其是在战略计划实施的早期阶段。

例如，疾病控制中心（CDC）下属的性传播疾病（STD）预防分部致力于开发一个绩效考评系统来监控行动计划中战略变化的有效性。行动计划的目标是在全美范围内根除一些性传播疾病和把一些疾病控制在最低程度，同时建立相应的效果指标。正如下列指标和目标的样例所显示的，结果指标主要集中于某些疾病的发生率和传播情况：

177

- 到 2000 年，25 岁以下某种眼疾的高危女性病人中的发病率从 11.7％降至 8％。

- 到 2000 年，15～44 岁女性病人中淋病发病率从每 10 万人中有 292 人降至 250 人。

- 到 2000 年，先天性梅毒患者从每 10 万人中有 27.5 人降至 20 人。

- 到 2000 年，初次和二次感染梅毒的患者比例低于每 10 万人中有 4 人的美国的县的比例从 87％提高到 90％。

传统上性传播疾病控制项目通过直接提供服务——检查、诊断、治疗和陪护——来开展工作，这些都由性传播疾病控制诊所提供，并得到疾病控制中心基金的支持。然而，从环境和项目评价结果看，疾病控制中心项目人员确信这一方法不再适用，主要是由于健康保健服务系统日益分散，在地方缺少相关健康项目的协调，以及诊所没有关于追踪某些重要目标人员服务的有效反馈记录。因此他们认为性传播疾病预防项目需要执行一个更为广泛的战略，以提高对众多利益相关者的影响——诸如护理组织、私人医疗机构、学校、青少年管教所和社区组织，直接为需要的患者提供这些服务，从而有效地控制传染性疾病的传播。

图 9—5 显示了性传播疾病预防系统的模型。需要注意的是，这是涵盖整个国家的性传播疾病预防**系统**，而不仅是疾病控制中心的性传播疾病预防**项目**本身。这个模型显示了一系列活动所引起的间接效果，包括安全性行为、增加使用避孕套、缩短性传播疾病感染期，这些又反过来导致发病率、传播率等的降低。这些活动的长期结果还在监控之中——根据发病率和传播率进行监控。不过，由于现在人们更加关注产出和直接效果，疾病控制中心便能够开始监测州和地方性传播疾病预防项目的积极影响的大小。

因此，对于预警这个组成部分而言，疾病控制中心就可能跟踪这些结果，如向客户提供有关性传播疾病信息的艾滋病预防项目的百分比，提供适当的性传播疾病课程的地方学校数量，以及从医疗组织获得性传播疾病信息的患者数量。在咨询部分，可用的指标包括新确诊的性传播疾病患者从咨询处获得建议的百分比，或者在性传播疾病诊所接受训练以减少风险的患者的百分比。为了监控审查部分的效果，检测携带原体的女性的百分比成为重要的结果衡量指标。

179

问题的核心在于，为了监控疾病控制中心对性传播疾病威胁的战略计划实施的进展情况，疾病控制中心的管理者需要跟踪系统，以了解不在疾病控制中心控制下

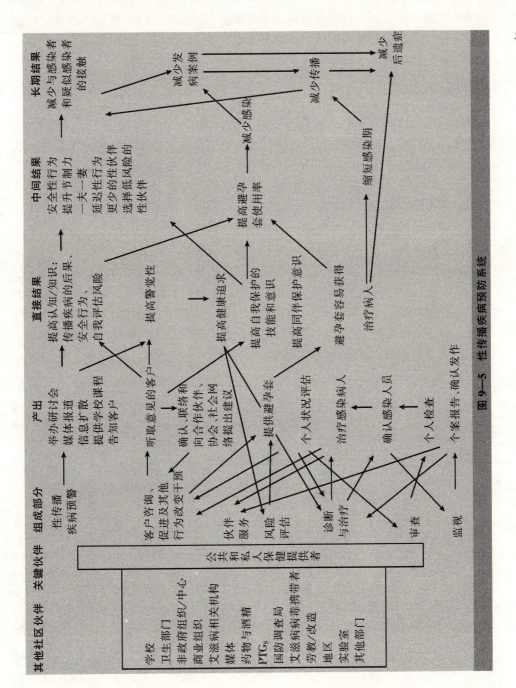

图 9—5　性传播疾病预防系统

138

的健康保健提供者和其他利益相关者从事必要活动的情况。从绩效考评的角度看，下一个必然要关注的是州和地方性传播疾病预防项目正在开展的工作。例如，这些项目可能会报告成功说服有关人员向患者提供适当的物质资料的数量，或者成功说服学校把性传播疾病内容列入教学内容的数量。

9.4 平衡计分卡

一个强调战略目标和绩效考评之间联系的有用框架就是由罗伯特·卡普兰和戴维·诺顿（Kaplan and Norton，1996）于1996年开发的平衡计分卡。平衡计分卡最早是为公司设计的，它基于这样的假定，即公司需要超越诸如投资回报、利润和亏损以及现金流等传统财务指标，从而获得"平衡"的绩效。正如图9—6所示，平衡计分卡包括四个维度，即客户、内部管理、创新和学习以及财务。公司在这些领域确定目标，然后确定衡量指标来跟踪这些绩效是否达到目标。

客户维度方面的衡量指标包括产品或服务的市场份额、按时交货以及客户满意度指数。创新和学习维度包括新产品和服务的开发情况，以及员工态度、能力和参与。内部管理维度强调工程效率和单位成本、实际生产和业务规划、安全事故和项目管理。过去公司都使用以上这些衡量指标，但平衡计分卡的贡献在于鼓励管理者把四个维度作为整体，进行综合的考虑。

180

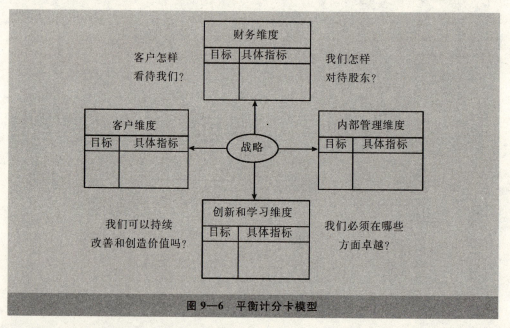

图9—6 平衡计分卡模型

资料来源：From "The Balanced Scorecard：Measures that Drive Performance," by R. S. Kaplan and D. P. Norton. *Harvard Business Review*，Jan. /Fed. 1992。

平衡计分卡实践：北卡罗来纳州夏洛特市

在相当长的一段时间内，夏洛特市在地方政府通过目标管理、项目预算、绩效考评及其他类似的方法开发以结果为导向的管理能力方面一直处于领先地位。1995年，夏洛特市开始尝试利用平衡计分卡进行战略规划和绩效考评，而这种努力始于市议会把七个目标作为城市优先考虑的事项。 *181*

因为市议会的工作重点——包括减少犯罪、强化社区管理、促进治安和便捷的交通、改善经济状况——都是为全体市民提供服务，因此，他们采用了以客户为导向的维度，如图9—7所示。在城市高级官员的协助下，市议会确定了财务责任、内部管理、组织学习和成长方面的目标。其他维度的工作重点，诸如扩大基金、提高生产率和缩小技能差距等都很重要。但更为重要的是，这些都是为实现客户导向这个优先目标服务的战略举措。

他们对市议会客户导向的优先目标设定了绩效衡量指标。如针对强化社区管理目标，市议会确定了下列指标：（1）目标社区拥有自主住房比例的变化情况；（2）目标商业区创立或保留的企业数；（3）目标社区就业率；（4）目标社区和商业区每千人犯罪率。为改进这些指标，城市的各个部门和每个行动方案都需要集中资源来加强社区管理。

把平衡计分卡运用在绩效考评中，夏洛特市交通部做得比较成功。夏洛特市交通部负责城市街道和公共运输系统，从四个维度建立了一系列目标。针对每一个目标，交通部确定了至少一个领先性指标和一个滞后性指标，如表9—4所示，领先性指标表明必须实现的绩效，滞后性指标表明了实现目标的广泛影响。此外，交通部还确定了业务指标，并定期搜集绩效指标方面的数据资料。

平衡计分卡和逻辑模型

平衡计分卡因为建立了战略规划和绩效考评之间联系的全面框架，已受到公共和非营利组织的共同关注。尽管大部分衡量指标都是本章前面部分提到的——加上内在指标如员工发展和满意度、科技利用和管理能力，平衡计分卡只不过是要求采用整体的观点来看问题。平衡计分卡绝不是和第3章强调并贯穿全书的项目逻辑模型相冲突。真正的区别在于，平衡计分卡为考评**组织**绩效提供了框架，而项目逻辑模型是集中于**工作**绩效。 *184*

因此，绩效考评体系的目的在于追踪特定行动方案的绩效，就像1993年《政府绩效与结果法案》和许多州类似的立法所确定的那样，项目逻辑模型提供了一个关键方法，以决定需要考评的绩效维度的重要方面。然而，大型、多功能的公共和非营利组织则希望监控总体绩效，这时平衡计分卡就非常有用了。当然，即使拥有平衡计分卡框架，组织依然需要追踪作为"外在成果"的项目有效性，此时，工作逻辑模型在确保组织关注最为相关的产出和结果方面就非常有用了。

182

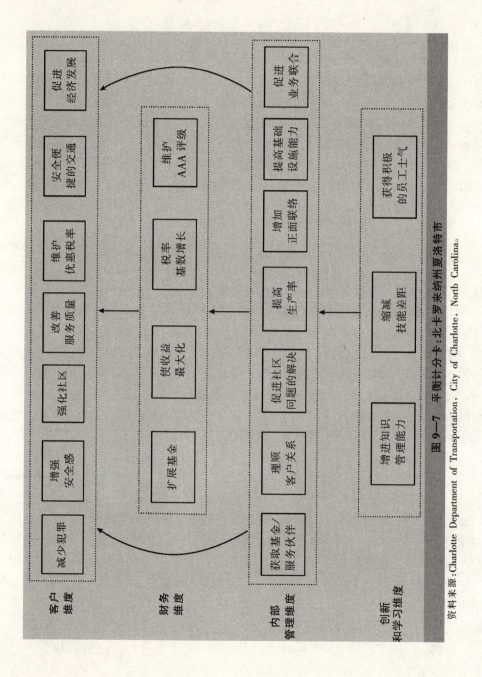

图 9—7　平衡计分卡：北卡罗来纳州夏洛特市

资料来源：Charlotte Department of Transportation, City of Charlotte, Norb Carolina。

表 9—4　目标和指标：夏洛特市交通部

维度	目标	领先性指标	潜后性指标
客户	C—1 维持运输系统	C—1 维修回应：维修回应行动	C—1 高品质街道：单行行道状况评分≥90
	C—2 运作运输系统	C—1 行驶速度：平均行驶速度	C—2 安全：事故率；事故多发路段数量
	C—3 开发运输系统	C—2 行程时间：特定路段行程时间	C—3 基本流动性：便利的公共交通
	C—4 决定最佳系统设计	C—2 准点公交车：准点公共运输	C—4 规划进展：2015 年运输规划完成的百分比
	C—5 提升服务质量	C—3 引进项目：新引进项目或规范	
		C—5 回应：对市民意见或建议的回应率	
财务	F—1 扩展基金	F—2 成本：与其他社区私人机构相比而言的成本	F—1 基金杠杆：非城市来源的美元价值
责任	F—2 使收益最大化	F—2 成本：非城市来源的美元价值	F—1 新基金来源：原先没有的基金来源的美元价值
内部	I—1 提高设施能力	I—1 资本投资：在目标区域的投资额	I—1 能力比率：逐渐增加的能力对比 2015 年计划要求
管理	I—2 获取基金服务伙伴	I—2 获取基金服务伙伴：已确认的新基金资源伙伴	I—2 合作伙伴数：合作伙伴数
	I—3 改善生产率	I—3 单位成本：单位成本	I—3 街道维护费用：成本/行人
	I—4 提高和社区的正面联系	I—3 竞争性资源：预算竞标和行动	I—4 顾客调查：有关服务质量的调查结果
		I—3 确认问题：资源和行动	
		I—4 客户联络：数量、种类、频率	
学习	L—1 增加自动化信息系统	L—1 IT 设施：交通部内部完整的数据库	L—1 信息获得：可获得战略信息对比用户需求
	L—2 增加相应技术	L—3 明确技能：战略职能的核心技能	L—2 信息工具：可获得战略工具对比用户需求
	L—3 缩小技能差距	L—4 员工士气调查：员工调查结果	L—3 技能转换：技能的工作绩效体现
	L—4 向员工授权		L—4 员工目标一致性：服务于组织使命的培训、职业开发

资料来源：Charlotte Department of Transportation, City of Charlotte, North Carolina。

9.5　绩效考评和战略管理

公共部门与非营利组织都越来越重视开发战略规划和相关的管理程序，来确保战略计划的执行，以实现战略目标。按照"能被考评的才能被完成"的准则，这些组织为每个战略目标和任务定义了成功的衡量标准，以保证其专注于优先管理工作，并跟踪战略聚焦领域执行的进展情况。因此，支持战略规划的考评系统具有以下特点：

- 倾向于关注对组织最为重要的一系列的产出和结果的衡量指标；
- 强调用于组织全局的衡量指标，尽管它们由很多分散的部分组成；
- 在一些指标上使用评价量表，同时也使用名义量表和定性指标；
- 时常在关键领域确立具体目标指标，并且根据这些具体目标检核实际绩效；
- 有时一系列的绩效指标应用到主要分支机构和其他组织以核实战略成果，特别是用于多使命、多职能和高度分权的组织。

185

因此，绩效考评作为战略管理过程中的关键部分，在创立、执行和评估战略过程中发挥着巨大的作用。在更大和更为复杂的组织中，这个过程中重要的关联是把分支机构的商业计划或年度运营计划和战略规划紧密地联系起来，然后，在较短的时间内监控绩效指标。同时，有两个重要工具可以使战略规划深入组织中，并确保在业务运作层得到实施，这就是预算过程和绩效管理过程，后者确保个体工作目标服务于总体战略目标。绩效考评在这些过程中是必不可少的，我们将在第 10 章和第 11 章中分别予以讨论。

绩效考评在预算管理中的应用

绩效考评如何应用于组织的财务资源分配决策中？一般来   *186*
说，在公共和非营利性组织中实施绩效考评的一个主要推动力就
是改善责任制的需求。当资源和资金广泛分布的时候，如何进行
绩效管理就更成为一个重大问题。本章主要阐述如何将绩效考评
与公共和非营利性组织的预算系统相结合的问题。这里界定了在
预算决策中绩效考评的角色，提供了当前基于绩效的预算活动的
例子，并讨论了在实施以绩效为基础的预算系统过程中的一些
问题。

10.1   基于绩效的预算

尽管从直觉上说，在资源分配的决策中应该考虑绩效方面的
情况，但是事实上却常常并非如此。现在，政府和非营利组织正
从一种直观的方法中解脱出来，并采用基于绩效的预算方法，在
可分配的资金和组织之间建立联系。直观的预算鼓励关注短期内
个别项目的、有很少或根本没有解释性信息支持的决策过程，而
基于绩效的预算采用了一种更加开阔的方法，它鼓励长期的展
望，强调将来会达到什么。在预算过程中运用绩效数据意味着**将**   *187*
关于产出和效果的信息融入资金分配决策中，其目标是运用绩效
信息来做出关于资源分配的更客观的决策。

在预算过程和预算决策中应用绩效数据正日益成为公共和非
营利组织的准则。事实上，政府正**要求**人们将绩效数据应用于预

算过程，而不仅仅是**鼓励**。就像在其他章节提到的那样，1993 年颁布的《政府绩效与结果法案》要求在各联邦机构中建立和使用绩效考评。在州的层次上说，除了三个州（阿肯色州、马萨诸塞州和纽约州）以外，其他州都已对在预算过程中融入绩效数据提出了立法和行政上的要求；这些要求大部分是在 20 世纪 90 年代建立起来的（Melkers and Willoughby, 1998）。在地方政府也有同样的趋势，它们积极在预算过程中广泛应用绩效考评信息；许多市、县政府都要求引入绩效考评并在预算过程中加以应用。

为什么要提倡在预算决策时运用绩效考评信息？一句话，**责任制**。现在预算改革的一个重要推动力就是建立一个有助于改善政府和非营利实体与市民之间沟通的构架。因为在预算改革和政府再造的时期反映了在预算过程中应用绩效信息这样一个趋势，**以绩效为基础的预算**（performance-based budgeting, PBB）这个术语正逐渐变得流行。但是，PBB 事实上是融合了当前公共管理各种趋势的一套要求，包括结果考评、绩效考评系统、战略规划和标杆的确定。尽管 PBB 可能是这个流程最常用的术语，但各种组织和政府在设计这个流程和使其"为己所用"的过程中，自创了各种各样的术语。事实上，这种术语的多样性反映在不同的政府和组织中所用的以绩效为基础的要求中。一些州和地方政府明确地采用**以绩效为基础的预算、基于绩效的预算、以结果为基础的预算或以产出为基础的预算系统**。然而，这些不同的要求的本质是一样的：每一个都表明绩效信息应该被积极地运用在预算过程中。具体说来，这些基于绩效的预算的积极作用包括：

● 为某一特定组织（项目、部门、机构）确定主要的、强调结果的绩效指标。

● 将结果指标与组织活动及其各自的预算联系在一起。

● 为绩效水平和预算水平一起设定一个目标。

尽管要求在以绩效为基础的预算过程中应用绩效信息是最近的事，但是这并不是全新的（Joyce, 1997）。将绩效目标作为预算决策的一部分在先前的预算改革中就已经有尝试了。大体上说，这些尝试并不成功，所以常常被放弃。现在进行的努力反映了两个重大变化。首要的一个就是将类似于 PBB 的活动融入其他公共管理活动中，特别是战略规划。这种融合在组织内创造了可以为使用绩效信息带来更多理解和支持的动力。同时，关于绩效数据在决策过程所起作用的哲学也发生了变化。在早期的努力中，它更多地被视为一个线性的过程。然而，今天的改革不仅承认了公共项目的复杂性，而且承认了预算过程本身的复杂性。比如，在华盛顿，预算方针是明确的，绩效数据能够使预算决策更加明晰，但并不能驱动预算决策。实际的预算或政策决策包括绩效结果，但同时也受到其他各种因素的影响，比如财政状况和公众情绪。

第二个变化是，近 20 年来的科技发展极大地改进了随着时间对绩效数据进行维护和检查的方法。用户界面友好的电子表格和数据库的有效链接不仅使我们维护和追踪绩效数据的能力发生了变革，还使我们将绩效数据融入预算数据中的能力发生了变革。

为预算过程确定合适的指标

尽管基于绩效的预算本身并没有像战略规划那样，有非常长远或全球化的视角（就像在第 8 章里讨论过的那样），但它所用的绩效指标却要求具有与战略规划中所采用的指标相似的特性。当绩效指标反映了"全景"或总结了一个项目或机构的活动时，基于绩效的预算过程的作用发挥得最好。绩效预算过程有时会借助那些总结了一系列活动或一系列在更加操作化的层面上用到的指标的集合。政府财政官员协会（Government Finance Officers Association）（Tigue and Strachota，1994）建议把财务的、服务的、工作的绩效指标作为决策制定的重要依据，并把这些绩效指标融入政府的预算中去。该协会认为绩效指标应该具有以下特点：

189

- 基于与工作所陈述的任务或意图相联系的使命或目标；
- 测量工作的结果或完成的情况；
- 用于跨时期的比较分析；
- 测量效率和效果；
- 是可靠的、可证实的、能够被理解的；
- 在内部和外部进行报告；
- 能被监控并被用于决策过程；
- 要限定在一定的数量和复杂程度内，这样能为评估关键工作的效果和效率提供一条有效且有意义的途径。

在一个理想的基于绩效的预算过程中，产出指标不但可以用来显示工作完成的程度，而且还是在预算过程中显示出工作的效率和效果的最适宜的指标，更可能是最有价值的指标。因为在预算过程中，决策者总是寻找与实际资金相关联的绩效指标。把产出、结果、效率三个指标放在一起为政策制定者提供了一个全方位的视角。这些指标中包括已经完成的行动、产出和结果的成本和收益，以及运用实耗经费已经实际完成的行动。帮助政府变得更有效率是现行州政府改革的一个重要方面。在这样的思路下，把绩效指标融入预算过程中对确定服务的效率是很重要的。效率指标在预算过程中之所以重要，是因为它帮助回答了这样一个问题：有多少产出是由投入带来的？效率指标对于财政方面的决策是特别重要的，因为它显示出有关政府提供服务所耗费成本的信息。当效率指标与产出指标相联系时，又可以提供在既定投入下所获收益的信息。

基于绩效的预算过程的理论根据是：如果人们能运用信息反映一个实体运行得如何，那么人们将能做出更好的资源分配决策。对于许多政府来说，其运行绩效是与机构或工作的目的和目标相关联的。因此，基于绩效的预算应该反映出一个机构或工作是如何满足它的目的和目标的。但必须明确的是，基于绩效的预算过程中的绩效指标不应只局限在事先规定的产出之中，而应包括各种实际成果。

为预算决策选择几类最有效的指标，看起来似乎很简单，但这的确是一个复杂的过程。它包括一些具有挑战性的工作，除了上面讨论过的与选择和确定绩效指标

190 相关联的指标范围外，为预算过程选择绩效指标还有很重要的三个方面：（1）预算循环的特性；（2）政策制定者的想法和关注点；（3）要证明宏观层面效果的压力。

第 9 章已经阐述了对战略计划总体的、长期的观点。根据这些观点，预算循环过程要求有一个关于绩效结果的被明确界定的视角。尽管有的政府把预算调整为两年一次，但典型的绝大多数预算的周期还是一年。因为这个周期相对较短，要把绩效指标整合到预算过程中就意味着要选择一些能在这个周期内反映出变化的指标。指标太宽泛在预算年度内来说是没有意义的。在预算年度内测量成果指标所存在的一个问题就是，大多数政府和非营利项目或服务所产生的结果要在一段相当长的时间之后才出现。这对于把绩效指标整合到预算过程中可能是最大的挑战。正因为这个挑战，要确定能直接反映进展的中间结果，或确定那些对预想的最终成果有作用的中间结果都是非常重要的。

第二个重要的挑战是，政策制定者和预算过程中涉及的其他人需要对数量众多的项目和部门的预算案及绩效指标做出审查。另外，这些人对于不同的预算实体的熟悉程度也各不相同。正是因为这个原因，在预算过程中只把关键指标囊括进来是很重要的。例如，在佛罗里达州，最初的基于绩效的预算指导方针，PB² （以绩效为基础的项目预算）都注明了只有开放性方案的结果指标要标明在预算文件里，而详细的产出指标和成果指标应该放在机构层面。类似的，华盛顿州的指导方针也强调只有重要的总括性指标需要放在预算文件里："各机构应该把绩效指标包含在战略计划中，完成情况的测量是与每一个主要的战略计划要点相联系的。只有一个核心系列的绩效指标要提交给财务管理办公室 （Office of Financial Management，OFM），这个系列的绩效指标是与机构目标相联系的，并且是实用的和可证实的。各机构也许能用绩效指标来跟踪内部管理方面更加具体的目标或行动的完成情况，但这些绩效指标不必提交给财务管理办公室"（State of Washington，2001）。

第三个挑战是来自政策制定者的压力，他们希望这些指标能够反映宏观层面的政府政策目标，例如，"更低的婴儿死亡率"或"更健康的社会"。然而，把预算中
191 的绩效指标同机构实际能够影响的行为和结果联系起来是非常重要的。因此，选择过渡性的指标来反映较大的政策目标的进展情况也很重要，这些较大的政策目标与机构战略和机构目标是密切相关的。

对一个机构或方案来说，按照指导方针来选择绩效指标、确定报告格式、运用绩效指标是很重要的，这样做是为了确保各种机构或各个方案之间的协调性，同时向资金持有者报告与新程序相关的变化和要求。在一些例子中，比如佛罗里达州，就有精密的审查程序来确保绩效指标的质量及其在各机构之间的协调性。在绝大多数案例中，绩效指标在预算过程中都是要求列出的，而总的指导方针是由预算中心办公室或政府自己在预算指导预备案中提出的。

把各种指标整合到预算过程中

各个组织把绩效指标整合到预算过程中的办法各不相同。有些组织就把绩效数

据放在预算数据的旁边，表现出费用与成果之间的更直接的联系。在另一些例子中，绩效指标的提供是为了使组织的预算过程建立在更加完备的信息基础上，而不是直接把成果与预算分配额联系起来。而得克萨斯州和佛罗里达州的两个例子，以及弗吉尼亚州费尔菲克斯县政府的例子，则展现了把绩效指标整合到预算过程中去的不同做法。

在得克萨斯州，各部门的任务、各工作的目标成果都被列在预算文件中。得克萨斯州战略计划体系的影响是显而易见的。预算按照任务、目标和相关策略来编制，而投入根据每一项策略来确定。例如，得克萨斯州农业部的任务是"使得克萨斯州在农业方面处于全国领先位置，并提供最经济和优质的服务"。预算文件中就设置了几个总目标。第一个目标是"市场和公共卫生：使得克萨斯州农场主、牧场主以及农业综合企业能够为自己的农产品扩展有利的市场，同时保护公共健康和自然资源"，如表 10—1 所示。

在这个例子中，对于清晰的目标有四个独立的考评策略。成果的定义以目标为指导，每一个考评策略都与产出相联系。1999 年到 2003 年间，每一个独立的考评策略的预算数据都被列出来了，而且还有每一个目标的预算数字总和。例如，在策略 A. 1. 2——"对杀虫剂的使用进行管制"——下，相关产出——"处理有关农药使用抗议者的调查报告的数量"——与每年的预算分配额并列显示。可看出有关农药使用抗议者的调查报告的数量波动是与这个特定考评策略的预算额一起变动的。在这个例子中，为完成市场和公共卫生目标而实施四项考评策略的费用在 1999 年是 39 747 134 美元。把绩效指标列在预算表里，既表示这些数据将同预算数据一起进入到下一个预算循环中，又提供了有关行动目标的信息。

并非所有的基于绩效的预算都像得克萨斯州的例子一样——把绩效数据和预算数据合并到一张详细的经过整合的表中。在弗吉尼亚州费尔菲克斯县，绩效数据和预算数据出现在同一份文件中，但被列在不同的表里。每个部门的预算文件开头都陈述了该部门的总任务，接着以"核算中心"或下属部门为预算单位来组织预算文件。例如，费尔菲克斯县经济发展当局（Economic Development Authority, EDA）的任务是："鼓励、促进商业发展，吸引、保持、发展在费尔菲克斯县的资本投资；提升本县在文化、历史和娱乐方面的吸引力以吸引商务旅行人士；吸引更多的商务会议、大型会议、研讨会到本县来举办，以此扩大非本地居民的税收来源。"为完成这一任务，费尔菲克斯县经济发展当局被分成两个核算中心——行政部和会务旅游局。文件陈述了各核算中心的总目标，接着是绩效指标和分目标。

在这个例子中，经济发展当局行政部这个核算中心的目标是："建设和提高政府的、社会的、教育的和环境的基础设施，使费尔菲克斯县成为 21 世纪世界级的商务中心和全球的知识产业中心。"为实现总目标，经济发展当局确定了以下的具体目标：

● 使在费尔菲克斯县举办的商务会议次数增加 4.0%，从 2000 财政年度的 125 次增加到 2001 财政年度的 130 次，从而使新创造的就业岗位增加 1.0%，从 2000 财政年度的 11 000 个新增岗位增加到 2001 财政年度的 11 100 个。

表 10—1　基于绩效的预算文件：得克萨斯州农业部

苏珊·库姆斯，委员

任务：农业部的任务是提供高效而出色的服务的同时，使得克萨斯州成为全国农业的领先者。

法律依据：得克萨斯州地方法律和 VTCA. 农业法典，第 2、第 11 和第 12 小节。

	消费 1999 年	消费 2000 年	预算 2001 年	要求额度 2002 年	要求额度 2003 年	建议额度 2002 年	建议额度 2003 年
A. 目标：市场和公共卫生 使得克萨斯州的农场主、牧场主和农业综合企业可以在保护公共卫生和自然资源的同时扩大市场							
成果（结果或影响）：							
得克萨斯州的农场主、牧场主和农业综合企业的市场机会与 1996 年的水平相比上升的比例	68%	87.3%	78.7%	84%	89.6%	87%	89.6%
与杀虫剂有关的侵害与 1994 年水平比下降的比例	(2.54)%	(33.1)%	3%	3%	7%	3%	7%
得克萨斯州经济发展部（TDED）与得克萨斯州农业部（TDA）协助的社区的百分比	—	115.2%	85%	85%	85%	85%	85%
A.1.1 策略：培育市场 为得克萨斯州农场主、牧场主和农业综合企业提供市场机会（单位：美元）	7 151 336	7 487 738	10 120 410	12 841 983	7 660 562	9 532 971	7 619 000
产出（数量）： 种子质量已经被检查过的耕地英亩数	195 962	187 362	190 000	190 000	190 000	190 000	190 000
接受 TDED 和 TDA 帮助的农村社区数量	—	670	600	600	600	680	680
TDA 和 TDED 的农业发展活动数量	—	144	120	120	120	120	120
得克萨斯州新增企业数量	—	1 390	1 300	1 300	1 300	1 300	1 300

续前表

	消费 1999 年	消费 2000 年	预算 2001 年	要求额度 2002 年	要求额度 2003 年	建议额度 2002 年	建议额度 2003 年
A. 1. 2 策略：对杀虫剂的使用进行管制							
通过注册、认证、教育和强制的方式对杀虫剂的使用进行管制（单位：美元）	5 485 424	6 068 081	6 104 922	8 470 206	6 081 178	5 988 659	5 839 380
产出（数量）：							
处理有关农药使用抗议者的调查报告的数量	213	216	250	250	250	225	225
A. 1. 3 策略：整顿农药管理							
帮助农民对害虫进行综合治理，以减少杀虫剂的使用（单位：美元）	26 831 794	27 047 886	27 003 690	27 745 888	27 001 757	26 976 673	26 914 473
产出（数量）：							
在棉花秆被破坏之前对其实施调查并通知生产者所种花的小时数	10 512	11 339	10 000	12 500	12 500	12 500	12 500
有机肥使用的检测及其他农作物生产检测项目的数量	1 040	1 138	1 268	1 307	1 320	1 307	1 320
A. 1. 4 策略：确保生产							
确保水果、蔬菜、花生和坚果的生产质量，以加强其市场竞争力（单位：美元）	278 580	225 369	265 167	320 273	261 372	233 015	254 014
产出（数量）：							
被检查过的蔬菜、水果、花生和坚果的吨数（单位：十亿）	3. 4	3. 4	3. 0	3. 0	3. 0	3. 1	3. 2
总计，目标 A：市场和公共卫生（单位：美元）	39 747 134	40 829 074	43 494 189	49 378 350	41 004 869	42 731 318	40 626 867
B. 目标：强制执行标准							
建立并执行对农产品的强制标准，以保护消费者							

续前表

	消费 1999年	消费 2000年	预算 2001年	要求额度		建议额度	
				2002年	2003年	2002年	2003年
成果（结果或影响）：种子样品完全符合国家及州立标准的比例	97%	96%	96%	96%	96%	97%	97%
B.1.1策略：管制 检查并登记苗圃与花圃的生产和零售市场（单位：美元）	2 293 127	1 990 080	2 174 489	2 833 250	2 201 979	2 028 372	2 095 910
产出（数量）：对苗圃与花圃的建立进行检查的次数	12 211	10 361	11 500	11 500	11 500	11 500	11 500
B.1.2策略：检查种子质量 确认得克萨斯州的农民、农场主和家庭里的园丁得到质量和类型符合他们的要求的种子（单位：美元）	1 888 514	1 872 347	1 906 530	2 569 643	1 911 182	1 958 743	1 849 382
产出（数量）：已经接受检查的种子样品的数量	20 539	19 937	20 500	20 500	20 500	20 500	20 500
B.1.3策略：农产品管制 通过以下方式对农产品实施管制：查证、登记注册、抽查、强制实施对鸡蛋、粮食仓库、易腐烂物和其他农产品的国家标准（单位：美元）	1 147 034	1 258 044	1 456 967	1 983 965	1 469 129	1 481 161	1 420 225
产出（数量）：对鸡蛋的生产商、经销商、批发商以及零售商进行检查的数量	3 885	3 500	3 500	3 500	3 500	3 500	3 500
对农作物仓库的检查和复查及复审计的次数	653	576	650	650	650	650	650
总计，目标B：强制执行标准（单位：美元）	5 328 675	5 120 471	5 537 986	7 386 858	5 582 290	5 468 276	5 365 517

续前表

	消费 1999年	消费 2000年	预算 2001年	要求额度 2002年	要求额度 2003年	建议额度 2002年	建议额度 2003年
C. 目标：确保有适当的计量 尽量使出售给出售克萨斯州消费者的商品被合理地计量，定价和出售 成果（结果或影响）： 计量检查符合国家和州立标准的比例	94%	95%	95%	95%	95%	96%	96%
C.1.1 策略：检查用来测量的工具 检查用来称重和测量度的工具，剔除没有被准确地计量，定价和出售的商品（单位：美元）	3 467 557	3 479 209	3 488 799	8 414 424*	3 463 994	3 502 488	3 356 758
产出（数量）： 已经进行的计量检查的数量	111 225	136 091	120 000	120 000	120 000	123 000	123 000
D. 目标：费尔·帕克农业结构重建 监视费尔·帕克农业结构的改进 **D.1.1 策略：费尔·帕克农业结构重建** 对费尔·帕克地区农业结构的重建基金进行排序，监控和管理（单位：美元）	1 110 682	39 488	1 935 112	1 974 600	0	1 974 600	0
总计：农业部（单位：美元）	49 654 048	49 468 242	54 456 086	67 154 232	50 051 153	53 676 682	49 349 142
资金筹措方式（单位：美元） **基本税收资金** 基本税收资金	47 254 524	45 836 887	49 345 742	59 150 754	47 246 436	48 673 204	46 344 425
联邦基金	263 317	363 238	442 317	382 363	382 363	382 363	382 363
小计：基本税收资金	47 517 841	46 200 125	49 788 059	59 533 117	47 628 799	49 055 567	46 726 788
基本税收（GR）资金——投入							

* 原文如此。——译者注

续前表

	消费 1999 年	消费 2000 年	预算 2001 年	要求额度 2002 年	要求额度 2003 年	建议额度 2002 年	建议额度 2003 年
GR 资金投入——青年农民贷款担保账号: 5002	68 180	100 000	100 000	100 000	100 000	100 000	100 000
GR 资金投入——GO TEXAN 合作者 项目账号: 5051	0	124 546	875 454	1 000 000	0	1 060 000	60 000
小计: 基本税收资金——投入	68 180	224 546	975 454	1 100 000	100 000	1 160 000	160 000
联邦基金	1 261 585	1 652 109	1 536 789	1 477 394	1 477 394	1 477 394	1 477 394
其他资金							
农场和牧场项目资金账号: 575	38 516	76 631	76 991	76 632	76 991	76 632	76 991
拨付资金	556 685	600 733	1 320 978	408 000	408 000	1 348 000	348 000
得克萨斯州农业资金账号: 683	201 161	250 089	249 969	250 089	249 969	250 089	249 969
国际代理机构合同	10 080	311 509	507 846	509 000	110 000	309 000	310 000
债券收益——国债	0	0	0	3 800 000	0	0	0
地方政府紧急或短缺拨款	0	152 500	0	0	0	0	0
小计: 其他资金	806 442	1 391 462	2 155 784	5 043 721	844 960	1 983 721	984 960
总计: 资金筹措方式	49 654 048	49 468 242	54 456 086	67 154 232	50 051 153	53 676 682	49 349 142
全职职位的数量	502.5	505.5	505.5	508.5	508.5	505.5	505.5
全职附加职位数量	0.0	0.0	0.0	1.0	1.0	0.0	0.0
职位精简时间表							
农业部委员　第四组（单位：美元）	92 217	92 217	92 217	92 217	92 217	92 217	92 217
为附加职位追加的拨款（单位：美元）	0	0	0	556 550	502 200	42 950	0

资料来源: Legislative Budget Board, State of Texas, 2001b。

● 使新增企业数量增加 6.7%，从 2000 财政年度的 375 家增加到 2001 财政年度的 400 家，从而使吸引的投资总额提高 9.4%，从 2000 财政年度的 6 400 万美元增加到 2001 财政年度的 7 000 万美元。

预算文件中也加入了对机构的行为的总体和细节的描述性信息，还有对预算进行调整的详细说明（未在例子中列出）。与得克萨斯州的案例不一样，费尔菲克斯县预算没有清楚地表明各类预算与各考评策略或各绩效指标之间的联系。经济发展 *198* 当局的开支仅仅按人事、执行和资本成本几个大类来分类。然而，这个例子说明了如何在基于绩效的预算中运用全方位的指标。绩效指标由产出、效率、成果三类组成，以五年为一阶段列出实际数据和估算数据。用这种方法来呈现基于绩效的预算信息，不能表示出具体项目开支与其预计产出或效果之间的关联性，但对组织而言却能使各绩效指标被视为一个整体。

在另一个例子中，佛罗里达州用两个相关的文件来指导实施：实际预算文件和"州长预算建议绩效分类账"。绩效分类账包含在预算过程中，并被列在预算数字的旁边。在绩效分类账中，数据以机构或项目为单位进行组织。每个机构都会清晰地表述自己的总体目的，并提供绩效指标以及几年范围内的绩效数据，包括确定为基数的年份。虽然预算文件和绩效报告是独立分开的，但把绩效数据整合到预算过程中对治理机关来说是常见的事。华盛顿州也要求各机构分别提交绩效考评指标和绩效数据，财务管理办公室会将它们汇总合并。针对每一个主要的机构目标，各机构都会提交相关的绩效指标和绩效数据，包括先前的、现在的和未来两年的数据。

10.2　实施基于绩效的预算

实施基于绩效的预算意味着各部门不仅需要改变提交预算的方式，同时决策者也要改变决策方式。基于绩效的预算的正式化需要形成一个结构或过程，在这个过程中，绩效数据被应用于预算程序。毫无疑问，这个过程施行起来是相当困难的。在预算决策过程中，使绩效指标的应用正式化的最好方式是什么？本章中的例子将向我们介绍绩效数据和预算数据应用的多样性。不同政府在实施这一系统时的做法各不相同。

由于大多数政府和非营利组织长期以来并没有将收集绩效数据作为日常工作，所以，实施基于绩效的预算不仅要优化预算过程，还要发展一个并行的程序，用来区分绩效指标和收集、报告预算周期内的各种数据。这样，实施基于绩效的预算也 *199* 意味着首先要开展绩效考评工作。许多已经施行基于绩效的预算过程的政府，经历着这样一个复杂的过程：选择不同的部门把绩效指标试用于预算过程中，然后再广泛地应用于整个政府。如此应用基于绩效的预算过程，使得学习、适应和整合过程融为一体。

举个例子，佛罗里达州实施以绩效为基础的项目预算已经有几年了，在每个预算周期中都加入了新的部门和程序。试行过程的一个重要的好处就是，新的部门或项目在开始基于绩效的预算计划时，可以和加入这一过程的、同一政府的其他部门进行沟通和交流，学习他们的经验。下面的列表向我们提供了佛罗里达州的商业和职业监管部（Department of Business and Professional Regulation，DBPR）所实施的基于绩效预算过程的各个步骤。正如前面提到的，目前，基于绩效预算的效果往往与其他公共管理政策相连。因此，这个列表中的日历，可能与其他报告要求的期限相关，例如与一个考评计划日程相关。

佛罗里达州商业和职业监管部执行以绩效为基础的项目预算（PB²）的时间表

1997 年 9 月，DBPR 计划开始实行，标志是要求州内工厂实施 PB² 程序和方法。

1998 年 9 月，DBPR 向地方政府提供程序和方法，同时地方政府部门同立法部门协商，并将建议的程序和方法应用到预算建议中。

1999 年 1—4 月，立法委员会讨论这一建议，并向 DBPR 提供反馈信息。

1999 年 9 月，DBPR 提交基于 PB² 程序和方法的 PB² 预算要求。要求各部门必须为每种方法提供至少一年的绩效数据和具有一定详细程度的绩效标准。

2000 年 1 月，PB² 将被纳入政府 2000—2001 财政年度预算建议计划中，这一计划同时还包括 DBPR 计划的绩效标准和量度标准。

2000 年 3—4 月，立法机构将认可的 DBPR 计划、方法和标准加入 2000—2001 财政年度拨款法案（General Appropriation Act）或者执行法案。

2000 年 7 月，DBPR 开始实行 PB² 计划。各部门收集绩效数据，然后将实际的绩效水平写入下一年的预算要求当中。

2001 年 7 月，方案政策分析和政府责任管理办公室（The Office of Program Policy Analysis and Government Accountability，OPPAGA）开始评价 DBPR 计划，这项评估活动于 2002 年 6 月结束。

在这个执行过程中出现了一个重要的财务问题。如果绩效指标要被用于预算决策制定，那么当项目或机构不能实现目标时又会发生什么呢？如果他们超过了目标，那么他们会得到更多资金吗？在基于绩效的预算的实施过程中，要考虑绩效数据是否会用于以及怎样用于奖惩和奖励，这一点很重要。一小部分的州政府一般会提供明确的标准来确定某个机构实际上是否达到其目的和目标，并把这种界定作为基于绩效的预算经过法律程序必要条件的一部分。有的指导方针还规定了对绩效达标的公共组织管理者的奖励，条件是管理者达到了战略计划或其他过程中确定的绩效目标。例如，在加利福尼亚州、佛罗里达州、佐治亚州和得克萨斯州的机构全体人员以节约资金分享或按比例提成的方式获得经济上的奖励。密西西比州对成本节约不但给予金钱上的奖励，还公开表扬；路易斯安那州通过一个现有雇员激励方案来实施奖励。

得克萨斯州和佛罗里达州两个州特别界定了机构或工作未实现绩效目标的情况。得克萨斯州在 1996—1997 年拨款总体指导书中说，如果一个机构未实现其目标，那么议会预算委员会和州长可以采取别的执行方案，这种方案可能会导致"减少、取消、限制或者扣除奖金或者……职位转换，另外，机构重组也是可能的"。佛罗里达州的指导书中允许在绩效不佳时有一定数量的执行预算和管理限制，但对此没有明确界定。是否对个人层次或组织层次的绩效进行激励和抑制，这个问题是组织做计划和设计过程中必须考虑的一个方面。对大多数政府而言，不要为所有事情做出明确的规定，而应该留有余地，以便以后修改，这样做似乎更容易，更现实。

正如前面章节讨论的那样，运用一套综合的绩效考评体系要求与现行的组织实践相协调。在预算过程中，这种协调包括要与现行的会计实践和会计体系相整合。成本与行为之间的联系在传统上就是组织在账务分配上的责任。如果采用了绩效评估系统，会计体系和绩效评估系统就可能会融合到一起。而这实际上又产生了另外一个问题，即传统的会计体系常常不能为两个系统的融合提供支持，因为传统的会计体系只局限于处理成本和那些与具体行为联系较少的组织行为。特别是，传统的会计过程很难表达很多在绩效评估中提到的概念，例如因果关系（Brown, Myring, and Gard, 1999）。 *201*

以行动为基础的核算工作已经越来越多地被公共组织采用。用这种方法进行核算涉及跟踪与组织各种行为和服务相关联的成本。成本核算中心可能会在单个的部门中设立，也可能跨部门设立。管理者运用以行为为基础的核算体系来获取成本管理的信息，而成本管理又被用于组织的计划和控制活动中。在理想状态下，管理型的核算体系是与组织的计划控制、现行的核算操作和预算方面相联系的。这种核算法还与基于绩效的预算的发展有联系，因为，作为以行为为基础的核算法的一部分，管理者和员工要确定哪些是可评估的行为。在一个综合的绩效评估和预算的系统中，那些被确定的指标构成了整个系统评估的全部或部分指标。接下来，基于绩效的预算系统将涉及绩效指标的发展，这些绩效指标在逻辑上是与行为考评指标相关联的。基于行为的核算系统能够解决在将现行核算系统与新的绩效评估系统进行合并时会出现的问题，因为基于行为的核算系统聚焦于标准的行为集合，并且根据这些行为分配成本资金，而不是根据整个组织进行资金分配。如果一个组织使用了基于行为的成本核算的形式，那么它就增加了一个在整个系统中需要协调的层面，因为这个系统是一个需要实施绩效考评的系统。然而，那些实行基于行为的核算体系的组织发展出了关于如何建立基于绩效的预算系统的一些框架体系。成本数据能够用来增加对服务和其他指标的深度的和详细的考评，这样能使成本、绩效指标和预算过程中的数据的检测变得既容易又精确。因此，在预算系统的开发过程中，管理者和工作人员应该关注现行的核算体系，这样能使两个系统融合到一起。

10.3　让系统运转起来：帮助政策制定者理解基于绩效的预算

总的看来，几乎没有证据说明绩效数据能够影响实际的预算拨款。这并没什么 *202*

令人惊讶和不安的，因为，在许多政府和非营利组织中，基于绩效的预算的运用仍处于初始阶段。实际上，把绩效数据整合到预算过程中，能帮助决策者做出更好的、更全面的决策，特别是对决策者在以下几个方面很有帮助：

- 通过观察总的绩效指标来理解所资助项目的行为和目的。
- 通过与预算变化相对比，理解绩效的变化。
- 就机构行为、目标和绩效等与公共管理者进行更多的有意义的交谈。
- 确认低绩效和高绩效的项目和部门。
- 用数据而不是小道消息或印象来证明财政政策是正确的。

实施基于绩效的预算系统意味着政策制定者需要改变决策方法。如果政策制定者习惯于在没有准确的绩效数据的情况下就做出决策，那么，就算你把绩效数据提供给这样的决策者，他会欣然接受并很好地理解这些数据吗？预算者、机构和部门工作人员可以通过以下四点来促使这个过程变得容易：

(1) 认真选择几个合理的评估指标。

(2) 在可能时加上绩效目标。

(3) 将说明性的信息囊括到预算文件中。

(4) 就机构或部门的行为、绩效与决策者进行个别交谈。

首先，如果把绩效指标包含在预算文件之中，那么只选择有限的几个重要的、有意义的指标是很重要的。政策制定者通常是既没时间也没耐心从一长串绩效指标以及其他的预算数据中进行挑选的。因此，只在预算文件中出现仅有的几个最有用、最具解释性或总括性的指标是非常重要的。理想的状况是，用几个总括性的指标把针对具体目标，工作范围或具体行动的绩效都概括出来。另外，一些详细的指标可以被运用到项目或单位内部。

其次，因为一个组织的绩效数据并非总能反映出组织行为的全景，所以那些能显示绩效目标，并包括一些有关达到目标的进展信息的预算文件对阅读者将会特别有用，而且也能帮助政策制定者更快、更方便地理解绩效数据。

再次，数字自己并不会说话，特别是对项目或部门行为并不完全了解的人而言。所以，从一些解释性的信息得出结论，以了解在绩效、影响因素、存在的问题、指向目标的进展情况等方面的变化，对预算文件的阅读者来说是很有用的。

最后，与制定政策的关键人物进行个别交谈，能使机构或部门有机会对绩效的细节进行说明，并提供对预算文件中的绩效数据更为深刻的理解。当政策制定者不习惯阅读绩效数据或可能不太确定怎样运用这些绩效数据时，这种沟通将会很有用。进行这样的沟通是需要花时间的，而且也不是总能实现的，但如果想让政策制定者面对已经被整合到预算过程中的绩效数据时感到比较舒服，沟通就是一个很有用的办法。

绩效考评在绩效管理中的
应用

我们怎样保证经理和雇员把注意力集中于战略的目的和目标 *204*
上？如何把高层管理者的要求落实到在操作层的员工那里？如何
帮助、指导并控制机构中的员工的工作行为，从而引导他们努力
来完成组织的重要目标？什么类型的绩效管理系统适用于公共和
非营利的组织，而什么类型的绩效管理措施能支持这些系统达到
目标？第10章讨论了绩效考评在预算中的应用，本章主要研究
绩效考评在绩效管理以及人力资源管理中的应用。

11.1 绩效管理系统

在一个组织的有效地运转过程中，经理、雇员、工作单元和
任务目标是最基本的元素，这些元素必须有效结合并且与高水平
的目标、最高管理层的权力、战略和组织的使命相一致。如何保
证这些管理因素达成一致呢？这需要我们设置具体目标，制定操
作计划，提供资金，监控进展，评估结果，以及采取适当的与组 *205*
织总体目标相一致的后续行动。

绩效管理是指对组织成员和组织各单元进行管理，使其工作
效率最大化，充分发挥员工效能、提高组织绩效的过程。绩效管
理主要的途径是目标管理（MBO）类系统，MBO 系统特别关注
的是经理和雇员个人。而绩效监控系统主要侧重于工作和组织层
面，它也被界定为绩效管理系统的一部分（Swiss, 1991）。

目标管理

　　MBO 系统在私营部门沿用了近五十年，人们期望该系统能独立工作，同时也可用于绩效考评。自尼克松政府把 MBO 引入联邦政府以来，在过去的三十年（Poister and Streib，1995），该系统在各州和地方政府得到了广泛的应用。一般来说，MBO 系统对于提高雇员生产率和引导个人努力完成组织的目标是有效的，因为它的管理作用是基于人力资源管理中三个十分重要的要素：目标设置，参与性决策和目标反馈（Rodgers and Hunter，1992）。尽管**目标管理**和 MBO 这两个术语并未流行多长时间，但事实上与目标管理类似的系统在公共部门中却是十分流行的，只是通常被冠以其他名称（不直接这样称呼）。例如，佐治亚州使用的绩效管理系统，他们称之为"佐治亚收益器"，其实就是一个 MBO 的同类系统。

　　目标管理系统是与人员考评过程相结合的，因此，它通常按年度周期进行操作，某些情况下也可能以六个月或一个季度为周期。在理论上，这个过程至少包括如下四个步骤：

　　（1）通过主管与员工的谈判，明确组织对每个员工第二年的绩效期望，由经理或者雇员个人设置适当的个人目标。

　　（2）下属和他们的主管共同讨论，制定具体的行动计划，并确定一种可行的途径来实现所设置的目标。同时，主管应该投入必要的资源来保证这些计划的实现。

　　（3）主管和下级对执行计划和实现目标的进程进行实时监督，如果有必要的话，应该对组织战略、资源、执行程序，甚至是目标本身进行中间过程的调整。

206　　（4）年终时，主管依据设置的主要目标对员工进行个人的年度绩效考评。然后，据此做出加薪以及其他方面的决定。而且，有必要的话，个人的发展计划也应该以此为依据进行设计。

　　这样，MBO 过程的设计主要是用来界定组织对个体绩效的期望，激发他们朝着适当的目标努力工作，并且确保他们能够有效地实现目标。下面我们举一个例子，看看为中等规模城市的一名部门副职管理者设计的一个行动计划，该计划旨在提高城市交通安全系数。该计划与所规定的 MBO 目标有关："在部门的操作预算没有增加的情况下，把城市街道上车辆事故的数量在 1999 年最低标准的基础上再减少 15％。"（注意，这个目标是一个 SMART 目标，如在第 4 章中所讨论的。）下面的列表改编自莫里西（Morrisey，1976），该列表概述了这个行动计划，描述了完成既定目标的工作蓝图。

行动计划样本

　　（1）确定事故的高发区域并选择那些最具有改进潜力的区域。

（2）建立一个专门委员会（包括本地公民、交通工程师、城市规划人员和警察官员的代表），分析和推荐可供选择的正确的行动计划，包括——但不局限于——教育、加强交通监视、增加交通控制设备以及可能的交通路线。

（3）为警察制定一个信息监控计划。

（4）告知城市理事会、城市管理者、其他相关的部门以及媒体关于该计划的相关事宜及其进展情况。

（5）选择合适的地点对计划进行实验。

（6）在全市范围内实验该计划。

（7）建立一个交通监控系统。

（8）三个月之后，对实验结果进行初步评估，并对计划进行相应的修改。

为了成功地实施该计划，城市管理者和直接主管的责任是确保参与部门的合作以及保证必要的资源。

在这个 MBO 例子中绩效措施在两个阶段起作用。管理计划要求建立一个监控系统，并在三个月之后用数据来对结果进行初步评估。这个监控系统很可能要利用现有的交通报告执行系统；在年终的时候，该系统也用来确定车辆事故是否已达到降低 15％的预期目的。把各种各样的事故（例如，单辆车的、多辆车的、车辆与行人的事故）从这些数据中抽取出来，我们对 MBO 控制作用的影响可能会有更清楚的理解。

或者，把那些因为机械失灵、驾驶员疲劳、道路条件或者天气条件等因素所导致的事故从统计数据中抽取出来，对理解整个战略和进行结果跟踪可能是有用的。此外，依靠在这个方案中制定的各种干预措施，它在追踪有关巡逻时间、安全带检查、安全路线、交通工程方案等方面的指标也是有帮助的，从而使管理者能更深入地理解行动计划的初步成功或失败。这样，绩效考评在 MBO 过程中就起了一个重要的作用。

绩效监测系统

从总体说来，本书就是关于绩效监测系统的，即持续地跟踪关键的一系列的绩效考评指标，从而衡量和评价公共和非营利组织的工作进度与活动结果。不过，更确切地说，绩效监测系统是包括在绩效管理系统中的，它通过核实期望目标的实现程度和基于期望目标的指标来评价结果，从而指导和控制组织的行为。但是，与 MBO 系统不一样，绩效监测系统并不直接关注经理和雇员个人的绩效。

尽管 MBO 系统和绩效监测系统都致力于通过建立明确的目标和客观的反馈机制来增强绩效，但这两种方法还是有一些主要区别的。其区别总结如下（adapted from Swiss，1991）：

"纯粹"的 MBO 系统和绩效监测系统的主要特点是

指标/维度	MBO 系统	绩效监测系统
主要关注对象	单个的经理或雇员	工作或组织单元
导向	通常是以工作为导向	进行中的计划 或连续的行动
目标设置	通过面对面的谈判来实现	通常是单方面的， 基于过去的绩效

208　　　　两者之间最主要的区别在于：MBO 系统主要关注经理或雇员个人的绩效，而绩效监测系统则关注整个工作或组织单元的绩效。因此，MBO 是一个较个人化的过程，直接对个体产生激励作用；而绩效监测过程更有助于对组织单元起到更广泛的激励作用。在全面的管理框架方面，MBO 系统通常着眼于个人化的系统，而绩效监测则通常是作为战略管理、项目管理或行动管理的一部分来执行。

　　　　基于参与目标设置的原则，MBO 目标通常是上级与下级双方面对面地谈判协商的结果，一般来说是从决策阶层到一线的主管人员一级一级进行的；而绩效监测系统的目标则可以由高一级的管理层单方面设定。另外，MBO 系统通常关注的是变化中的工作的混合体或是具体的行动，而绩效监测系统则通常定位于进行中的计划、服务或行动。因此，MBO 和绩效监测代表了两种绩效管理的方法。然而，也要明白，这些抽象系统在现实运用中并不常见。这两种方法的要素也经常相互结合，出现在混合的系统中。

11.2　绩效管理系统的指标

　　　　对于绩效管理的概念而言，"评价"（measurement）是一个十分有趣的现象，因为评价指标（measures）会对行为和结果产生影响。尽管研究者通常对非反应性指标感兴趣，但是在监测系统中绩效指标有较明确的目的。绩效指标用于追踪绩
209 效，在绩效管理系统中，它们也被用来及时提供关于绩效的反馈。对于 MBO 和绩效监测系统来说，这种反馈——通常与目的或者具体的目标一道——用来集中经理和雇员的注意力，并激励他们工作"更加努力、更加灵活"，从而完成组织的目标。鉴于绩效数据以及如何使用这些数据会影响到人们的意愿、决定、行为和绩效，因此，这些管理系统成为人们必然的选择。

　　　　通常认为这两种方法都是结果导向型的，但是因为 MBO 系统直接关注个体工作的绩效，它们强调的是产出指标而非真正的效果指标。公共和非营利组织中的管理者通常反对为这些实际结果负责，因为他们对这些结果拥有相对较少的控制权。因此，MBO 系统经常使用产出指标和一些直接结果指标，还有质量指标和生产率指标，管理者对这些指标有更多的控制权。相反，因为不太关注个人，绩效监测系统更强调与效率、生产率和质量指标，尤其是客户满意度的指标有关的真正的产出结果。

　　　　两种方法有一个基本的不同之处，即 MBO 系统通常是工作导向的，随着主要

工作导向的修改而不断改变，在整个过程中用于评价管理者绩效的指标趋向于经常变动。相反，绩效监测系统倾向于关注进行中的计划、服务传送系统和操作过程，因此用于跟踪的绩效指标可以完全不变，并且可以进行趋势分析。最后，在 MBO 系统中用于评价个体绩效的指标通常是由他们自己来观测和收集的，并为了绩效评价而报给他们的上级；而绩效监测数据则通常由其他的工作人员来收集，这些工作人员主要的工作是保护这个系统的权威性并报告该系统所产生的数据。

MBO 指标

MBO 系统中用于考评个体绩效的指标一般会涉及不同类型的问题，因为那些系统通常与一系列的目标相关。在给定的任一 MBO 循环期间，单个的管理者很可能在为一个复合目标工作，其中的一些目标可能要求改进当前的计划或行动的绩效，事实上这些目标适当的指标也可以由执行中的绩效监测系统来提供。不过，管理者通常会把那些关于解决特定问题或难题、执行新计划、承担具体任务或参加增强工作知识和技能的自我发展活动的目标进行详细说明。在很大程度上，用于评价关于这些目标的绩效指标和用来追溯计划执行中的指标有实质性的不同，而且在 MBO 循环中这些短期指标会被其他指标所取代。

在某些情况下，MBO 系统主要关注当前的责任，并且采用连续的指标来追踪个别管理者的绩效。例如，表 11—1 就是为亚利桑那州菲尼克斯市警察局计划与研究中心主任所建立的一个财政年度内的大量具体目标中的第一页。这些目标被分在不同责任的区域内，并且根据其相对重要性来划分权重。这个例子也由于其明确的绩效最大化成就、目标水平和可接受的最低水平而值得注意。例如，关于第一个目标，针对统计报表的处理工作，目标水平是在最后期限之前处理完 95％ 的报表，最低水平设置为 90％，而最高水平就设置为 100％。

这个例子中的大部分指标是以百分数或原始数字来表现的。这些典型指标可以根据目标水平来考评和衡量，大部分指标都有可能用来纵向追溯绩效是上升还是下降，因为它们持续关注这个官员的责任。然而，这些目标中有一个关于部门内部雇员调查管理的目标在目标水平上设置了几个可选择的日期，作为一个独立的指标，对于是否在目标日期内达到目的，这个指标具有较好的可操作性。另外，值得注意的是，这个例子中的所有目标都与产量或质量指标有关，而与结果或者效果指标无关。

个体的目标和实际绩效：社区灾难教育项目

一些与 MBO 同类的绩效管理系统会把目标按比例分配到一年之中，然后以季度或月度为基础进行考评。例如，美国红十字会的地方分会通过安排其所在服务区内的公共和私立学校来实施社区灾难教育项目（CDE），该项目主要通过志愿指导者来完成。在一个使用 MBO 系统的地方分会，这个项目的指导者有许多希望在2002财政年度内完成的独立目标，包括：

221

表11—1　绩效管理方案：菲尼克斯市

绩效管理方案
财年绩效管理方案

| 雇员签名 | | 主管签名 | | 共6页 第1页 |

| 姓名 | 计划与研究中心主任 职位 | 1995年6月9日 日期 | | |

1995/1996 财年 责任　优先级	结果	可观察水平 最低/目标/最高	权重	负责人
基本的公安服务　21				
	1A. 在最后期限之前从直线部门和选区内收集到并处理的统计报表的百分比	90/95/100	5	亨德森警官和皮策警官
	1B. 为了确定减少建筑物预期寿命的问题，公安机构进行检查的次数	2/4/6	4	布鲁格曼先生
	1C. 在重要的维修或有可能有破坏性的建设（电力测试）期间在现场检查的百分比	90/95/100	5	布鲁格曼先生
	1D. 及时向用户所在的局发出关于授权即将过期的通知的百分比	90/98/100	4	布鲁格曼先生
	1E. 检查主要改进和修缮的设施的数量；这些改进的计划补助金（例如：学会范围的）	2/3/4	3	布鲁格曼先生
雇员安全、士气、效率　12				
	2A. 为收集关于部门内部雇员士气/满意度的反馈信息，与用户见面___次	3/5/7	3	布坎南局长
	2B. 于___前进行部门内部雇员士气/满意度的调查	6月1日/5月1日/4月1日		亨德森警官
	2C. 为了提高部门的工作效率，进行___次包括各雇员阶层代表的质量圈会议	4/5/6	4	费希尔警官

资料来源：City of Phoenix，2001。

- 为 CDE 中的教师发起职业发展培训。
- 在学校中设立红十字会的安全培训体系。
- 创立一个新的 CDE 培训项目，招募 5 个志愿指导者。
- 改良 CDE 课程。
- 确定灾难课程系列的讲师。
- 在 CDE 中培训 22 000 名青年。
- 继续发展和实施这些结果考评指标。

212

　　这些目标中大部分是以一般性措辞来陈述的，而且没有明确的成功完成这些目标的说明。只有两个目标建立了目标水平，其他目标可以重新以 SMART 目标来表示。其他目标方面的绩效可以通过对基于这些目标之上的各种活动的进展情况做定期回顾来确定。在这个指导者的年度绩效考评中，她的上级必须判断她是否完成了这些目标。因此，我们就不难理解为什么这位"指导者"本年度的一个目标是"继续发展和实施这些结果考评指标"了。

　　相比之下，在 CDE 项目中培训 22 000 名青年的目标就可以直接进行监测。如图 11—1 所示，该培训任务被分配到这个财政年度的 12 个月中，部分依据上年度这个活动的季度样本，同时也依据这个指导者对于在不同月份中培训青年的特定数量的灵活性的理解。因此，这个结果考评指标可以每个月进行跟踪，并且也可以与她完成目标的进度和月度目标相比较。尽管这位指导者在 11 月和 12 月与目标数额 *213* 稍微有点差距，但总体上，这个财政年度的前 8 个月中她已经略微超过了目标数额。然而，从 3 月到 6 月的目标看起来很有挑战性，因此，目前还不能断定这个财政年度要培训的 22 000 名青年的目标是否能达到。

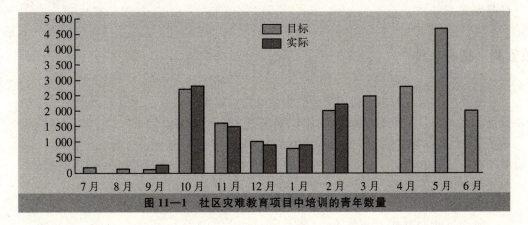

图 11—1　社区灾难教育项目中培训的青年数量

监测系统的指标

　　通常，绩效监测系统会定期地追踪与当前的计划、服务工作或者活动相关的指标。绩效监测系统专门关注重复发生的现象，诸如每周重铺的行车道的英里数，每月被放到竞争性就业中的客户百分比等；而 MBO 系统通常包括延续性指标和对某些一次性事件进行个别评估的指标（例如，完成一个特定项目的满意度）。除了绩效考评系统外，MBO 类的绩效管理系统还需要从其他一些资源中获取信息，而绩效监测系统实际上则构成了考评体系。

例如，菲尼克斯市（City of Phoenix, 2001）在绩效监测系统中运用了一系列的指标，以月度为基础来追踪每个操作部门和主要的工作，例如，社区和经济发展、火灾防护、房地产、人力服务、公园和娱乐、警察和公共运输等相关工作的绩效。每个月这些绩效数据会呈现在《城市管理当局的行政报告》中，这个报告需要描述每个部门的总体目标，识别所提供的主要服务，并且以一系列绩效指标的形式提供数据，大多数的指标是以图表形式列出的，并且强调纵向的对比。

图 11—2 是菲尼克斯市邻里服务工作绩效数据的摘录，来自 2001 年 6 月发布的《城市管理当局的行政报告》。所有这些指标都以月份为基础列出（5 月的数据是最新的），报告还显示了上一年度的数据，多提供了一个基线，以方便比较当前月度的绩效和上一年度同一个月的绩效，尤其是对于那些显示出明显的季节变化的指标来说特别有意义，比如关于协助邻居进行大扫除的努力程度的考评指标。

就像我们所期待的那样，许多以月度为基础进行追踪的指标都是产出指标，如完成的住宅单元数，或者获得的、重新发展的或为了新建而摧毁的地产数。另外一些指标关注的是服务质量，如以平均日历天数来计算的判定或管理邻里保护案例的周期时间。几个结果指标也被收编到这个报告中。例如，经过修葺的住宅单元的数量是产出指标，而符合邻里保护条例的财产数是一个结果指标。类似的，接受过铅含量检测的家庭数量是产出指标，铅含量超标危害被消除的家庭数量是结果指标。

绩效监测：指标系统

许多公共机构积极地使用绩效监测系统作为管理工具。在这点上，新墨西哥州公路和运输部（NMSH＆TD）的指标系统就是一个典型的例子。这个指标系统收编了 17 个客户关注的结果，每个结果都至少有一个绩效指标，目前总共有 83 个绩效指标。只要有可能，考评指标将在有可靠数据的基础上进行选择，从而尽量减小收集数据的额外负担，同时也方便于用归档的数据进行纵向回归分析。然而，这些指标的数据仍有不足之处，须加以修正从而发挥其最大的效用。

被这个指标系统追踪的 17 个结果，包括一个具体的计划表、充足的投资和谨慎的资源管理、项目的按时完成、平整的道路、分离的公路的入口、安全的运输系统，还有较少的交通拥挤和空气污染、不断增加的运输方式选择、对全州的经济促进等。每一个结果都有一个指定的"结果驱动者"，他是一个高一级的管理者，负责管理这一地区的相关工作并改进绩效。每一个绩效指标还有一个"考评者"，负责保持数据的完整性，在某些情况下还需要由一个评价小组来协助完成。

城市管理者的执行报告　　　　　　　　　2001 年 5 月　　　　　*214*

邻 里 服 务

计划目标	**主要服务**
为了保护和提高菲尼克斯市邻里的居民身体、经济与社会环境的健康发展，支持邻里自助，通过解决社会基本问题、提供邻里导向的服务以及公私合作等形式来保证居民的生活质量。	邻里保护/规则执行，房屋修葺，道路危险控制计划，文物保护，邻里调和，社区街道格兰特发展计划，消除乱涂乱画，邻里抵抗（坏人）计划，邻里经济发展，创业地区/经济恢复地区的计划实施。

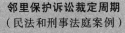

邻里保护诉讼裁定周期
（民法和刑事法庭案例）

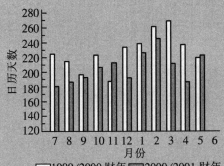

邻里保护诉讼裁定周期
（行政诉讼）

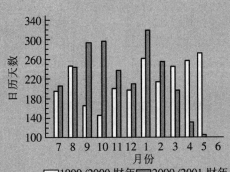

开案与结案

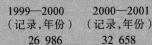

1999—2000 （记录，年份）	2000—2001 （记录，年份）
26 986	32 658

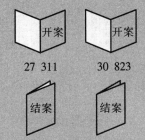

27 311　　　30 823

邻里保护诉讼裁定周期（标准）

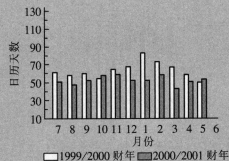

清除乱涂乱抹

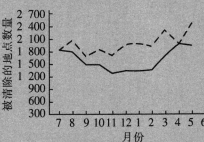

215

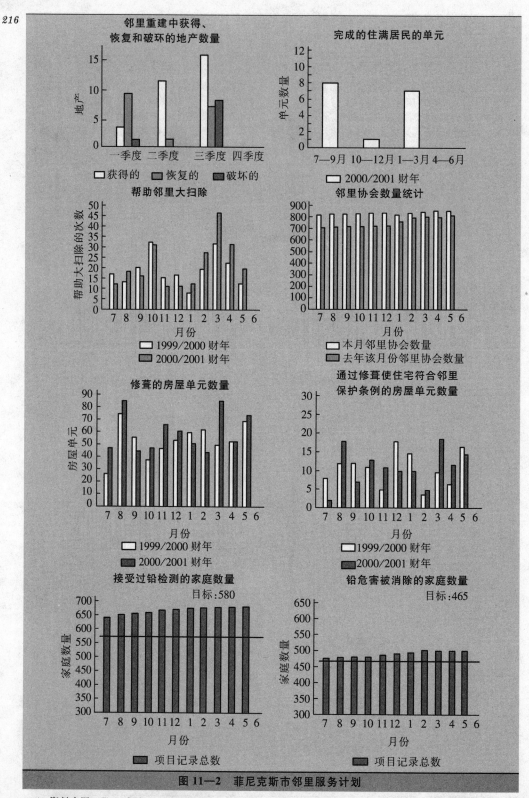

图 11—2 菲尼克斯市邻里服务计划

资料来源：City of Phoenix，2001。

这个指标系统首创于 1996 年，四年来，它构成了这个部门的战略日程。NMSH&TD 已经开发了一个严谨的战略计划，该中心和其他的操作单位开发了一个支持性的行动计划，该计划全部跟这个指标系统的结果与指标有关。然而，最高管理层仍然认为这个指标系统是他们的驱动力。因此，该部门将近一百个管理者——行政小组、管区指导者、区域工程师和中层管理"开拓者"——每个季度会定期讨论这个指标系统。他们会对所有的 83 个绩效指标进行详细的分析，以评估每个地区执行的情况，分析问题所在和正在出现的难题，并且讨论不同的地区应如何提高绩效。NMSH&TD 的官员把过去五年来交通安全系统的充分改进、交通拥挤和不良道路的减少归功于这个指标系统监测下的绩效指标。 *218*

11.3 个人的和项目的绩效管理

绩效指标通常用来指导和控制员工的工作，并把他们的注意力和努力高度集中。政府和非营利组织一般用 MBO 同类绩效管理系统和绩效监测系统来达到这个目的。监测系统本质上是评估系统，着重于管理机构、部门、工作单元或项目的绩效，而 MBO 同类系统则关注单个管理者的绩效，某些情况下也关注单个雇员的绩效。MBO 系统经常利用从绩效监测系统中获得的数据，但它也利用其他的无法被系统监测到的一次性指标的数据。

因为 MBO 系统为员工设立了个人水平的目标，在这些系统中工作的管理者和工作人员倾向于反对包括真正的结果指标，因为那些结果大部分是他们不能控制的。管理者普遍认为自己对服务的数量、质量，还有内部的操作效率和生产率有更多的控制权，所以 MBO 系统通常会强调产出、效率、质量和生产率指标，这些指标往往比结果指标更多。因为绩效监测系统并不重视个人，因而它更可能强调真正的成果指标。

MBO 系统和绩效监测系统都倾向于直接影响管理者、雇员、组织部门和工作单元的绩效。然而，在实际使用中，绩效指标必须具有合法性。这意味着，至少在某种程度上管理者和雇员需要理解这些指标，承认这些指标是恰当的，并相信用来考评他们绩效的数据是有信度的。因此，通过设计绩效指标过程的参与来确定对它们的所有权，或者在这之后以说服的方式"卖"给被考评者与考评者，是至关重要的。保持数据的完整性，以便这个过程的参与者可以知道这个结果是"公平"的，也是十分必要的。

第 12 章

绩效考评在质量改进、效率提升与服务改善方面的应用

219　　绩效考评在促进公共和非营利组织改善工作质量、生产力和客户服务等方面扮演着怎样的角色？哪些绩效指标经常被用来监测质量与生产力？这些监测系统具体是什么样的，它们和本书里描述的其他种类的考评系统有怎样的不同？怎样应用这些系统来改善工作质量和生产力？前面各章讨论的考评系统主要对应于较高的管理层面，而本章讨论的是在操作层面上如何应用绩效考评系统以帮助改善工作质量、生产力和顾客服务。

12.1　监测生产力

　　在本书以及各种公共管理学著作中，术语"生产力"有两个层面的运用。宏观地讲，"生产力"同义于全面的绩效，是对效率、效果和成本—效益的一种综合表述。在这个层面上，一个高生产力的组织是一个机能完善、可以高效率地提供公共服务并达到预期结果的组织。然而，在微观层面上，生产力更明确地表现为投入与产出的关系，即生产要素与直接产品、结果的关系。因220此，生产力监测实际上是偏向于结果导向的，关注所完成工作的数量、提供服务的单位数量，或者服务客户的数目，而不太看重实际的成果，即为客户提供服务带来的结果。然而，这两者是直接联系的，如果具备有效的合乎逻辑的方案和有效的干预策略，改善的生产力将导致产量的增加，从而导向更好的结果。

　　在微观层面上，生产力十分近似于内部工作效率，因为两者

都将投入和产出联系起来。然而，效率指标将产出结果与生产它们的全部成本直接挂钩，这种成本常常被表述为单位成本；生产力指标则将产出结果与生产它们所需的几种具体的资源相联系。一直以来，最常见的生产力指标类型指的就是劳动生产率，但其他类型的生产力指标，譬如那些关注设备使用的指标，有时也被包括到生产力监测系统中来。为了使之具有考评意义，生产力指标必须包括时间维度。例如，在一间政府印刷室里，劳动生产率可以用一个全勤（FTE）雇员每周印刷的数量来考评，而设备生产率则可以用大规模印刷时每小时完成的印刷数量来考评。

生产力分析不但关注操作层面上的制造过程或服务提供系统，还设法提高每一单位的资源投入所带来的产出。最常见的提高生产力的方法包括设定生产率标准、训练技能较好的雇员使之更努力而巧妙地工作、简化工作方法和程序、利用新技术、改善工作环境设计，以及试行可选择的服务提供系统（Matzer，1986；Holzer，1992；Berman，1998）。最常见的几种生产力监测系统所跟踪的绩效指标以及影响它们的因素包括：

- 产量；
- 劳动生产率；
- 设备生产率；
- 可用资源，存货；
- 设备停工期；
- 周期，周转时间；
- 工作量或事务数量，客户—职员比率；
- 积压待处理的工作数量；
- 开工率，工作流程。

为了达到生产力分析的目的，以上关于一个操作系统或者服务提供系统的各种 *221* 影响因素常常被作为一个整体来监测，但它们也可以被应用于这个系统下的某个流程。

基于产出的系统

有些监测系统主要被设计为基于产出的系统，因为开发它们是为了支持这样一种具有紧迫性的管理目标：通过提高生产力来增加产出。例如，宾夕法尼亚州交通部多年来的首要任务是，改善州级公路系统的状况，以及通过使县级养路单位提高效率来减少未能及时满足的积压保养需求。长期以来，该部门致力于重组养路单位的组织机构，加强县级单位管理能力，并明确其在正式指挥链中的责任，加大在雇员培训上的投资，以及运用质量改进工具来改善工作流程，所有这些都以提高这些单位的生产力为目标。

表12—1摘录自宾夕法尼亚州交通部用以追踪这些措施的成效的月度活动报告。报告的这一部分包含了构成该部门第一区的六个县的四项具体的公路保养活

表 12—1

生产力监测范例：宾夕法尼亚州交通部

莫里斯公路县级管理报告
活动/生产成本报告
红皮书
1995 年 6 月
地区 01—0

活动/单位	描述	县名	年度 计划	年度 完成度	部门年度 计划	部门年度 实际	部门年度 完成度	合同年度 计划	合同年度 实际	合同年度 完成度	年均单位成本	最高单位成本	每单位平均人工小时
7 117 121 吨	道路铺砌人工修补	克劳福德	851	112%	851	949	112%	0	0	0%	205.19 美元	228.35 美元	7.84
		伊利	3 030	93%	3 030	2 814	93%	0	0	0%	300.42 美元	325.58 美元	9.85
		福里斯特	535	101%	535	543	101%	0	0	0%	159.44 美元	192.68 美元	6.48
		默瑟	218	135%	218	294	135%	0	0	0%	172.60 美元	237.88 美元	6.11
		维南戈	636	56%	636	358	56%	0	0	0%	256.22 美元	236.95 美元	9.81
		沃伦	1 420	99%	1 420	1 404	99%	0	0	0%	150.52 美元	192.90 美元	4.86
		总计	6 690	98%	6 690	6 362	98%	0	0	0%	235.24 美元	265.41 美元	7.97

州最高单位成本: 211.46 美元; 州平均单位成本: 198.05 美元; 州平均人工小时/单位: 6.66; 标准人工小时/单位: 7.50

活动/单位	描述	县名	年度 计划	年度 完成度	部门年度 计划	部门年度 实际	部门年度 完成度	合同年度 计划	合同年度 实际	合同年度 完成度	年均单位成本	最高单位成本	每单位平均人工小时
7 117 124 吨	道路铺砌机械化修补	克劳福德	5 133	106%	2 633	2 505	95%	2 500	2 945	118%	69.65 美元	64.37 美元	1.06
		伊利	2 600	98%	2 600	2 565	99%	0	0	0%	75.67 美元	78.87 美元	1.21
		福里斯特	2 320	95%	2 320	2 207	95%	0	0	0%	50.69 美元	64.38 美元	0.56
		默瑟	2 780	107%	2 780	2 993	107%	0	0	0%	82.24 美元	90.12 美元	1.71
		维南戈	170	100%	0	0	0%	170	170	100%	0.00 美元	0.00 美元	0.00
		总计	13 003	102%	10 333	10 270	99%	2 670	3 115	117%	70.77 美元	74.65 美元	1.18

州最高单位成本: 51.86 美元; 州平均单位成本: 54.16 美元; 州平均人工小时/单位: 0.01; 标准人工小时/单位: 1.10

续前表

活动/单位	描述	县名	年度		部门年度			合同年度			年均单位成本	最高单位成本	每单位平均人工小时
			计划	完成度	计划	实际	完成度	计划	实际	完成度			
7 117 124 加仑	道路铺砌液态沥青	克劳福德	449 695	98%	449 695	443 828	99%	0	0	0%	1.42 美元	1.26 美元	0.01
		伊利	300 500	99%	300 500	300 477	100%	0	0	0%	1.51 美元	1.55 美元	0.01
		福里斯特	12 672	104%	12 672	13 286	105%	0	0	0%	1.29 美元	1.59 美元	0.01
		默瑟	351 000	100%	351 000	352 377	100%	0	0	0%	1.34 美元	1.26 美元	0.01
		维南戈	300 285	100%	300 285	300 410	100%	0	0	0%	1.12 美元	1.09 美元	0.01
		沃伦	174 748	92%	174 748	161 351	92%	0	0	0%	1.26 美元	1.60 美元	0.01
		总计	1 588 900	98%	1 588 900	1 571 729	99%	0	0	0%	1.34 美元	1.20 美元	0.01

州最高单位成本: 34.70 美元; 州平均单位成本: 130.04 美元; 州平均人工小时/单位: 0.01; 标准人工小时/单位: 0.01

活动/单位	描述	县名	年度		部门年度			合同年度			年均单位成本	最高单位成本	每单位平均人工小时
			计划	完成度	计划	实际	完成度	计划	实际	完成度			
7 117 125 吨	表面处理搅拌	福里斯特	600	99%	600	595	99%	0	0	0%	41.33 美元	54.09 美元	0.67
		默瑟	4 200	107%	4 200	513	12%	0	0	0%	45.23 美元	96.35 美元	0.55
		维南戈	8 675	100%	0	0	0%	8 675	8 675	100%	0.00 美元	0.00 美元	0.00
		沃伦	715	99%	715	714	100%	0	0	0%	121.31 美元	47.75 美元	0.32
		总计	14 190	102%	5 515	1 822	33%	8 675	8 675	100%	54.37 美元	65.15 美元	0.53

州最高单位成本: 34.70 美元; 州平均单位成本: 36.04 美元; 州平均人工小时/单位: 0.30; 标准人工小时/单位: 0.01

资料来源: Pennsylvania Department of Transportation, June, 1995。

动。在这份 1995 年 6 月的报告里，最重要的数据当属每一项活动所生产的实际产出数量——用于修补坑洼的人工修补材料的吨数、机械化修补材料的吨数、用于表面处理的液态沥青加仑数，以及完成的表面处理搅拌的吨数。这份报告也对完成工作的实际数据和计划数据——即该财政年度开始设定的目标——进行了比较。比如，报告显示，在整个财政年度里，默瑟县和克劳福德县使用了比它们计划中更多的材料，而维南戈县只能达到它计划产量的 56%。

此外，这份报告跟踪了这些业务的效率，例如，每吨人工修补材料的使用成本处于沃伦县的每吨 150 美元和伊利县的每吨 300 美元之间。这些实际成本彼此进行比较，并根据全州范围的平均成本进行评估。除此之外，这份报告还显示了劳动生产率的数据，表现为每吨材料的使用所耗费的人工小时数，从沃伦县的 4.86 小时/吨到伊利县的 9.85 小时/吨，并和全州范围 6.7 小时/吨的平均水平以及 7.5 小时/吨的标准进行比较。

标准时间

223 有时候，用同样的尺度同时考评生产力指标的分子和分母是可能的。例如，虽然一个政府印刷室的各种各样的产出可以按照印刷的图片数来计算，但它们也能够用另外一种共同的尺度来考评，即在一个给定时期内生产的"有效工时"（billable hours）的数量。每一项进入该印刷室的工作都按照工作量和困难程度加以评价，有效工时的数量就是源自完成这项工作**本来应该**需要的工时数——假定工作标准已经被合理地设定了。然后生产力就可以按照该印刷室每周的生产有效工时与这一周的实际生产工时的比率来考评（实际生产工时里需要扣除用在安装设备、训练员工、做清洁等事情上的时间）。如果在某一周，这个比率小于 1，就说明该印刷室没能达到期望的有效工时——假定工作标准设定合理的话。

如同我们先前看到的，宾夕法尼亚州交通部已经为它所设计的每一项公路维护活动的每一单位产出设定了生产时限（production hours allowed）标准。例如，人工修补路面的标准是每吨材料 7.5 小时，相比之下，机械化修补每吨材料的标准仅为 1.1 小时。撇开对某一具体活动的关注，这些标准可以用来合计全体养路员工在大量保养活动中的劳动生产率。首先，每一种工作产出的数量（比如，使用填补材料的吨数、密封涂层的加仑数、替换防护栏的英里数）可以转换为一种共同的衡量单位——完成的工时——来取代每一项具体工作活动基于工作标准定出的具体时限。其次，由于宾夕法尼亚州交通部一直在记录实际用于生产的工时（养路员工的总工作时间减去登记所耗时间、前往施工地点的交通用时等），完成的总工时就可以用生产时限与之相除而得到一种劳动生产率的一般性指标。

12. 2　监测服务质量

在过去的 15 年里，质量革命席卷了政府部门，在公共管理领域留下了无法磨灭的印记 (Carr and Littman, 1990; Berman and West, 1995; Hyde, 1997)。公共项目的管理者们在改善服务质量和提高客户满意度方面遇到了前所未有的巨大挑战。从绩效考评的观点来看，这意味着他们必须追踪各方面的质量指标，包括投入，特别是产出，以及将在本章后面看到的顾客满意度。一般而言，对寻求改善顾客服务最重要的且比较典型的质量指标包括以下方面： *227*

- 及时性，所需时间总量，等待时间；
- 精确性，完全性，可靠性，公平性；
- 可获得性，服务小时数，便利性；
- 装饰、整洁和设备状况；
- 人身安全保障；
- 礼貌，礼仪，专业素养。

有趣的是，这些要点和其他服务质量尺度常常可以用量化的指标来考评，即常常是对合适的质量标准的构成进行定义，然后考察达到标准或者低于标准的事件的数量或者所占的百分比。以更新驾驶执照的零散服务为例，管理者可以对以下指标进行监测：(1) 不得不排队等待 20 分钟以上才能获得服务的顾客数量的百分比；(2) 一名顾客完成驾照更新程序所需的平均时间；(3) 一次性正确完成流程的百分比。

质量和生产力

服务质量指标和生产力指标经常被看作补充性的考评指标并被用于同样的报告系统。如同在第 6 章里讨论的例子，公共交通系统是根据平均到每一名雇员、每一名公共汽车司机和每一名保养工人的行车里程数监测劳动生产率；设备生产率则用现役车队里每辆车的行驶里程和服务的时间来考评。服务质量考评指标则是根据时间表的可靠性、出错而需要转车的乘客的百分比、由于机械故障导致中断的数量，以及每行驶 10 万里程中发生的撞车事故的数量。

又例如，一个州政府中央供应处 (central supply) 是一个大型仓储机构，接受来自顾客——政府直属机构，也许还有地方政府机构和学校社区——的各种订单。它的使命是快速、高效地满足这些顾客的需求。如表 12—2 所示，在它被重组为一个合同业务以前，核心供应业务由佐治亚州行政服务部来运作，根据月度的接受订单数量、完成订单数量、已完成的出货和总的出货额来进行监测。大体上生产力是 *226* 根据每天的发运额度 (line items) 来考评，并且，管理者也跟踪监测未完成的额度和工时数。

表12—2　工作流程：佐治亚州行政服务部部政府中央供应处

工作量和生产力

	1998年7月	1998年8月	1998年9月	1998年10月	1998年11月	1998年12月	1999年1月	1999年2月
收到订单	2 873	3 308	2 757	2 924	2 929	2 760	2 853	3 131
完成订单	2 475	2 804	2 643	3 511	2 275	2 790	2 714	2 787
运货次数	2 695	3 083	2 638	3 896	2 838	2 700	2 896	2 244
运输额度	11 643	19 091	17 613	22 443	18 085	18 342	18 660	19 653
日均运输额度	801.95	909.10	838.71	1 068.71	1 004.72	873.43	982.11	982.65
总未完成额度	2 987	1 573	833	1 773	2 993	1 346	1 408	1 392
日均未完成额度	3.72	1.73	0.99	1.66	2.98	1.54	1.43	1.42

质量

	1998年7月	比例(%)	1998年8月	比例(%)	1998年9月	比例(%)	1998年10月	比例(%)	1998年11月	比例(%)	1998年12月	比例(%)	1999年1月	比例(%)	1999年2月	比例(%)
延迟时间																
1~3天	2 117	85.54	2 323	82.85	2 321	87.82	2 319	66.05	1 543	67.82	1 724	61.79	2 094	80.11	1 973	73.95
4~5天	235	9.49	292	10.41	246	9.31	795	22.64	518	22.77	299	10.72	387	14.80	592	22.19
6~10天	64	2.59	60	2.14	27	1.02	323	9.20	187	8.22	302	10.82	18	0.67	40	1.50
11天及以上	59	2.38	129	4.60	49	1.85	74	2.11	27	1.19	465	16.67	115	4.40	63	2.36
完成订单所需运货次数																
一次完成	2 364	95.52	2 704	96.43	2 549	96.44	3 401	96.87	2 109	92.70	2 119	79.95	2 520	93.89	2 574	96.48
延期处理	111	4.48	100	3.57	94	3.56	110	3.13	166	7.30	671	24.05	164	6.11	94	3.52

在这里，最主要的服务质量指标是在接到订单和发货之间间隔的天数。佐治亚州行政服务部的目标是在三日内将 90％的订单完全发货，并在 10 日内将所有订单发货完毕；从表中可以很明显地看出，每一个月的绩效都没有达到这个标准，尤其是从 10 月到 12 月。表 12—2 显示的另一个质量指标是完成一项订单的运货次数。佐治亚州行政服务部的目标是将 95％的订单通过一次运货完成，而不需要对某些物品进行延期处理并在之后的第二次运输中将它们重新发给客户。中央供应处在表中所显示的好几个月中达到了这一标准，但从 11 月到 2 月却没能达标。

返工情况

在过去，管理者们通常认为质量的改善和保持或提高生产率是相排斥的。他们感到，如果他们被迫对服务的高质量给予太多关注，业务必然慢下来，生产率必然降低。然而，近年来，质量运动的提倡者强调这样的观点：在较长的一个时期内，改善工作质量事实上可以提高生产率，主要是通过消灭返工现象（rework）——即那些因为在第一次没有正确地完成而不得不重来一次的业务——而获得的。

在政府中央供应处的例子中，一个额外的质量标准是正确度，即通过正确完成的订单的百分比来评估。在对这些订单的处理中，所有物品都准确地发运给客户了，因此客户无须报告错误并等待该机构重新发送正确的物品。很明显，增加每位雇员每天的运输额度将缩短顾客从发出订单到收到材料的时间，但生产率的正确度指标又如何呢？在短期内，将不得不艰难地去确认发运的物品是否正确，显而易见，这必将减缓操作的速度，同时降低每位雇员运送的额度；但从长远来看，它将降低需要退回并重发的物品的数量——它们导致了返工——因而从整体上改进了生产力。

正因为如此，返工指标经常被公共和非营利组织用作联系质量和生产力的纽带。这些机构正在越来越多地使用该类指标，比如没有正确按程序执行的事件的数量、必须重新处理的事务的百分比，以及那些需要被取代的不合格品或有缺陷的产品的数量。以一个公路管理部门为例，它可能对每人或者每天完成的重铺路面的英里数制定了雄心勃勃的目标，但如果它不坚持工程的高质量，这样的目标 227 可能导致快速但有缺陷的活动，这种所谓的高效率也就不会持续很久。为了避免这种情况，该机构也许需要将两次重铺路面之间间隔的月数作为必要的返工指标。

指标分解

如同前面提到的，质量和生产力的指标经常被综合起来监测，但也可以被分解为多个要素，落实到操作层面上的每一个系统中。在作为整体的业务系统之下，对个别的工作单位或个别领域的服务机构的指标进行追踪，可以提供对优势和缺陷的更为详细的信息，或显示问题所在。因此，一个公共交通系统也许会监测时间表的可靠性或每一路巴士的准点情况；一个州运输机构也许会在地区与地区间对劳动生产率进行比较，同时也对县级养路单位，甚至个别的养路员工的生产率进行比较。

注重质量和生产力的绩效评估系统，在操作层面上经常将服务分解为具体的工作流程。比如，在政府供应处的例子中，整体的生产力是用平均每天从仓库里运出的货物额度来评估的。然而，如表12—3所示，这项工作事实上是通过三条平行的程序来完成的：流入过程、发运过程和邮寄过程。在这里，劳动生产率是明确地根据每个工时所发运的物品额度数量来评估的，这些工作由专门指派的"采购者"和"发运者"完成，不包括管理人员和普通操作人员。对这三个流程各自都设定了不同的指标，而实际的绩效是依据这些指标来评估的。如表12—3所示，这段时期中的数据说明发运和邮寄过程中的生产力基本上达到或超过了它们每月的期望标准，但流入过程实际的生产力在10—12月间却低于标准。

228　表 12—3　　　　　劳动生产率：佐治亚州行政服务部政府中央供应处

指标和标准						
	1998 年 7 月	1998 年 8 月	1998 年 9 月	1998 年 10 月	1998 年 11 月	1998 年 12 月
工时：流入						
处理的额度	9 526	11 518	11 325	13 999	9 778	11 110
额度/工时	27.24	27.25	28.31	26.20	25.48	26.67
标准	27.00	27.00	27.00	27.00	27.00	27.00
工时：发运						
处理的额度	10 974	11 733	11 790	12 048	7 411	7 583
额度/工时	22.58	23.79	25.27	23.61	22.72	23.21
标准	22.00	22.00	22.00	22.00	22.00	22.00
工时：邮寄						
处理的额度	4 007	4 628	4 382	5 484	4 337	4 650
额度/工时	66.78	66.11	65.40	56.29	65.71	65.49
标准	65.00	65.00	65.00	65.00	65.00	65.00

质量和生产力改进

如同我们在本章列举的各个实例所显示的那样，质量和生产力的考评常常是在相当微观的层面上进行的。有的绩效考评的指标是用于考察一个组织在战略目标实现过程中所取得的成就，或用来监测一个主要项目的整体绩效，它们综合性很强，是在宏观的层面上进行观察的，也许是以一年为周期的。与这些指标相比，质量和生产力的指标常常一般是在更加微观的层面上进行分析的。传统的质量改进过程（在实践中常常对服务质量和生产力同样重视）往往着眼于鉴别顾客和供应商以及分析工作流程以改善服务。这可以由外部咨询机构或雇员小组来进行，方法有很多种，包括头脑风暴法、名义团队法、对账单（check sheets）、柱形图、流程图、动态图（run charts）、散点图，以及鱼骨图（原因和影响）来鉴别问题和提出解决方案以改善业务（Lefevre，1992；Cohen and Brand，1993；Milakovich，1995）。这些工作的完成必须细致而周全。也就是说，公共部门常常详细地定义质量和生产力指标，关注操作层面，并频繁地观测它们。

　　例如，美国社会治安管理部（SSA）在每个州都和一个州级机构有合约，这些机构负责对申请残疾人福利者进行鉴定。如果该申请是合格的，申请者就开始享受福利。判定其合格性的工作本身是一项严肃且需负法律责任的任务，工作量也十分繁重。比如佐治亚州人力资源部门下属的残疾判定分部，每年会收到接近10万个新申请。它可以运用它的 300 名全勤雇员和大约 3 000 万美元的年度预算 *229* 来决定每一个申请应该被通过还是被拒绝。在管理判定项目中，SSA 至少建立了三条标准：

　　（1）应该在收到申请之后的 70 个工作日内处理完毕。

　　（2）初判正确率应该保持在 95％或更高的水平上。

　　（3）积压的工作量应该在 10 周之内解决。

　　看看东南地区的情况，表 12—4 展示了以周为单位对每个州的业务进行监测所采用的绩效指标。第一，在该周内收到的新申请的数量和去年同期的情况进行了比较，进而考虑了季节变化因素。然后，本年至今收到的申请数也和去年同期进行了比较。第二，每一个州处理完毕的申请事务的数量也用同样的方法进行了跟踪。就整个区域来看，这些部门在一周内处理完毕的申请数比他们新收到的申请数更多，从而稍微降低了积压水平。从本年至今的情况来看，处理完毕的申请数增加了27％，同时收到的申请数只增加了 14％。

　　在这一周末，整个东南地区有 123 102 项事务积压，它们中的 20％以上已经在手头停留了 70 天以上；在佐治亚州，将近 30％的积压事务未能在 70 天内解决，这没能达到 SSA 设定的标准。佐治亚州还有比 10 周稍长时间的事务积压；所有其他州的积压量都比它少。就整个地区的总体而言，这些机构每个全勤员工处理的事务数基本为 270 件，但北卡罗来纳州高达 292 件，而佐治亚只有 249 件。至于准确性，好几个州超过了 95％的初判准确率，但佛罗里达州、肯塔基州、密西西比州和南卡罗来纳州都没有达标。最后，东南地区处理完毕每件事务的累计成本平均 252 美元——从佛罗里达的 213 美元到佐治亚的 310 美元——这与全国的平均水平 304 美元相比还是十分不错的。总而言之，佐治亚州的机构在质量上比较良好，但在生产力和办事效率上却很糟糕。虽然这种短期的、非常详细而明确的指标也许对战略计划或政策制定并没有特别大的帮助，但 SSA 要同时对这项残疾判定工作的质量和生产力进行监测的话，它们却是不可或缺的。

230

表12—4　残疾判定绩效评估报告：第21周报告，1999年2月18日

申请

	收到的申请 2月18日	1998年收到（第21周）	1999年至今收到	1998—1999年收到申请比较	了结案例 2月18日	1998年了结（第21周）	1999年至今了结	1998—1999年了结案例比较
亚拉巴马州	1 118	1 235	32 243	21%	934	1 263	34 102	49%
佛罗里达州	3 319	2 352	71 527	16%	3 578	2 676	68 999	23%
佐治亚州	1 673	1 488	39 350	3%	2 162	1 790	38 284	15%
肯塔基州	1 526	1 522	33 614	16%	1 124	1 584	35 408	30%
密西西比州	1 157	1 114	28 202	17%	1 373	1 423	29 073	41%
北卡罗来纳州	1 564	1 417	36 149	9%	1 816	1 812	37 745	21%
南卡罗来纳州	812	792	20 498	6%	1 098	849	22 009	35%
田纳西州	1 566	1 545	32 275	19%	1 556	1 220	37 011	21%
东南地区	12 746	11 482	297 104	14%	13 657	12 635	302 901	27%

判定

工作量和生产力　　　　**质量和效率**

	积压事务	超过70天未判定的比率	积压周数	每天每全勤员工完成判定数	初判准确率3个月的季度滚动计算	每个案例的累计成本
亚拉巴马州	14 603	24.8%	8.8	267.1	98.7%	272 美元
佛罗里达州	28 716	20.9%	8.4	272.0	92.4%	213 美元
佐治亚州	22 549	29.4%	10.2	249.9	95.8%	310 美元
肯塔基州	15 028	19.5%	8.2	269.9	91.2%	251 美元
密西西比州	11 492	22.9%	7.7	287.4	94.2%	247 美元
北卡罗来纳州	9 987	11.7%	4.9	292.9	96.0%	236 美元
南卡罗来纳州	8 405	17.0%	7.3	271.8	93.2%	247 美元
田纳西州	12 284	12.4%	6.9	254.5	96.2%	262 美元
东南地区	123 102	21.1%	7.9	269.8	94.6%	252 美元
全国					94.0%	304 美元

12.3 监测顾客满意度

大多数强调质量改善的部门同时也关心顾客服务和顾客的满意度。于是，他们常常对定期的顾客反馈很感兴趣。虽然顾客反馈可能在很大程度上和质量指标关注　*231*着同样的绩效变量，但是，从另一种渠道，即直接从那些提供反馈的顾客那里搜集到的满意度信息，可能和质量评估的结果一致，也可能不一致。公共部门主要通过以下工具来请求或接收直接来自顾客的输入和反馈：咨询小组、顾客委员会、焦点小组会议（focus group session）、投诉系统、顾客调查和反馈卡。

后三种渠道是定期积累数据的良好手段，随着时间的推移，也能够促进对绩效指标的监测。虽然投诉系统主要记录了来自顾客的负面反馈，从而不能指望它对顾客态度提供均衡客观的描绘，它们却可以用来跟踪顾客不满的程度和感觉到的问题是如何随着时间的变化而变化的。调查问卷通过系统的设计，可以被公共和非营利组织用来获取均衡客观的顾客反馈，而且如果它们是重复的和定期的，它们也能保证管理者追踪长期的顾客满意度的变化。实时地运用具体实在而又简明扼要的顾客反馈卡，也能显示长期的趋势（Hayes，1997；Hatry，Marcotte，Van Houten，and Weiss，1998）。

顾客调查：西北佐治亚女童子军委员会

内容广泛的顾客或客户调查表，已经变成了公共和非营利组织在获取对他们提供的服务的反馈时所乐于采用的方法。西北佐治亚女童子军委员会提供了一个极好的案例，作为美国300个地方女童子军组织之一，这个委员会的范围覆盖了亚特兰大地区和另外的20个城市。它为女孩们提供四个等级的项目（新手、初级女童子军队员、中级队员和高级队员），目标可以概括为七个方面的产出。前四个是国家性的目标，即开发个人潜力，与他人交往，提升自我价值，贡献社会；剩下的三个是由地方委员会增加的，即课余行为的安全性、丰富化和结构化。

为了评估该项目在何种程度上创造了我们所期望的产出，该委员会对三个群体进行了年度调查，包括四个等级的女童子军成员、该项目的管理者以及家长。采用的抽样范围足够大，因此最后的结果具有95％以上的可信度，误差在正负5％以内。问题以有逻辑的方式编排，三种平行的调查表的选项很简短，直接针对七个方面目标的态度或行为来设计。

对每一个等级的女童子军，该调查所包含的诸多项目被综合用来计算七个目标　*232*中每一个的指数。不仅如此，它们还综合考虑了三类被调查人群——女孩、管理者和家长——对每一个目标进行具体的权重设置。这次调查得到的结果归纳如下面的列表所示（Girl Scout Council of Northwest Georgia，2002），基本上根据良好反映的百分比来计算。该列表的数据表明，该项目中包含的对女童子军的各种目标所达到的水平是各不相同的。这个案例是颇有助益的，因为它在方法论上非常严谨，将结果按客户群分解，并使用了顾客反馈来跟踪整个项目，看其是否创造了理想的效果。

女孩的年龄等级	项目产出	达标比率（%）
新手	开发个人潜力	81
	与他人交往	87
	提升自我价值	92
	贡献社会	83
	课余行为安全性	94
	课余行为丰富化	87
	课余行为结构化	72
初级	开发个人潜力	83
	与他人交往	88
	提升自我价值	90
	贡献社会	83
	课余行为安全性	93
	课余行为丰富化	85
	课余行为结构化	74
中级	开发个人潜力	79
	与他人交往	80
	提升自我价值	85
	贡献社会	72
	课余行为安全性	88
	课余行为丰富化	78
	课余行为结构化	75
高级	开发个人潜力	82
	与他人交往	85
	提升自我价值	91
	贡献社会	77
	课余行为安全性	89
	课余行为丰富化	80
	课余行为结构化	72

233

质量—重要性矩阵

有些公共和非营利组织已经开始请求顾客和客户，在反馈意见时对它们所提供的服务的重要性进行考虑，对其与服务的质量和效果一样重视。其结果能够对该组织的战略性活动做一个基于顾客的透视。例如，将近 7 000 名宾夕法尼亚州居民对宾夕法尼亚州交通部的服务进行了评估。图 12—1 展示了一个质量—重要性的矩阵，该矩阵对这些评估和每项服务的平均重要性等级进行了交叉定位，而重要性等级也是根据反馈确定的。该调查要求被调查者像在学校里打分一样将这些服务评价为各个等级，A 是优秀，B 是良好，C 是一般，D 是较差，F 是不及格。这种图表能够显示，有些服务虽然得到很高的评价，但并不是很重要，而那些更加重要的服务也许得到的是较低的评价。在这个例子中，虽然宾夕法尼亚州交通部的顾客认为，这个部门在诸如注册驾照、卡车安全检查和除雪等服务方面做得相当不错，并且也十分重要，但他们认为其他一些非常重要的服务仍然需要改进，比如公路的建筑、维修和保养。

234

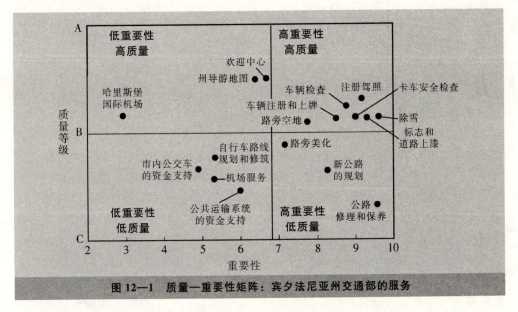

图 12—1　质量—重要性矩阵：宾夕法尼亚州交通部的服务

资料来源：Adapted from Diagnostic Plus and Pennsylvania State University，1997，p. 12。

顾客服务

　　作为整体质量改善过程的一部分，公共和非营利组织常常关注从本质上改善顾客服务。因此，除了监测顾客对整个项目效果的反馈之外，评估系统也跟踪关于顾客在服务提供的过程中是怎样被"对待"的反馈。这种指标关注流程中细节的、个人的部分，如果集合起来，它们能描绘出顾客对于所得到服务质量的一种整合性理解。

　　例如，如同我们在第 4 章讨论过的，州儿童抚养执行办公室致力于保证破裂家庭的儿童得到足够的资金支持，寻找失职的家长，在必要的时候建立领养关系，通过法律系统追究经济抚养责任，从失职的家长那里追收定期的抚养费，以及为监护人提供资金。在佐治亚州，儿童抚养执行办公室通过 107 个地方办事处来完成它的使命，这些办事处同时为监护人和失职的家长服务。办公室定期地对地方办事处的业务进行审核，保证它们在诸多方面遵守规定的程序，包括计划实施、整体经营、资金管理、公共关系和安全保障，以及应对投诉抱怨、解决问题、提供信息等方面的顾客服务。

　　为了对这些顾客服务评价的"硬"指标进行补充，儿童抚养执行办公室还对它的重要客户进行定期调查，这些客户包括曾登门拜访或电话联系过地方办事处的监护人和失职的家长。调查问卷要求对顾客服务的大量内容进行多等级评价，包括办事处、办公室内提供的服务、电话服务、客户热线的使用情况和办公室本身。顾客们被要求在评价具体表现时对这些项目的重要性也同时做出评价。这些指标能够具体跟踪到某一个办事处。于是，这些数据能够从整体上促进对某地的或者州范围内的顾客服务的评估；他们也能被用来比较顾客从这 107 个办事处得到的服务质量的差别。

12.4　监测"螺母和螺丝"

235　　本章试图介绍公共和非营利组织在监测生产力和服务质量中最经常使用的各种绩效考评方法，并举例说明它们是如何运用的。质量和生产力的评估一般不联系到整体的计划目的、政策目标或战略性的行动，而是倾向于对服务提供系统和目前业务的"螺母和螺丝"给予更多的关注。与用来支持战略管理过程的绩效管理系统相比——比如用年度性的数据来评估的财务监测系统——用于监测质量和生产力的系统则倾向于在操作层面上关注更为详细的绩效指标，这常常是极频繁的，也许是基于月度、周，或者甚至是天。假设这些考评指标是基于明确的目的、经过周密的考虑而设计出来的，并且绩效数据得到了恰当的解释，那么，这样的监测系统确实能够起到帮助管理者改善公共和非营利组织的工作质量、生产力效率和顾客服务水平的作用。

第 13 章

绩效考评在标杆比较中的
应用

什么是标杆？公共组织和项目怎样运用标杆来进行绩效比 *236*
较？统计性标杆有什么特点？它是怎样运用的？机构间或项目间
绩效的直接比较有哪些固有的缺陷？如何才能避免这些缺陷？本
章将讨论公共和非营利部门的绩效标杆、设计和实施标杆系统的
难点及其使用策略。

13.1 公共部门的标杆

本书第 6 章指出，为了得到有用的绩效考评数据，需要做一
些相关的比较；通常有四种比较的基础：(1) 当前绩效与过去绩
效的比较；(2) 实际绩效与绩效标准或目标的比较；(3) 组织或
项目子单位间的绩效的比较；(4) 一个组织或项目的绩效与其他
相似组织或项目的绩效之间的比较。最常用的比较类型很可能涉
及跨时期地追踪绩效发展的趋势，但是随着公共部门和非营利部
门以结果为导向管理的全面推行，实际绩效与绩效目标或者标准
的比较越来越普遍。此外，尤其是在分散的服务交付系统中，更 *237*
加详细的绩效报告常常将绩效数据分成多个子单元进行报告，这
些子单元包括组织的不同部门、区域办公室或政府间项目的受
益方。

以结果为导向的管理运动中最令人兴奋的发展之一，是人们
对采用外部标杆进行比较的兴趣的不断增长，外部标杆是针对其
他对应的组织或项目来考评某一组织或项目的绩效的，比如其他

地方辖区或其他州的相似组织。**标杆**这个术语现在越来越多地用于组织或项目间的这种比较。公共管理者认为他们的工作内容和工作方式是唯一的，进行外部比较将会引起人们的误解，因而他们长期反对这种比较。但是，随着公共管理者的责任压力的不断增加、人们对改进公共绩效的迫切要求以及该系统方法的日益精密，人们对于在公共部门中运用标杆管理的兴趣也越来越大。

在公共部门中实际存在着几种不同的标杆。一种是公共类标杆，它直接关注所谓的最佳行为。在这种方法中，组织通常关注某一特殊服务的交付过程，例如在一个工作福利项目中雇主招募人员或者在一个精神疾病治疗中心实施项目管理，他们就试图学习他们所在领域中的高绩效的组织的行为——"标杆"——并使它们适应自己。虽然公共和非营利管理者们一直试图通过咨询、实地参观和信息交流等方式，来"参考"和借鉴那些独特服务领域中的最优秀的组织的行为和方法，但是，由于公共类杠杆过于强调最佳行为的方法，近年来，人们在使用该方法时越来越谨慎（Keehley，Medlin，MacBride，and Longmire，1997）。

另一种做法的例子包括俄勒冈标杆管理、佛罗里达标杆管理、明尼苏达里程碑和得克萨斯明日计划。这些项目被称为标杆，但这个术语用词不当。正如第 8 章所讨论的，这些项目和其他州的类似情况，以及地方政府的相应做法（比如"杰克逊威尔的生活"和"可持续发展的西雅图"），都是宏观水平上的战略性计划，是对未来勾画的蓝图，并列出了实现目标的各个阶段性成果。尽管如此，仍然有大量的绩效指标被这些项目监控着，并和那些为"几年后"设计的目标相比较。但是，它们很少直接与其他类似辖区相似的指标进行比较。因此，这些努力还没有真正形成我们这里所讨论的这种"外部标杆"的概念。

还有一种标杆的形式，它可能与本书的主题更接近些。我们最好称它为**统计性标杆**。它是根据一组相似组织或者项目的共同绩效指标，广泛地收集同类组织的相关资料，从而与同类组织或项目相比较，来鉴定某个组织或项目的绩效。虽然这一方法能引导对高绩效者最佳行为的研究，但是，统计性标杆本质上是一种更为表层的方法，它只是简单地提供了一些可以用于比较的数据。尽管如此，由于它集中了组织或项目整体的信息资料，而不是某一细节过程，可以让被考评组织的绩效与许多对应者相比较，因此，统计性标杆也是一个更综合的方法，对于在一个更大的背景下解释相关的组织绩效还是很有用的。

总体上来说，标杆能够在多个层面上实施。比如，佐治亚州儿童抚养执行办公室通过 107 个地方办公室来向社会提供服务，州办公室定期从这些地方办公室中收集绩效数据。从中央办公室的角度来看，子单位之间的这些绩效数据比较的确可以建立一组内部标杆。尽管如此，从地方办公室个体的角度来看，这些共同的绩效标准也给它们提供了一个外部标杆。类似的，美国卫生与公众服务部监控着全国 50 个州的卫生和公共事业绩效，并根据一组公共绩效指标向各州提供补贴，同时，利用这些数据来帮助管理和分配预算。虽然从联邦政府的角度来看，这是一个内部标杆，但是，对每个州而言，则是提供了一个进行外部比较的外部标杆。因此，**标杆**一词在大多数情况下意味着外部比较，而较少使用的**内部标杆**则指项目或组织中子单位间的绩效指标比较。

13.2　统计性标杆

所谓统计性标杆，是指从一组相似组织或项目中收集起来的、可以进行绩效比较的数据。它可以通过两种不同的方法得到。一种方法是，一些组织或项目自愿同意在一定规则基础上创立一个考评项目，收集和分享一组共同的绩效指标，然后大家相互进行比较。在很多州，比如，公立医院根据病人满意度和其他标准来考评它们的绩效，与其他使用相同标准的医院进行相互比较，这些资料是在一个遍及全州的协会的帮助下收集的。类似的，一个州的许多自治政府可能发起一个合作协议，在相同的一段时间内运用一组共同的绩效指标对自身进行考评，并互相分享考评所得的数据。

另一种方法是，共同的绩效指标的收集或汇报，是由被考评组织之外的机构指导的，或者甚至由它们来执行的。正如在第 5 章所讨论的，比如，由联邦政府单独来维护有关犯罪率、健康统计、环境质量、交通系统和其他信息的大型数据库。数据库中的数据由州和地方政府汇报，并最后汇集到联邦政府数据库中，州和地方政府可以利用这些数据相互进行绩效比较。此外，存在管理补贴项目的州和联邦机构，通常会对接受这些补贴的公共和非营利组织提出如何汇报数据的要求。这些系统产生的数据主要根据项目管理的需要而设计，但是它们也经常运用在一些受益方之间的标杆管理中。

239

统计性标杆能服务于公共和非营利组织的不同目的。第一，它允许一个组织有针对性地选择其他类似的组织进行绩效比较——既观察包括自己所在的独特公共服务领域内的绩效情况，以及自己在该领域中处于哪个位置，同时也观察自己与别的同类组织的绩效差距有多大。第二，通过将自身绩效与同类组织或行业领头羊相比较，一个组织可以开发出一个具有挑战性的绩效管理目标。第三，通过在类似项目中识别明显的"明星绩效者"，组织自己能够找出前沿问题，调整战略，以及从领先的组织中学习相关经验，从而改善自身的绩效。

无论统计标杆是由若干同类组织创建，还是委托一些水平较高的专家来设计，标杆建立的程序通常是按照下面四个主要步骤进行的：

(1) 确定要比较的指标，即要考评什么和用什么指标进行考评。大多数组织通常强调效果、成本—效益和效率指标，但是也应该包括产品、服务质量和顾客满意度指标。请注意，标杆比较的目的是与其他组织或项目进行比较，因此，指标在大多数情况下总被定义为百分比、比率、比或平均数等**标准化**的数据而不是原始数字。

(2) 界定操作指标的精确定义，包括如何操作的指南以及收集加工这些数据和计算指标的规范程序，并且提供给所有参与者使用。注意，最好从参与组织中收集原始数据，然后集中计算指标，以保证能够及时标记出那些看起来有问题的数字，并确保计算方法的一致性。

（3）**定期——通常以一年为周期——收集和汇报这些数据。** 虽然不是必要的，但这有助于实施误差核对或数据稽核，从而核实可靠性并确保在不同的参与者中数据收集的一致性。

240　　（4）**根据组织的需要，使用比较数据来评估某一特定组织或项目的绩效，为特定的组织设立目标或为整个比较领域设计更全面的标准，或识别明星绩效者和行业领头羊并考察高绩效的组织。**

作为例子，图 13—1 显示的是美国东南部 11 个州 1998 年不合标准或有缺陷的公路桥梁的百分比。这些数据是基于对所有的州和地方政府所拥有的公路系统的全部桥梁的物理检测。这些检测每年由州交通部采用联邦桥梁评价体系进行，它详细说明了实施检测的具体程序及分配给不同评估种类的标准。这些数据连同涉及人行道状况、额外的体积与承受能力之比，以及公路事故等方面的一些其他指标，每年都上报给美国联邦公路管理局。

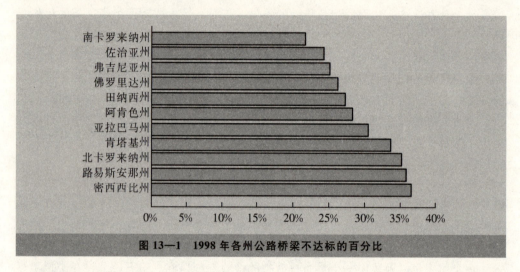

图 13—1　1998 年各州公路桥梁不达标的百分比

资料来源：Federal Highway Administration，1999。

很明显，南卡罗来纳州和佐治亚州是这一指标中的高绩效者，其不合标准或有缺陷的桥梁数比数值范围另一端的密西西比州、路易斯安那州和北卡罗来纳州少得多。

13.3　标杆中的问题和挑战

241　　正如前面的列表所概述的，标杆比较是很直观的，但如同绩效考评本身一样，标杆比较中的绩效考评并不总像看起来的那样简单。除了考虑比较数据如何使用以及一个项目是否因为绩效考评较差而要受到惩罚之外，还有若干方法性更强的问题对标杆的选择提出了挑战。包括公共数据的可获得性问题、数据可信度问题、项目的多样性问题和它们的操作环境问题。

数据的可获得性

参与标杆考评的组织往往试图依靠那些容易获得的数据，这些数据主要来自日常工作，如统计报表与会议记录。这些数据主要包含资源、产出和效率，但通常没有包含实际产出或顾客满意度的内容。希望降低数据收集的时间和资源花费是可以理解的，但是这样做会减少比较数据的有效性。正如在第 3 章所讨论的，产出和顾客满意度的考评，常常需要走出去或者"进入现场"收集数据；这样做显然成本很高也很费时。最明显的例子是顾客调查，它们主要是用来确定某一产出状况是否有改善，或者所接受的服务需要达到什么样的程度才能使被调查者满意。

当一个单个的组织决定创建或加强它的绩效考评系统时，它只需要关心它自身所拥有的时间和资源，并为它自身的需求收集数据。然而为了获得成功的标杆，两个或更多的组织则必须确认，那些额外的数据收集努力是值得的，但在这一问题上的认同并不总是这么容易达成。因此，有时，参与标杆建构的搭档者将在一个更有限的基础上开始，分享相对来说容易获得的数据，然后可能不断用一些更难获得的数据来进行充实与补充，因为这些搭档者将逐渐确信参与标杆绩效比较是有益的。

在其他情况下，一个更高一级的权威机构可能在一定程度上要求组织，尤其是大型组织，实施新的数据收集系统和提供相关的比较数据。比如宾夕法尼亚州交通部，许多年来都要求本州地方公共运输机构在一个统一的基础上报告若干工作、财政和公共交通工具乘客的统计结果，公布年度报告，追踪这一领域里的发展趋势，并允许每一个组织与其他可比系统做绩效标杆比较。但是，这些报告一般不包括顾客满意度的内容。不同的地方运输系统不定期地进行关于乘客的调查，但是他们并没有任何统一的绩效指标。因此，宾夕法尼亚州交通部最近要求所有这些地方公交系统定期进行乘客调查，该调查的核心部分要求收集五个关键绩效指标的数据反馈。表 13—1 的数据显示了这些调查的第一层结果。它们显示了这些运输系统中顾客满意度有较大的差别，并表明，对高绩效者的最佳行为进行研究，也许可以总结出一些对其他组织有参考价值的经验。

242

表 13—1 顾客对系统绩效满意的百分比，1998 年

运输系统	服务区域	准点率（%）	安全（%）	司机礼貌（%）	干净（%）	票价（%）
LANTA	阿伦顿/波斯勒何姆	91	86	81	81	55
AMTRAN	阿尔图纳	93	97	94	90	88
EMTA	伊利	65	84	78	67	64
CAT	哈里斯堡	64	75	75	71	46
CCTA	约翰斯顿	94	—	88	90	95
RRTA	兰卡斯特	65	83	82	72	76

续前表

运输系统	服务区域	准点率（%）	安全（%）	司机礼貌（%）	干净（%）	票价（%）
BARTA	瑞丁	69	82	82	63	70
COLTS	斯克兰顿	94	96	94	80	91
CATA	州立大学	79	87	91	93	57
LCTA	威尔克斯-巴尔	85	95	92	85	82
WBT	威廉姆斯堡	84	91	92	90	89
YCTA	约克	66	87	85	74	88

数据可信度

正如第 5 章所讨论的，数据可信度是绩效考评中的一个关键性问题。比如跨时期观察绩效的变化，与目标相比评估实际绩效，或通过组织内单位或客户组比较绩效，管理者希望它们观察到的差异是真实的而不是因为草率的数据收集而产生的误差。对标杆中的绩效考评来说，这一要求更增强了，因为组织或项目间的比较只有在所有的参与者都使用一致的数据收集程序时才是有效的。比如，假设若干市政机关想比较每英里道路保养的成本，但是一些市政机关使用当地道路的单行道距离（lane-miles）来计算这一比例，而其他市政机关则使用中线距离（centerline-miles）。如果这种不一致性再与不同程度日常开销成本的数字相混合，那么最终的指标可能就是"地方标准"，而用这些标准进行的辖区比较将毫无意义。

因为这些数据通常是由单个组织自己上报的，要确保其一致性很难。因此，更可取的办法应该是使用相同工具收集不同辖区或项目的数据。比如，国家教育发展评估委员会对学生自然科学、数学和阅读成就所进行的州际比较，是依据对每个州各学校四年级和八年级学生的样本所进行的标准化测验结果，而不是依靠全国不同的学校系统中学生获得的成绩来进行的。

即使标杆比较参与者使用的是标准化工具，对他们来说遵循统一的数据收集程序还是非常关键的，比如，使用相同的抽样方法，保证在实施标准化测验时相同的时间限制，或在观察调查中使用相同的方法计算结果。显然，不同的组织越多地使用统一的计算标准和信息分析系统，他们就越有可能提供出有价值的绩效比较指标。当标杆比较参与者难以使用标准化工具来收集主要数据——例如，当需要的数据已存在于现有的信息分析系统中——那么重要的是要对所使用的数据进行定义，明确指出在总计中主要包括哪些种类或数据，将其他种类或数据加以排除。在这种状况下，请外部专业"数据审计员"规定一套评价系统，至少规定一个样本系统来确保数据的可信度是非常重要的。

操作条件的变化

当我们进行不同组织或项目间的标杆绩效考评时，最大的问题是这些组织常常是在差别很大的操作环境中运作的。因此，一些组织会感到他们遭受了不公平的比较，因为他们是在比其他组织更复杂与更困难的条件下工作的。比如，一些人类服务项目要应付更难对付的顾客，一些少年仲裁部门在一些提供较少支持的社区工作，一些工作福利项目在比其他地方更薄弱的地方劳动力市场工作。这些不同的工作环境差异可能对绩效产生了一定的歪曲。由于标杆绩效考评的目的并不是要惩罚绩效差的组织，或使一些项目看起来比其他项目更差，所以，在解释标杆绩效考评结果时，将工作条件的差异考虑进去是十分重要的。

13.4　改善比较指标的策略

解决因为工作条件差异而歪曲绩效结果这一问题的方法，包括对解释性变量进行描述性说明、参考对照组、重新校正和使用经过调整的绩效指标。

解释性变量

正如第 3 章所讨论的，在建立逻辑模型的过程中，重要的是识别关键性环境变量——能影响其绩效并超出项目控制范围的外在因素。如果参与标杆建构的搭档者在关键环境变量中具有显著的差异，那么这些差异就需要在比较绩效数据中进行解释。比如，性传播疾病的发生率和流行率在高贫困地区显著增高。因此，在通过发生率和流行率的比较来评估不同州和地方的性传播疾病防治效果时会带来很大的误导。比如，在美国中西部的城市贫民窟内，防治工作在抑制这些病毒流行的速度上，相对实际情况来说是很有效率的，但是梅毒和淋病的残留率与较富裕的地区相比，却仍然会高出很多。应对这一困难的方法是，在这些数据的报告格式中加入意见栏，并提供注释，提醒读者，由于这些被观察地区的高贫穷率，其发生率和流行率在一定程度上会更大。

对照组

第二种方法也是很直接的：将比较绩效的指标限制在工作条件非常相似的少数几个机构或项目中。在所有可能的类似组织中，由于它们在重要环境要素上可能会差别很大，与其包括全部组织，还不如建造一个对照组，这个对照组一般由很少的几个在工作内容上更具可比性的组织组成。比如，要评估某一特定地方公共交通系统目前的绩效和未来的前景，我们可以利用少数在人口统计学、人口密度和土地使用方式上与该地区相似的服务地区作为参照标准，来考评那个特定的公交系统。

图 13—2 显示了参加比较绩效考评联盟（Comparative Performance Measurement Consortium）的 29 个大型城市的犯罪率数据，它是由国际市县管理协会

（International City/County Management Association）和上述城市为比较各个城市的服务交付的目的联合创办的。参与辖区之一，佐治亚州的亚特兰大市，对用这些数据来比较它的警队部门的绩效很感兴趣。正如图13—2所显示的，总犯罪率和生活在贫困线以下的人口百分比间具有非常显著的统计相关性。那些贫穷率更高的城市犯罪率也趋向于更高。亚特兰大市（接近散点区的右上角）是所有这些辖区中犯罪率最高的，同时它的贫穷率也是最高的，因为这两个因素被认为会影响警队对被举报的犯罪进行回应的绩效，次高贫穷率的6个其他城市（用黑点表示）被选做亚特兰大市的标杆。挑选出的这7个城市的警队绩效的比较指标如表13—2所示。这些数据显示，与其他辖区相比，亚特兰大市在每名警察的逮捕数、第一类犯罪清理的百分比、每名警察清理的犯罪数和清理一起犯罪的费用上表现最好。

246

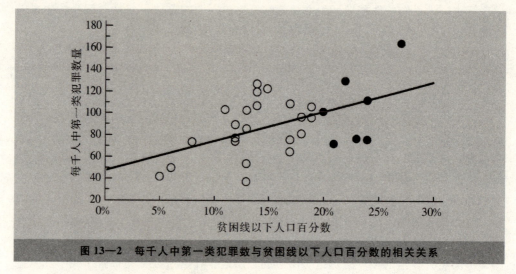

图13—2 每千人中第一类犯罪数与贫困线以下人口百分数的相关关系

资料来源：Urban Institute and International City/County Management Association，1997。

重新校正

有时绩效指标可以根据环境变量进行重新校正。比如，在与其他城市的犯罪率做比较时，亚特兰大市警察希望将游客和往返于城市工作的人口数量考虑进去。他们感到，因为亚特兰大市中更多的人是住在市外但工作在市内，并且它是一个大型的集会中心，拥有很多住在酒店的客人，犯罪率只建立在**常住**人口总数的基础上会使亚特兰大市在这一比较中居于不利地位。因此，考评这类城市使用白天平均总人口，加入了居住在其他地方但在中心城市工作的人口数，除去了在该城市以外工作的中心城市常住人口，并加入了每一城市的酒店日常的住客数。

表 13—2 　　　　　　　　　　　　　**警队绩效比较**

城市	每千人中宣誓过的全职警察数	每名宣誓过的警察的逮捕数	第一类犯罪清理的百分比	每名警察清理的犯罪数	清理一起犯罪的费用
亚特兰大市	3.6	42.7	25.5%	11.6	5 671 美元
巴尔的摩市	4.2	22.6	18.9%	5.8	10 336 美元
辛辛那提市	2.6	38.8	31.9%	9.2	8 644 美元
休斯敦市	2.6	19.5	19.4%	5.3	14 670 美元
圣安东尼奥市	1.7	33.2	15.2%	6.9	11 066 美元
什里夫波特市	2.4	28.5	17.2%	7.9	6 231 美元
图克森市	1.6	68.4	16.4%	10.4	8 169 美元

资料来源：Figures computed from data reported in Urban Institute and International City/County Management Association，1997。

图 13—3 显示了这 7 个城市中每一个城市的每千名常住人口中报告的犯罪数量 *247*
和每千名估计的白天人口中的犯罪数量。虽然亚特兰大市拥有迄今为止的每千名常
住人口中第一类犯罪的最高数量，但是当指标在估计的白天人口基础上重新校正
时，它与巴尔的摩市、什里夫波特市和图克森市在同一水平线上，因此稍微改变了
亚特兰大市等具有较高的贫困线以下人口的百分比地区具有非常高的犯罪率的印
象。组织不能经常使用影响绩效指标的环境变量来重新校正原始指标，但是当他们
能够进行的时候，这是解释这些变量影响的一个直接方法。

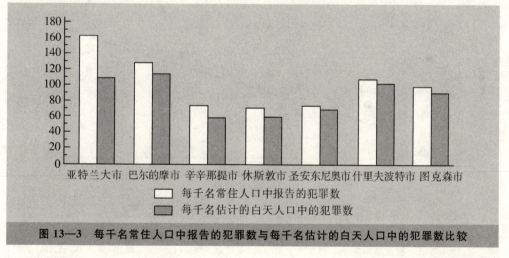

图 13—3 　每千名常住人口中报告的犯罪数与每千名估计的白天人口中的犯罪数比较

资料来源：Figures computed based on data reported in Urban Institute and International City/County Management Association，1997。

对绩效指标进行调整

目前，用经过调整的绩效指标在说明一个或更多的环境差异、解释相关变量的
影响方面有着比较实际的应用。比如，公立医院可能希望调整关于住院病人的住院
时间和死亡率的指标，把病人所感染的疾病在严重性上的差别考虑进去。当某些医
院更长的平均住院时间和更高的死亡率是由于它们照顾的病人犯有更严重的疾病

248 时，它们的行政部门可能会害怕别人误认为其设备低劣或者医治效率和护理质量存在问题。类似的，以标准化成就测试来比较绩效的地方学校可能想用关于他们所服务社区的社会经济地位的一些指标，来调整他们的教学绩效数据。

简单地说，为了建立经过调整的绩效指标，需要设计一个回归模型，预测一个作为单个或多个环境变量的函数的绩效指标的数值。这些被预测的数值向我们展现，如果绩效只是由那些解释要素决定的话，每一项目或者组织的绩效水平将会是怎样的。然后将绩效指标的观测数值与预测数值相减，得到的残余数值显示了仅在这些解释变量的基础上实际绩效与预期绩效偏离的方向和程度。这些残余数值被认为构成了经过调整的绩效，代表了相对于按环境变量调整后的行业平均值而言每一单位的绩效。

比如，图13—4显示了若干县公路路面维修工作的单位成本，绘出了实施这项工作需要的原料成本指数。通常，那些更低单位成本的县在执行这项工作上表现出更高的效率，然而那些更高单位成本的县则表现出更低的效率。尽管如此，维修中所需原料的价格在县与县之间相差很大，就像原料成本指数所显示的，它们与每英*249* 里路面维修成本直接相关。图13—4显示的回归线概述了基于原料成本指数的各县单位成本的期望值。因此，居于回归线以上的县承受着比预期更高的成本，而那些回归线以下的县则以更高的效率实施路面维修工作。

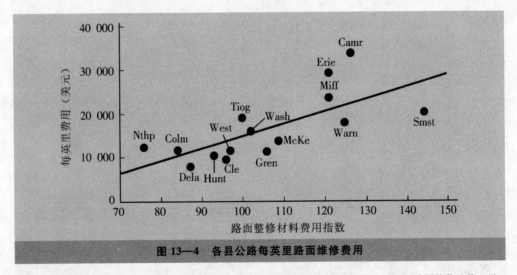

图13—4 各县公路每英里路面维修费用

注：Nthp：诺森伯兰，Colm：哥伦比亚，Dela：德拉威尔，Hunt：亨廷顿，West：威斯特莫兰德，Cle：克里菲尔德，Tiog：提奥格，Wash：华盛顿，McKe：麦可恩，Warn：沃恩，Miff：米夫林，Erie：伊利，Camr：卡莫隆，Smst：萨莫塞特，Gren：格伦

表13—3显示了基于回归模型（R^2的值为0.51）的各县每英里预测成本，以及实际单位成本和预测数值的基础原材料成本指数。然后，每英里成本的调整值通过计算残余值来获得，即实际单位成本和预测单位成本的差额。调整值少于0（负数），说明那些县有着比将原料成本指数考虑进去的预期效率更高的效率。成本调整指标对于哪些县具有更高或更低的工作效率提出了不同的解释。比如，萨默塞特县每英里的重修路面成本为20 571美元，它是效率最低的县之一。但是当把那个县极高的原料成本考虑进去时，萨默塞特县则会显得很有效率，与按照那个地区的

原料成本预测的成本相比，每英里**少了 7 148 美元**。

经过调整的绩效数据无形中提出了一种"公平"比较的方法，在"除去"超出管理控制范围的环境要素的影响之后——那些要素与比较项目的结果有着实质性关联，绩效调整指标无形中提出了一种"公平"的比较方法。尽管如此，绩效调整指标的有效性，在很大程度上仍依赖于所使用的环境要素的效度。如果这些变量是不恰当、不完全的，或实际上与绩效数据并无可靠的因果关系，那么绩效调整指标实际上将产生更多的歪曲数据而不是公正的比较基础。

表 13—3　　　　　　经过调整的绩效维度：每英里路面维修成本

县	每英里实际成本（美元）	材料费用指数	每英里预测成本（美元）	每英里成本的调整值（美元）
伊利	29 254	121	21 049	8 205
沃恩	18 030	125	22 209	−4 179
克里菲尔德	9 566	96	13 798	−4 232
卡莫隆	33 843	126	22 499	11 344
麦可恩	13 841	109	17 569	−3 728
米夫林	23 736	121	21 049	2 687
哥伦比亚	11 619	84	10 318	1 301
提奥格	19 224	100	14 958	4 266
诺森伯兰	12 248	76	7 998	4 250
德拉威尔	8 166	87	11 188	−3 022
亨廷顿	10 468	93	12 928	−2 460
萨莫塞特	20 571	144	27 719	−7 148
格伦	11 478	106	16 699	−5 221
华盛顿	16 106	102	15 539	567
威斯特莫兰德	11 508	97	14 088	−2 580

13.5　标杆的前景

绩效考评的标杆目前已经开始在美国及其他地区的公共管理中流行起来，比较某个组织或项目与其他组织或项目的绩效，以期达到精确测量绩效并帮助改善绩效的目的，这种想法已经成为一种常识。识别哪些组织或项目是潜在的标杆建构搭档，对于大多数州和地方组织来说并不太难，因为他们在其他政府辖区中常常有较多的响应者。对于很多州一级和地方一级的非营利组织来说，情况也是一样的。尽管如此，正如本章前面所讨论的，关于数据信度、项目或工作条件上的差别问题，对发展绩效考评标杆提出了方法上的挑战。

在政治和管理层面，统计性标杆的前景存在着一定的问题和机遇。显然，用一组公共指标比较组织或项目的绩效是一个敏感问题，因为在与其他组织比较时，无论指标是否已经根据环境因素进行过调整，总有一些组织会"看起来很差"。但是，标杆比较在很多方面都是有用的，它不仅有助于改善被考评者的绩效，而且，可以鞭策一些组织给它们自身的考评体系升级，提高其考评水平。因此，标杆发展的前景如何，将依赖于其有效性在多大程度上能超过投入的成本，而这又依赖于标杆在多大程度上能够提供一个通过激励来改善绩效以及分享前沿实践信息的机会，而不是为惩罚那些绩效较差的项目提供基础。

13.6　关于标杆的参考读物

Adamaschek, B.. *Intermunicipal Comparative Performance Measurement*: *Innovation Through Competition*. Gutersloh, Germany: Bertelsmann Foundation Publishers, 1998.

Ammons, D. N., Coe, C., and Lombardo, M.. "Performance-Comparison Projects in Local Government: Participants' Perspectives." *Public Administration Review*, 2001, *61* (1), 100−111.

251　　Hatry, H. P. (ed.). "Mini-Symposium of Intergovernmental Comparative Performance Data." *Public Administration Review*, 1999, *59* (2), 101−134.

Keehley, P., Medlin, S., MacBride, S., and Longmire, L.. *Benchmarking for Best Practices in the Public Sector*. San Francisco: Jossey-Bass, 1997.

Morley, E., Bryant, S. P., and Hatry, H. P.. *Comparative Performance Measurement*. Washington, D. C.: Urban Institute Press, 2001.

Stiefel, L., Rubenstein, R., and Schwartz, A. E.. "Using Adjusted Performance Measures for Evaluating Resource Use." *Public Budgeting and Finance*, 1999, *19* (3), 67−87.

Urban Institute and International City/County Management Association. *Comparative Performance Measurement*: *FY 1995 Data Report*. Washington, D. C.: Urban Institute Press and International City/County Management Association, 1997.

第4篇

绩效考评的实施

■ 第14章 绩效考评系统的有效管理

253　　　在一个公共和非营利组织中实施绩效考评包含着对组织变革的管理。这意味着除了在定义和评价绩效考评的过程中所固有的技术性较强的问题之外，管理上的挑战也很可能在实施绩效考评时凸显。管理者需要认识到，发展、运用和维护考评系统需要花费资源，并且他们应该将这视为一项投资，而这项投资的目的是保证我们在管理方面得到的有效信息回报率的最大化。

　　　第 4 篇由单独的一章构成，即第 14 章。本章指出了成功发展和实施绩效考评相关方法的关键性因素，强调了在发展考评系统的过程中用项目管理方法进行周密管理的必要性以及强有力的领导和利益相关者参与的重要性。本章对成功实施绩效考评系统的 30 个策略做了总结；这些策略试图回答诸如资源的需求、利用不足、利益相关者支持的缺位、内部的阻力、目标的转换及对系统的博弈和潜在的对系统的滥用等一些问题。当这些策略用于公共或非营利组织绩效考评系统的设计与实施时，会实实在在地帮助你建立一个有价值和有效率的绩效考评系统。

绩效考评系统的有效管理

对设计和实施一个绩效考评系统的过程进行管理的最好方法 *255*
是什么？哪些人应该参与这个过程？怎样克服那些反对这个系统
的阻力并反过来建立支持系统的力量？在实施考评系统时最经常
遇到的麻烦是什么，应该怎样避免或克服它们？这一章我们将讨
论在设计和实施绩效考评系统时会涉及的一些组织和管理问题，
并且为成功地发展有用且有效的系统提出一些策略建议。

14.1 绩效考评过程的管理

绩效考评系统会使政府发生改变。好的绩效考评，特别是结
果考评，指出了哪些人是真正领先的，它们激励人们更加努力和
主动地工作，以实现组织的目标。考评系统可以为管理者和决策
者提供许多可以用于组织管理的绩效方面的信息，管理者可以据
此进行资源重置，保证运营和服务传递系统产生更好的结果。考
评系统产生的绩效数据还可以为公务员在确立目标和优先选择、 *256*
宏观预算决策以及使公共组织和管理者承担起责任等方面提供有
效信息。

同样，在非营利部门，结果考评可以帮助组织改进服务和整
体效率，提高责任感，指导管理者分配资源，帮助组织合理地分
配资金以做出更好的决策。在运作层次上说，绩效考评可以向员
工提供反馈，将部门成员的注意力集中在政策和目标的问题上，
还可以确定培训和技术支持的需求，指出需要特别关注的服务单

位和参与小组，比较不同的可供选择的服务提供策略，识别潜在的合作伙伴，征募志愿者，吸引顾客，为未来绩效设立目标以及改善一个组织的公共形象（Plantz,Greenway, and Hendricks, 1997）。

按照在这个领域里的一位首席权威（Wholey, 1999）的意见，一个成功的绩效管理至少应该符合以下三个要求：

（1）在主要利益相关者之间，就组织的使命、目标和战略达成合理的共识；

（2）实施高质量的绩效考评系统；

（3）运用绩效信息来提高效率，加强责任感以及支持决策。

但是成功不是那么容易获得的。很保守地说，在一个公共或非营利组织中设计和实施绩效考评系统是一个非常具有挑战性的过程。很显然，确定合适的绩效标准，界定一些可以阻止目标转换和"博弈"的有效的和可靠的指标，选择有效的比较关系和报告模式，开发可利用的支持性软件等技术方面的问题，从方法的角度给我们提出了许多挑战，而这些问题在很大程度上就是这本书的焦点所在。然而在一个真正的、现实的组织中建立一个绩效考评系统并坚持它，在有效运行的基础上将其融入其他管理和决策过程中，真正要做到这点十分不容易，因此这提出了一个更令人畏惧的挑战。

许多政府组织和非营利组织曾经着手设计过一些绩效监测系统，但是却在完成之前就失败了，或者虽然完成了设计但却在执行阶段失败了；还有一些组织已经完成了绩效考评系统的建立活动，但却没有取得好的效果。有时，一套有望成功的考评系统在一个组织中得到了贯彻，但是却不能真正地被坚持下去或被有意义地推广，然后它仅仅是被勉强地维持着或干脆在一些地方被废止了。还有一些绩效考评系统建立起来后也被维持着，但却从来没有给管理与决策的改善做出过什么显著的贡献。

为什么会发生这些问题呢？有几个原因。首先，考评系统完全不是按照管理者的需要来设计的，或者因为运用和维持这个绩效考评系统会花费太多的时间和资源，而因此所得到的信息价值却让人失望。同时，在组织的内部对一个新的考评系统也会有相当大的阻力，由此导致的缺乏支持和合作行为的结果必然会影响绩效考评的有效实施。有时这样的绩效考评系统在没有真正启动之前就因为缺少"拥护者"而夭折了，所谓"拥护者"，是指那些可以为系统提供支持并且一如既往地指导组织系统的设计和实施的人。

14.2　绩效考评成功的因素

建立绩效考评系统并将其融入管理过程，包含着引入组织变革，而这将是很困难的。正如已经提到过的，甚至在技术上是合理的系统也可能在有效的实施中面临难题。显然，成功的设计和实施不是自动发生的，一些因素可以显著地提高绩效考评成功的可能性。《国家绩效评论》（*National Performance Review*，1997）对公共组织和私营公司中一些最好的实践进行了回顾，总结出了促进绩效考评成功的相关因素：

● 领导在设计和发展有效的绩效考评和管理系统中起着至关重要的作用。高级行政者和管理者意见一致和积极的参与是成功的绩效考评和管理系统中必不可少的一部分。

● 绩效考评和管理系统需要一个概念框架。每一个组织都需要一个被组织中所有层次的人员所理解的、明确而又紧凑的绩效考评框架，它支持着目标及结果的收集。

● 有效的内部及外部沟通是绩效考评取得成功的关键。与雇员、部门负责人、顾客及其他利益相关者的有效沟通，对成功地开发和实施绩效考评与绩效管理系统是至关重要的。

● 每个人都应该对自己担负的责任十分清楚。高绩效的组织应该确保所有的管理者和雇员都明白他们为达到组织目标需要担负什么样的责任。

● 绩效考评系统必须为决策提供信息，而不是仅仅进行数据的汇编。考评应该限于那些与战略目标相联系的指标，继而产生出具有时限性、相关性及简明性的信息，它们可以被各层次的决策者用于衡量在实现目标的过程中的进展情况。

● 补偿、奖金和表扬应该与绩效考评结果联系在一起。这种联系可以向组织中的员工传递一些清晰和明确的管理要求，说明什么是重要的。

● 绩效考评系统应该是激励性的而不是惩罚性的。最成功的考评系统不是"抓住缺点"的系统而是一个学习的系统，它帮助鉴别、巩固和改善有效的工作行为，修正和去除无效的工作行为，告诉员工怎么做是有效的，怎么做是无效的。

● 应该与雇员、顾客和利益相关者公开地分享工作的结果和进展情况。

要将上述成功的因素融入绩效考评规划过程中，公共和非营利组织的管理者应该做到以下几点：（1）在设计绩效考评系统的过程中吸引各种利益相关者参与其中，以确保对绩效管理工作强有力的领导和支持；（2）对绩效考评系统的设计和实施进行深思熟虑的分析；（3）用项目管理的方法保证绩效管理工作按照预定的轨道进行，并通过一个合适的绩效考评系统进行监测。

领导和利益相关者的参与

在一个小组织中，由一个人设计和实施的绩效考评系统是可以的，但是这种方法在大多数情况下不会产生有效的结果。通常很多利益相关者对绩效考评系统很感兴趣并能够积极参与其中，这些利益相关者包括以下一些人员：

绩效考评过程中的利益相关者

政府组织	非营利组织
组织或项目管理者及员工	组织或项目管理者及员工
雇员	雇员
工会	志愿者

承包人，受让人和供给者　　　承包人，受让人和供给者
259　选举产生的官员　　　　　　　理事会成员
客户和顾客　　　　　　　　　客户和顾客
拥护团体　　　　　　　　　　拥护团体
其他政府单位　　　　　　　　地方分会
市民和社会组织　　　　　　　社会组织和公众
资助单位　　　　　　　　　　资助单位
管理分析家和数据专家　　　　管理分析家和数据专家

在设计和实施过程中，选择上述一些利益相关者参与其中将有两大优点。首先，他们将会提出一些有深度的问题和建议，而这最终会有助于产生一个较好的绩效考评系统。其次，因为实际工作中他们有机会参与到这个过程中来，就他们所关注的问题表达自己的意见，并且帮助形成一个可以为他们的需要服务的系统，所以他们就更有可能支持这个考评系统。因此，让一些利益相关者参与这个过程，虽然可能会麻烦些，但这很可能会产生一个更有效的系统，并为系统的运行打造**主人翁意识**。

一个公共和非营利组织，不管它的规模和复杂程度如何，在开始的时候成立一个工作小组来指导绩效考评系统的设计和实施，通常都是有意义的。一般情况下，这个小组应该由作为系统设计受益者的组织单位或项目中的最高管理者——首席执行官、组织首脑、部门管理者或项目主管——或其委派的另一位直线或职能管理者来领导。尽管这个工作小组——即特遣部队，或者说筹划指导委员会——的组成是多样化的，至少它应包括来自绩效考评系统要覆盖的所有组织、分支或项目中的管理者或员工。对于服务传递高度分散的组织或项目，除中央组织或总部的人员之外，再包括来自分支组织或地方分部的管理者是明智的。斯威斯（Swiss, 1991, p. 337）指出，一个绩效考评系统应该"被设计出来以提供对于解决管理者面临的最紧迫的难题最有用的信息。而只有每个组织的管理者才能说出他们最紧迫的难题是什么，以及为攻克它们什么信息是最有用的"。另外，组织最好在筹划指导委员会中包含一位来自相关的立法组织的民选官员或员工代表；非营利组织应在委员会中包括其理事会的成员。

260　　下面是可以被包括在筹划指导委员会中的其他一些内部利益相关者：

● 中央执行机关（例如，市执行办公室、秘书或委员办公室）的代表；

● 中央机关行政或支持单位，比如预算办公室、人事部或质量/生产中心的代表；

● 熟悉信息处理和组织的现存系统的"系统负责人"；

● 如果雇员成立了工会，就还需要工会代表。

显然，筹划指导委员会中还需要有一名常驻的考评专家。在一个大型组织中，这可能指来自诸如计划办公室和评价或管理分析小组等参谋组织的人员。如果在内部得不到这样的技术支持，这种关键的考评专业技术可由外部咨询师提供，熟悉被

讨论组织或项目的人则更为适宜。

　　除此之外，在筹划指导委员会中包括外部利益相关者可能会很有帮助。例如，对于政府间运行的项目，来自主办和出资单位或其他协助项目执行组织的代表可能会做出很大贡献。作为承包方提供服务的私营公司也应该被包括进来。进一步说，应该邀请顾客团体和社会公众团体参加筹划指导委员会，因为他们代表着顾客的观点和社会的"普遍观点"。

　　最后，如果预料到绩效考评的实施会特别艰难或协商过程中会有很大争议，那么雇用一名受过专业训练的推动者进行几次培训是比较可取的。

　　不管筹划指导委员会的构成如何，它的角色应该是指导设计考评系统的整个过程，然后监督它的实施。在任何一个这样的小组中，成员们都既需要有开放的思维，又需要有使一个有效的系统成功实施的责任心。

对绩效考评过程进行商讨

　　在第 2 章中已经讨论了设计和实施绩效考评系统的成功经验与过程，这里将再次提出。尽管这些建议的步骤和顺序可以被修改，以适应一个特定的组织或项目的需要，但是除了可供选择的调查表外，下面列出的所有任务对于持续地实施和利用有效的考评系统来说都是非常重要的。因此，在对绩效考评过程进行商讨的开始，筹划指导委员会应该采用并详细阐述这里所展示的设计和实施绩效考评系统的全过程。　　　　　　　　　　　　　　　　　　　　　　　　　　　　　*261*

设计和实施绩效考评系统的过程

（1）保证管理工作的有效性。

（2）组织绩效考评系统的开发过程。

（3）明确目的和系统的限制因素。

（4）确定产出和其他绩效标准。

（5）定义、评价和选择指标。

（6）建立数据收集程序。

　　　　规定质量保证条件。

（7）具体设计系统。

　　　　确定报告频率和渠道。

　　　　决定分析和报告模式。

　　　　开发应用程序软件。

　　　　为维护系统分配责任。

（8）进行民意调查并对必要的地方进行修改（可选项）。

（9）实施全面的绩效考评系统。

（10）适当地运用、评价和修改绩效考评系统。

开发这样的系统是一项艰苦的工作，而且很容易陷入细节性的"数据"及具体指标的泥沼，从而忽视工作的真正目的。因此，对设计和实施的整体过程达成共识可以使筹划指导委员会的成员心中时刻有一个全局思路，而且使他们一直朝着这个方向前进。这也会帮助他们提前想好下一步的计划——预测将会出现的问题，并事先为解决它们做准备。顺着这个思路，这个过程中最重要的步骤之一是第三步，明确将要建立的考评系统的目的和范围。

明确地确定一个特定系统的目的——例如，追踪组织在实施战略目标方面的进展，或者反过来说，持续地监测特定项目的有效性或考评劳动力的生产率——确定一个可以用于委员会运作时控制进程的、明确的目标。换句话说，对于试图非常**深思熟虑**地完成这个过程，从而更有效率和效果地达到其目标的筹划指导委员会来说，在采取某个步骤或用特定方法处理个别任务之前，应该不断地询问这样做是否有利于推进考评系统的这个明确的既定的目标。

项目管理

一个被明确确定的目的会帮助筹划指导委员会将设计和实施过程作为一个项目来管理，即我们可以用标准的项目管理手段来计划工作、分配责任和跟踪进程。尽管在某些情况下可能是在短期内上马并运作一个系统，但更多的情况是用1～2年的时间去设计和实施一个新系统，而更复杂的系统将需要3～4年才能全面运行，尤其是在需要进行系统试运行的情况下。这是一个复杂的过程，在这个时期，筹划指导委员会（或一些隶属委员会或其他实体）必须拿出一些工作成果，包括下面的内容：

- 对绩效考评系统的范围和目的进行清晰的阐述。
- 对绩效考评系统要采用的绩效标准进行描述。
- 制定系统中要用到的每个指标的定义以及关于构成要素、数据来源和计算方法的相关文件。
- 制定数据收集的程序文件。
- 为确保数据质量和完整性做出计划。
- 为以某一频率向特定人员汇报某个结果做出计划。
- 设计分析模型和报告模式。
- 准备支持绩效考评系统的程序软件和硬件配置。
- 对数据收集和输入、数据处理、报告准备、系统维护和利用的责任进行辨认。
- 全面实施考评系统的计划方案。

委员会还将举行必要的民意调查并对该调查进行评价，而且一旦整个系统投入使用，委员会至少还要负责初期的评价及可能的修改。它通常帮助勾勒出系统一年或几年的整体进度表，说明每个成果将要被完成的大体交付期。尽管这个进度表可能在运作过程中会有不少的变化，但是考虑进度表的问题将会使委员会更清楚涉及的过程，并帮助他们确立一个到什么时候要完成什么任务的预期。   *263*

项目管理还需要通过界定要完成的具体任务和事项来充实工作的范围。筹划指导委员会可以在一开始就详细阐述整个工作的范围，以便建立一个更现实的进度表；或者在每一步包括哪些内容的大体想法的基础上设计出粗略的进度表，以后再逐步充实任务。在设计项目管理方法的过程中，尽早细化项目计划是有益的，因为这将帮助明确什么样的资源、什么样的专业技术、什么样的努力水平及什么样的其他事项对设计和实施这个考评系统是必要的，同时对这个过程中将要发生的情况也会有一些更现实的预期。

项目管理方法还需要为领导和支持绩效管理过程中的每一步分配责任。筹划指导委员会可能会"作为一个整体的委员会"进行工作，但是它也可能会进行劳动分工，由不同的个人和小组为不同的任务承担领导责任。其次，一些个人和工作单位可能会承担项目的人事权，并在两次委员会会议之间处理大部分细节性工作。再次，筹划指导委员会可能会决定承担工作的分委员会的工作或在进程的不同部分引入其他的利益相关者。通常的情况是，参加人员的数目随着项目的推进而增加，并且在不同进程的时点上会需要特殊类型的专业技术人才，一些工作小组为了更有效率和效果地完成工作，可能会在不影响工作稳定性的前提下有所创新。在工作过程中包括更多的参与者的另一好处是，他们可以在他们所代表的组织单位或外部团体内，作为特派员帮助建立对系统的支持。

最后，项目管理要求在设计和实施过程中监控行动和跟踪进程。这通常是通过对工作小组或分委员会的报告与已确定的进度表进行比较来达到目的的。这也意味着评价进程和可交付使用的成果，并做适当的修改。这里讲到的总的方法在某种程度上是应该讲求实际的——特别是当筹划指导委员会的成员对建立这样的系统没有什么经验时——在委员会工作进程中不应该有任何人对必须完成的工作范围、进度和任务所做出的调整感到突然。不管怎样，从开始到结束将全部工作作为一个项目来进行管理，将帮助筹划指导委员会确保进程沿预定轨道进行，并以一种更加深思熟虑的方式来建立一个有效的考评系统。

14.3 绩效考评成功的策略

经过一个深思熟虑的过程，在委员会的监控下进行绩效考评系统的组织设计和   *264*
实施工作，利用项目管理工具——这些手段构成了建立一个有效的考评系统的合理方法，但是这个方法不能保证绝对成功。实施任何一个新的管理系统都是在管理变革方面的一次操练，绩效考评系统也不例外。这给设计和实施一个考评系统提出了一个技术范围之外的人员管理、文化、组织和关系等领域的挑战。事实上，最近的研究发现，尽管公共组织采用考评系统的决定，一般是建立在技术性和分析性标准的基础上的，但是系统实施的方法则更多地受到政治和文化因素的影响（De Lancer Julnes and Holzer, 2001）。

　　显然，技术和管理问题在设计和实施绩效考评系统时都是很重要的。政府绩效考评的建议者和实施者都已经注意到了在实施这样一个绩效考评系统过程中的几个问题，并提出了相应的解决策略（Swiss, 1991; Kravchuck and Schack, 1996; Hatry, 1999, 2002; Kassoff, 2001; Wholey, 2002）。另外一些人总结了非营利组织开发绩效考评系统的经验教训，并对确保在非营利部门成功实施这样的考评系统提出了建议（Plantz, Greenway, and Hendricks, 1997; Sawhill and Williamson, 2001）。

　　尽管开发一个绩效考评系统的程序对于不同的公共和非营利组织来说都很相似，但对非营利组织的管理者来说可能会更有挑战性，这主要是由于以下几个因素：

　　（1）许多非营利组织都非常依赖于志愿者的工作来提供服务，而志愿者可能对评价其绩效的企图特别怀疑。

　　（2）地方分部经常有很高程度的自主权，因此为了存档或比较的目的而实施统一的汇报程序会更加困难。

　　（3）非营利组织往往会从几个不同渠道获得资金，往往高度依赖于一个不断变化的资金组合来投资，从而形成了一个流动性更大的服务流程，这样就更难用持续的监测系统对其进行跟踪。

　　（4）许多非营利组织所拥有的支持绩效考评系统的管理性和技术性资源相对较少。

265　　同时，因为大部分非营利组织由理事会来管理，而理事们相比立法组织和单个的公共组织而言，更多地关注其组织本身的工作，他们可能在确保管理和治理团体关于绩效的预期方面达成一致，并建立有意义的承诺，积极地利用考评系统。

　　尽管在公共和非营利性组织之间存在差别，但在开发绩效考评系统方面，两者基本上面临着相似的问题，包括：产生的信息的有用性，实施和支持系统所需要的时间和精力，管理者和决策者随后对考评系统利用的缺乏，利益相关者支持的缺乏，内部阻力，实施某个考评而可能得到的不良后果以及对这样一个系统的滥用。因此，这章的结论将就这些问题提出 30 个策略，并帮助确保在公共和非营利组织中成功地设计和实施绩效考评系统。

增加考评信息的有用性

　　绩效考评系统只有在能为管理者和决策者提供有价值的信息时才会被使用，但许多系统并不能提供相关的和有用的信息。有时它们的设计就有问题，不能关注管理者所关注的结果。例如，如果考评指标与组织的战略规划不一致，它们将不太可能让管理者信服。在有的情况下，考评指标是在已有数据的基础上进行选择，但这个方法不能为决策者提供关于项目绩效的全景。为了确保绩效考评系统能够提供一些可以帮助人们有效管理组织和项目的相关信息，那些委托建立考评系统和领导系统设计的人应该确保：

（1）**考评的前期应该明确使命、战略、目的、目标和项目的结构。**用这个战略框架将绩效考评系统的范围集中到对组织及其利益相关者来说真正重要的问题上来。

（2）**开发逻辑模型来识别工作行为与产量、结果之间的联系，并用这个框架来确定合适的考评指标。**就像在第 3 章里提出的那样，这些逻辑模型将帮助你挑选出项目包含的许多变量，并鉴别出什么是真正重要的结果。

（3）**在寻求相关考评指标时要以结果为导向而不是以数据为导向。**不要只因为数据已经被获得就将这个指标包括进来。应该将实际需要和有用性而不是数据的存在性作为选取指标的原则性标准。

（4）**为形成跨各种管理流程的"全范围联盟"而努力。**为确保以下几点而努力：使项目的及低层次的目的和目标与战略目标相一致，使预算优先权与战略目标相一致，使个人和组织单位的目标最终来自高层次目的和目标。然后开发与这些目标直接联系的绩效考评指标。

（5）**定期回顾这些指标并做适当修改。**绩效考评系统试图监控随时间发展的趋势，这就是为什么指标长期保持一致性是很重要的。但是这不能被理解为指标就是绝对固定不变的。随着组织的发展，一些指标的相关性可能完全消失了，而对其他指标的需要出现了。另外，一些指标的可靠性可能会逐渐减弱，需要修正或替换。这就是回顾评价指标的质量和有用性并做出必要修改的意义所在。

分析资源需求

绩效考评系统可能会花费许多的时间和精力，特别是当系统需要收集原始数据和新数据，或大量地从实地得来数据时，其成本更高。考评系统不是免费的，它们应该被看作可以产生有价值的回报的真实资源的投资。显然，组织的最终目标是发展一个本身具有投资效益的系统，但是在开发过程的初始阶段，系统的计划者经常低估所需的时间、精力和支出，最终导致系统的失败。为了避免这种情况，系统的计划者应该：

（6）**现实地估计设计和实施某个绩效考评系统要花多长时间。**设计和实施过程本身包括大量的工作，在一开始就对需要什么建立一个现实的预期，可以帮助避免对绩效考评价值预期过高，最终导致幻想破灭。

（7）**清楚地理解支持和维护考评系统的全部成本，并把这种理解合理地与系统所产生的信息相联系。**你应该试着在一开始就搞清外部资源约束，然后使现有资源的信息回报最大化。这个方法对于什么投资是必要的产生了一个正确的预期，并更可能产生一个收益大于成本的系统。

（8）**只要合适就尽量利用现存或易得到的数据，尽量避免成本大的新数据的收集工作，除非它非常重要。**尽管你想避免数据导向，但合适的指标往往可以由现存数据系统提供。只有确定可以为考评系统增加真正的价值时，一些额外的、可能非常昂贵的数据收集程序才可能需要去制定。

266

267

弥补使用的不足

即使绩效指标是合适的，它们也可能被忽视。它们不会自动地被利用。尽管在一些情况下，这归因于缺乏兴趣或彻底的抵制，从管理者方面来说，这也可能是因为系统设计有问题。例如，管理者经常会被包含过多的指标和过于复杂的系统所淹没。另一个问题是，一些系统有合适的指标，但是在以一种易于理解、可引起注意和令人信服的方式报告绩效数据方面做得很差。更通常的情况是，一些系统根本就不是为服务于所要达到的目的而设计的。以下建议的目的是让绩效数据的有效性最大化：

（9）清楚你为什么要建立绩效考评指标以及你将怎样运用它们。使指标、报告频率和表述格式适应预期的用途，以鼓励对它们的利用。

（10）集中于少数几个关键指标。管理者经常会有被大量的指标、详细的报告所淹没的感觉，从而常常索性就忽视它们。不可能总结出一个指标数量的"魔法数字"，但是有时候你将需要额外的指标来提供更为平衡的绩效描述，或在避免目的的转换的问题时平衡其他的指标。在其他一切都均衡的情况下，使指标数量少一些是更为明智的选择。

（11）指标和表述尽可能地保持简单和直白。"KISS原则"（保持简单和易懂）适用于此处，因为绩效数据的许多预期听众，即高层管理者，将没有时间或兴趣来辛苦地看完复杂的图表、表格和曲线图。

（12）在报告系统中强调比较。说明随时间变化的趋势，对照目标衡量实际绩效，跨工作单位分解数据，将结果与其他相似的组织或项目进行比较，按顾客群分解数据，或者以上这些方法的组合，将会使绩效数据非常具有说服力。确保你提供的比较对预期的使用者来说是最相关的。

（13）如果有必要，为不同的听取汇报者建立多种指标体系。数据可以从基层工作单位经由主要部门到作为整体的组织逐步积累上来，为不同层次的管理者提供不同程度的细节。或者，将不同的绩效指标向承担不同责任的管理者或不同的外部利益相关者报告。

（14）确认"结果所有者"，即明确在关键产量和结果指标上的绩效方面负有维持或改进责任的个人或组织单位。确保具体的人为具体指标的绩效改进负责，这将鼓励他们关注这个系统。

（15）非正式地监测考评系统本身的有效性和成本效益性并做相应的修改。再重复一遍，系统设计不是绝对固定不变的，从管理者和其他的预期使用者那里得到反馈，能帮助你确定怎样改进考评系统，以更好地为他们的需要服务。

避免利益相关者支持的缺位

正如在本章前面所讨论过的那样，有许多利益相关者会对绩效考评系统感兴趣，一个系统被感觉到的合法性很大部分取决于利益相关者的支持程度。如果利益相关者因为认为指标没有意义、数据不可信或考评结果没有被适当地利用而不支持考评系统，那么它将失去信度。这样，这个系统在影响改进绩效的努力方面将会变得无效。因此，在开发考评系统时，组织应该：

（16）在确定绩效标准、指标、目标和数据收集系统时将利益相关者包括进来，以建立他们的主人翁意识。 这可以通过在开发系统的筹划指导委员会和分委员会或其确立的其他工作小组中，包括一些内部利益相关者甚至外部利益相关者来实现。筹划指导委员会也可以从其他的利益相关者小组中寻求输入和反馈。

（17）在整个过程中都考虑客户和顾客的需求，并在可行的情况下把他们包含进来。 除了确保得到的系统将包括反映顾客需求和关注点的指标之外，这还能使考评系统得到这些重要的利益相关者的支持。

（18）激发领导层对考评指标的支持，并展示其致力于对指标的使用。 在内部利益相关者，有时是外部利益相关者方面，增加支持的一个最好的办法是显示出组织的最高层管理者致力于这个考评系统并亲自参与到开发和使用它的过程中。

269

减少内部阻力

管理者和雇员可能会抵制绩效考评的实施，因为他们感到受到了威胁。雇员常常把绩效监测系统看作企图迫使他们更加努力工作的"加速"系统或使组织减员的"罪魁祸首"。中层管理者可能认为这样的系统企图在他们身上施加更多的压力，以产生额外的成果，并迫使他们对自己所不能控制的标准负责。甚至高层管理者可能也抵制考评系统的实施，如果他们认为这将影响他们对上和对下的权威和利益的话。因为考评系统的成功依赖于所有层次的管理者，有时也包括普通的雇员，需要他们为系统填充考评数据，记录考评指标的改进，所以避免或减少这种内部抵制是至关重要的。因此，绩效考评系统的建设者们应该：

（19）一定要与管理者和雇员就如何及为什么利用指标进行沟通。 利用每一个机会对内部利益相关者就新系统的目的进行培训，并解释什么样的指标将要被监测，以及它们将怎样被利用于改进组织或项目的绩效；这样做将减少"因不了解而带来的恐慌"，并帮助树立新系统的声誉和组织对新系统较强的适应感。

（20）在初期做出保证，明确考评系统将不会带来诸如预算削减、裁员或暂时解雇之类的全面行动。 这常常是在管理者和雇员中间真正的担忧，而在初期减轻这种担忧将帮助消除反对，争取对新绩效管理系统更多的认同。如果大规模裁员的确是由提高生产率造成的，那么这可以通过分流而非解雇来完成。

（21）考虑分层实施这个系统，或分部门或分项目实施，来解决问题和展示成功。 除了预留出时间在全面实施以前"解决漏洞"之外，逐步实施这个系统——可能是从组织中最可能接受的那些部分开始——也是一个机会，可以展示绩效考评对当前决策不仅是真正有效的，而且对劳动者是没有损害的。

（22）确保项目经理和员工首先看到数据，有必要的话，可以在将报告呈交经

270 **营主管层之前进行检查和修改。** 让项目经理首先核实数据,不仅增强了报告系统的精确性和完整性,也帮助他们认识到自己作为"过程的所有者"的角色而非受害人的角色。

(23) 在报告表上要随同数量数据包含解释性注释区域。 这种注释区域的运用给高层管理者提供了一个关于绩效提升或降低的更为全面的了解,同时也给了项目经理和员工一个安全措施——使他们有机会去形成现实的预期,并指出他们不能控制的、对绩效产生消极影响的因素。

(24) 对项目经理和员工管理者委以更大的职权和灵活度,来换取其对结果负责。 这是一个将监测系统转化为积极行动的重要机制:给管理者在怎样努力来达到预定结果方面以更宽泛的决定权的同时,使管理者对底线结果负责。增加的灵活度也可以帮助管理者接受一个他们认为给他们的工作施加了更多压力的系统。

(25) 尽可能地将绩效考评系统、激励系统和管理计划联系在一起。 将这些奖励系统与绩效考评联系起来,通过给予管理者和雇员更多的激励,使其更努力和灵活地工作,以在考评上表现更好,从而为监测系统增加更多的"力量"。在将奖励直接与考评联系起来的过程中实行"好钢用在刀刃上"的做法,最高层管理者可以为系统树立更多的声誉,同时巩固绩效改进。

防止目的转换和博弈

绩效考评系统可能会鼓励不良行为。正如在第 5 章里讨论过的,不平衡的一套指标可能会不适当地关注一些绩效标准而导致对其他指标的损害,从而产生不良后果。当管理者和雇员努力在某些并非最优的指标上表现,却忽视了其他更重要的目标——因为考评指标不反映这些目标——的时候,目标转换就发生了,整体绩效就会受到影响。在另外一些情况下,绩效标准或激励没有很好地被具体化,使得某些实体"对系统博弈",以在指标上"看起来好看",而并没有真正达到目标。因此,在设计绩效考评时,重要的是:

(26) 预料到可能发生的目标转换和对系统博弈的问题,并通过平衡措施来避
271 **免它们。** 这里最系统化的方法就是通过问下面的问题来查明指标可能产生的影响:如果人们在这个特定的指标上表现出走极端的现象,什么样的副作用(如果有的话)可能产生?对目标转换和博弈的矫正方法是,定义可以平衡任何被引发的潜在副作用的附加指标。这样,管理者将会很好地留意这个警告:"当考评对象错误的时候,你就要对它负责。"

(27) 建立质量保证程序来确保数据的完整性,并实施制裁措施来减少欺骗行为。 数据可靠性的相关问题可能由几种原因产生,从带水分的报告到故意欺骗。建立质量保证程序,可能是在一个非常小的样本基础上进行的质量稽核或者"数据跟踪",这通常足以在大多数情况下"保证系统的诚实性",特别是如果每个人都知道,如果哪个人被发现伪造数据或试图"造假账",将会有适当的政策来对其施加制裁。

防止系统滥用

绩效考评系统也可能被滥用。例如，那些揭示不理想绩效的数据可能会不公平地被用于惩罚管理者和员工，而绩效数据是可以有选择性地被用来奖励或惩罚某些管理者和雇员的。或者，说得更委婉一点，独裁的管理者可能将绩效指标及其带来的力量用于雇员身上，以一种使雇员不舒服和在总体上起反作用的方式更密切地对其进行微观管理。为了避免这样的问题，高层管理者应该：

(28) 警惕对指标的曲解和滥用。高层管理者应该不仅浏览上报到他们这个层次上的绩效数据，然后采取相应的行动，还要以非正式的方式监控考评系统在组织的基层是怎样被利用的。一旦了解到一些管理者不适当地利用指标或操纵考评系统来虐待雇员，他们应该及时告知滥用者，他们的行为将不能再被容忍。

(29) 建设性地、而非惩罚性地使用考评系统，至少应查清制裁是必需的才能使用制裁措施。最高层管理者需要一层一层地向其下属和其他人示范绩效指标的建设性作用，依靠积极的强化提供有效的诱导来改善绩效；他们同时必须要求下属以同样的方式将系统用在他们的雇员身上。当数据显示绩效低于标准时，最有效的做法是，管理者致力于对问题源头及其矫正办法的分析，而不是因为某些人没有达到目标而惩罚他们。

272

(30) 最重要的是，将指标只作为指标来加以认可和使用。尽管指标在使管理者和其他人追踪组织或项目绩效方面的价值是不可估量的，但它们并不能自己完成整个任务。相反，它们只是绩效信息的又一个来源，它们产生的数据本质上只是单纯描述性的，并且只提供了关于项目绩效实际上是如何好或如何糟糕的一个表层的图景。因此，管理者应该学会有效地利用绩效数据，并在他们所了解到的或可得到的关于项目绩效情况的基础上，结合更为全面的背景环境来解释结果，而不是让指标本身来指导行为。

14.4 最后的评论

绩效考评对政府和非营利性组织中的绩效管理十分重要。尽管考评在寻求保持和改善绩效方面帮助很大，但是，它绝不是万能药。绩效考评可以为管理者和决策者提供有效、可靠和及时的信息，说明一个特定项目当前进行得如何好或如何坏，但接下来要深思熟虑和有效地对此做出反应以改善绩效，就是管理者和决策者的责任了。

很明显，在公共和非营利部门进行绩效考评的时候已经到了，组织正在建立新的考评系统，并在一个不间断的基础上对现存的绩效考评系统进行调整。但是对考评系统的可行性和有效性还存在着相当多的怀疑观点，而且大量关于绩效考评效果的谬论和误解仍然流行于这个领域（Ammons，2002；Hatry，2002）。然而，追踪公共和非营利项目的成果，并试图用所得的信息改进绩效及向高层权威提供说明的做法，对于建立在简单但无可辩驳的逻辑基础上的管理来说是个常识性的方法。

　　尽管许多公共和非营利组织近年来单纯出于应付首席执行官、立法组织和董事会的要求，才开发和实施了绩效考评系统，但是这些系统中的许多已经被证明对组织本身是有益的，许多公共和非营利管理者已经转变为绩效考评的信奉者。我们可以预见到，这方面的努力还会扩张，这对那些在促进以结果为导向的管理方法方面感兴趣的人来说是个好消息。然而，必须理解的是，绩效考评对以结果为导向的管理或以结果为导向的治理来说只是必要而非充分条件。要使绩效考评发挥作用，它必须有效地与其他管理和决策过程联系在一起，就像在本书第1章中所讨论过的那样。

　　因此，各个层次的公共和非营利管理者，以及被选举出来的官员和治理团体，必须努力将建立和使用有效的考评系统仔细地融入战略规划和管理、运作计划、预算、绩效管理以及质量和生产率的改善之中，成为上述过程的有机组成部分。如果绩效考评不与这些重要的管理和决策过程有力地结合在一起，那么绩效考评系统也就有可能只产生出"讨人喜欢的"信息，但是不可能产生更好的决策、改进的绩效和更有效的权责分配以及控制体系。

　　本书主要是从技术设计的角度来讨论组织绩效考评的问题，包括一些从组织和管理角度来讨论绩效考评系统的实施的章节，这些都是着眼于帮助读者尽可能地建立起一个最有效的考评系统。但是读者应该清醒地认识到，这其中充满了困难，真正的挑战很可能会持续下去，理想的绩效考评系统在我们周围也许是不存在的。虽然，我们应该努力去实施尽可能好的绩效考评系统，并致力于解决本书中讨论过的各种问题，但我们也需要对绩效考评系统的质量和有效性与成本和要投入的精力之间做一些必要的讲究实际的权衡，以建立一个可行的、经济的以及有效的绩效考评系统。尽管这不可能保证组织中拥有一个完美的绩效考评系统，但这明显会比没有一个可行的绩效考评系统或根本没有绩效考评系统更可取。

Altman, S.. "Performance Monitoring Systems for Public 275 Managers." *Public Administration Review*, 1979, *39* (1), 31—35.

American Society for Public Administration. *Resolution Encouraging the Use of Performance Measurement and Reporting by Government Organizations*. Washington, D. C.: American Society for Public Administration, 1992.

Ammons, D. N. (ed.). *Accountability for Performance: Measurement and Monitoring in Local Government*. Washington, D. C.: International City/County Management Association, 1995a.

Ammons, D. N.. "Overcoming the Inadequacies of Performance Measurement in Local Government: The Case of Libraries and Leisure Services." *Public Administration Review*, 1995b, *55* (1), 37—47.

Ammons, D. N.. "Benchmarking as Performance Management Tool: Experiences Among Municipalities in North Carolina." *Journal of Public Budgeting, Accounting & Financial Management*, 2000, *12*, 106—124.

Ammons, D. N.. *Municipal Benchmarks: Assessing Local Performance and Establishing Community Standards*. Thousand Oaks, Calif.: Sage, 2001.

Ammons, D. N.. "Performance Measurement and Managerial Thinking." *Public Performance & Management Review*, 2002, *25* (4), 344—347.

Anthony, R. N., and Young, D. W.. "Measurement of Output." In *Management Control in Nonprofit Organizations*. Boston: Irwin/McGraw-Hill, 1999.

Aristiqueta, M. P.. *Managing for Results in State Government*. Westport, Conn. : Quorum/Greenwood, 1999.

Behn, R. D.. "The Big Questions of Public Management." *Public Administration Review*, 1995, *55* (4), 313−324.

Behn, R. D., and Kant, P. A.. "Strategies for Avoiding the Pitfalls of Performance Contracting." *Public Productivity & Management Review*, 1999, *22* (4), 470−490.

276 Berman, E. M.. *Productivity in Public and Nonprofit Organizations: Strategies and Techniques*. Thousand Oaks, Calif. : Sage, 1998.

Berman, E. M., and Wang, X.. "Performance Measurement in U. S. Counties: Capacity for Reform." *Public Administration Review*, 2000, *60* (5), 409−420.

Berman, E. M., and West, J. P.. "Municipal Commitment to Total Quality Management: A Survey of Recent Progress." *Public Administration Review*, 1995, *55* (1), 57−66.

Berman, E. M., and West, J. P.. "Productivity Enhancement Efforts in Public and Nonprofit Organizations." *Public Productivity & Management Review*, 1998, *22* (2) 207−219.

Berry, F. S., and Wechsler, B.. "State Agencies' Experience with Strategic Planning—Findings From a National Survey." *Public Administration Review*, 1995, *55* (2), 159−168.

Bouckaert, G.. "Measurement and Meaningful Management." *Public Productivity & Management Review*, 1993, *17* (1), 31−44.

Broom, C. A.. "Performance-Based Government Models: Building a Track Record." *Public Budgeting and Finance*, 1995, *15* (4), 3−17.

Broom, C. A., Harris, J., Jackson, M., and Marshall, M.. *Performance Measurement Concepts and Techniques*. Washington, D. C. : Center for Accountability and Performance of the American Society for Public Administration, 1998.

Brown, R. E., Myring, M. J., and Gard, C. G.. "Activity-Based Costing in Government: Possibilities and Pitfalls." *Public Budgeting and Finance*, 1999, *19* (2), 3−21.

Brown, R. E., and Pyers, J. B.. "Putting the Teeth into the Efficiency and Effectiveness of Public Services." *Public Administration Review*, 1998, *48* (3), 735−743.

Bruder, K. A.. "Public Sector Benchmarking: A Practical Approach." *Public Management*, 1994, *76* (9), S9−S14.

Bryson, J. M.. *Strategic Planning for Public and Nonprofit Organizations*: *A Guide to Strengthening and Sustaining Organizational Achievement*. (2nd ed.) San Francisco: Jossey-Bass, 1995.

Bugler, D. T., and Henry, G. T.. *An Evaluation of Georgia's HOPE Scholarship Program*: *Impact on College Attendance and Performance*. Atlanta: Council for School Performance, 1998.

Carr, D. K., and Littman, I. D.. *Excellence in Government*: *Total Quality Management in the 1990s*. Arlington, va.: Coopers & Lybrand, 1990.

City of Phoenix. *City Manager's Executive Report*: *June, 2001*. Phoenix, Ariz.: City of Phoenix, 2001.

Coe, C.. "Local Government Benchmarking: Lessons from Two Major Multigovernment Efforts." *Public Administration Review*, 1999, *59* (2), 110-123.

Cohen, S., and Brand, R.. *Total Quality Management in Government*: *A Practical Guide for the Real World*. San Francisco: Jossey-Bass, 1993.

Cope, G. H.. "Local Government Budgeting and Productivity: Friends or Foes?" *Public Productivity Review*, 1987, *41*, 45-47.

Davenport, T. H.. "Managing in the New World of Process." *Public Productivity & Management Review*, 1994, *18*, 133-147.

De Lancer Julnes, P., and Holzer, M.. "Promoting the Utilization of Performance Measures in Public Organizations: An Empirical Study of Factors Affecting Adoption and Implementation." *Public Administration Review*, 2001, *61* (6), 693-708.

De Woolfson, B. H.. "Public Sector MBO and PPB: Cross Fertilization in Management Systems." *Public Administration Review*, 1975, *35*, 387-395.

Diagnostics Plus and Pennsylvania State University. *QUIK 97*: *Quality Use Importance Knowledge*. State College, Pa.: Diagnostics Plus and Pennsylvania State University, 1997.

Downs, G. W., and Larkey, P. D.. *The Search for Government Efficiency*: *From Hubris to Helplessness*. New York: Random House, 1986.

Eadie, D. C.. "Building the Capacity for Strategic Management" In J. L. Perry (ed.), *Handbook of Public Administration*. San Francisco: Jossey-Bass, 1989.

Epstein, P. D.. *Using Performance Measurement in Local Government*. New York: Van Nostrand Reinhold, 1984.

Epstein, P. D.. "Get Ready: The Time for Performance Measurement Is Finally Coming!" *Public Administration Review*, 1992, *52* (5), 513-519.

Epstein, P. D., and Campbell, W.. "GASB SEA Research Case Study: City of Austin." In *State and Local Government Case Studies on Use and Effects of Using*

Performance Measures for Budgeting, *Management*, *and Reporting*, 2000. Available online: www. accounting. rutgers. edu/raw/seagov/pmg/acsestudy/casesmain. html.

Faigin, B. , Dion, J. , and Tanham, R. . *The National Highway Traffic Safety Administration Case Study*: *Strategic Planning and Performance Measurement*. Washington, D. C. : American Society for Public Administration, n. d.

Federal Highway Administration. *1999 Highway Statistics*. Washington, D. C. : Federal Highway Administration, 1999.

Fukuhara, R. S. . "Productivity Improvement in Cities. " *The Municipal Year Book*: *1977*. Washington, D. C. : International City Management Association, 1977, pp. 193–200.

Girl Scout Council of Northwest Georgia. *2002 Outcomes Study Report*. Atlanta: Girl Scout Council of Northwest Georgia, 2002.

Glaser, M. . "Tailoring Performance Measurement to Fit the Organization: From Generic to Germane. " *Public Productivity* &. *Management Review*, 1991, *14* (3), 303–319.

Governmental Accounting Standards Board. *Resolution on Service Efforts and Accomplishments Reporting*. Norwalk, Conn. : Governmental Accounting Standards Board, 1989.

Governmental Accounting Standards Board and National Academy of Public Administration. *Report on Survey of State and Local Government Use and Reporting of Performance Measures*. Washington, D. C. : Governmental Accounting Standards Board, 1997.

Grant, D. L. . *Monitoring Ongoing Programs*. San Francisco: Jossey-Bass, 1978.

Grizzle, G. A. . "Performance Measures for Budget Justification: Developing a Selection Strategy. " *Public Productivity Review*, 1985, *8* (4), 328–343.

Halachmi, A. , and Bouckaert, G. . *Organizational Performance and Measurement in the Public Sector*: *Toward Service*, *Effort*, *and Accomplishments Reporting*. Westport, Conn. : Quorum Books, 1996.

Harkreader, S. A. , and Henry, G. T. . "Using Performance Measurement Systems for Assessing the Merit and Worth of Reforms. " *American Journal of Evaluation*, 2000, *21* (2), 151–170.

Harris, J. (ed.) . "Special Issue on Service Efforts and Accomplishments (SEA) Reporting. " *International Journal of Public Administration*, 1995, *18* (2&3), 253–608.

Hartgen, D. T. , and Presutti, E. L. . *Resources Versus Results*: *Comparative Performance of State Highway Systems*: *1984–1996*. Charlotte: Center for Interdisciplinary Transportation Studies, University of North Carolina, 1998.

Hatry, H. P.. "The Status of Productivity Measurement in the Public Sector." *Public Administration Review*, 1978, *38* (1), 28—33.

Hatry, H. P.. *Performance Measurement: Getting Results*. Washington, D. C.: Urban Institute Press, 1999.

Hatry, H. P.. "Performance Measurement: Fashions and Fallacies." *Public Performance & Management Review*, 2002, *25* (4), 352—358.

Hatry, H. P., and Fisk, D.. *Improving Productivity and Productivity Measurement in Local Government*. Washington, D. C.: Urban Institute Press, 1971.

Hatry, H. P., Marcotte, J. E., Van Houten, T., and Weiss, C.. *Customer Surveys for Agency Managers: What Managers Need to Know*. Washington, D. C.: Urban Institute Press, 1998.

Hatry, H. P., Van Houten, T., Plantz, M. C., and Greenway, M. T.. *278* *Measuring Program Outcomes: A Practical Approach*. Alexandria, Va.: United Way of America, 1996.

Hatry, H. P., and others. *How Effective Are Your Community Services?* Washington, D. C.: Urban Institute Press, 1977.

Hayes, B. E.. *Measuring Customer Satisfaction: Survey Design, Use, and Statistical Analysis Methods*. Milwaukee, Wis.: ASQ Quality Press, 1997.

Hendricks, M.. "Outcome Measurement in the Nonprofit Sector: Recent Developments, Incentives, and Challenges." In K. E. Newcomer and others (eds.), *Meeting the Challenges of Performance Oriented Government*. Washington, D. C.: Center for Accountability and Performance of the American Society for Public Administration, 2002.

Henry, G. T., and McMillan, J. H.. "Performance Data: Three Comparison Methods." *Evaluation Review*, 1993, *17* (6), 643—652.

Holzer, M. (ed.). *Public Productivity Handbook*. New York: Dekker, 1992.

Holzer, M., and Callahan, K.. *Government at Work: Best Practices and Model Programs*. Thousand Oaks, Calif.: Sage, 1998.

Howard, S. K.. *Changing State Budgeting*. Lexington, Ky.: Council of State Governments, 1973.

Hyde, A.. "Quality, Reengineering, and Performance: Managing Change in the Public Sector." *The Enduring Challenges in Public Management: Surviving and Excelling in a Changing World*. San Francisco: Jossey-Bass, 1995.

Hyde, A.. "A Decade's Worth in Lessons in Continuous Improvement." *Government Executive*, July 1997, pp. 58—68.

Joyce, P. G.. "Using Performance Measures for Federal Budgeting: Proposals and Prospects." *Public Budgeting and Finance*, 1993, *13* (4), 3—17.

Joyce, P. G.. "Using Performance Measures for Budgeting: A New Beat, or Is It the Same Old Tune?" In K. E. Newcomer (ed.) *Using Performance Measurement to Improve Public and Nonprofit Programs.* New Directions for Evaluation, no. 75. San Francisco: Jossey-Bass, 1997.

Joyce, P. G., and Tompkins, S. S.. "Using Performance Information for Budgeting: Clarifying Terms and Investigating Recent State Experience." In K. Newcomer and others (eds.). *Meeting the Challenges of Performance Oriented Government.* Washington, D. C.: Center for Accountability and Performance of the American Society for Public Administration, 2002.

Kaplan, R. S., and Norton, D. P.. "The Balanced Scorecard: Measures That Drive Performance." *Harvard Business Review*, Jan./Feb. 1992.

Kaplan, R. S., and Norton, D. P.. *The Balanced Scorecard: Translating Strategy into Action.* Boston: Harvard University Press, 1996.

Kassoff, H.. "Implementing Performance Measurement in Transportation Agencies." *Performance Measures to Improve Transportation Systems and Agency Operations.* Washington, D. C.: National Academy Press, 2001.

Keehley, P., Medlin, S., MacBride, S., and Longmire, L.. *Benchmarking for Best Practices in the Public Sector: Achieving Performance Breakthroughs in Federal, State, and Local Agencies.* San Francisco: Jossey-Bass, 1997.

Kettner, P., and Martin, L.. "Performance Contracting in the Human Services: An Initial Assessment." *Administration in Social Work*, 1995, *19* (2), 47−61.

Kopczynski, P., and Lombardo, M.. "Comparative Performance Measurement: Insights and Lessons Learned from a Consortium Effort." *Public Administration Review*, 1999, *59* (2), 124−134.

Koteen, J.. *Strategic Management in Public and Nonprofit Organizations.* New York: Praeger, 1989.

Kravchuck, R. S., and Leighton, R.. "Implementing Total Quality Management in the United States." *Public Productivity & Management Review*, 1993, *17* (1), 71−82.

Kravchuck, R. S., and Schack, R. W.. "Designing Effective Performance Measurement Systems Under the Government Performance and Results Act of 1993." *Public Administration Review*, 1996, *56* (4), 348−358.

Lee, R. D.. "A Quarter Century of State Budgeting Practices." *Public Administration Review*, 1997, *57* (2), 133−140.

Lefevre, J. (ed.). *Government Quality and Productivity: Success Stories.* Milwaukee, Wis.: ASQ Quality Press, 1992.

Legislative Budget Board, State of Texas. "Budget and Performance Assessments: State Agencies and Institutions, Fiscal Years 1997−2001." *Texas Department of Economic Development*. Austin, Texas: Legislative Budget Board, State of Texas, 2001a, pp. 198—199.

Legislative Budget Board, State of Texas. "Legislative Budget Estimates for the 2002—2003 Biennium." Articles IV—XII. *Department of Agriculture*. Austin, Texas: Legislative Budget Board, State of Texas, 2001b, pp. VI1—VI5.

Lyden, F. J., and Miller, E. G.. *Public Budgeting: Program Planning and Evaluation*. Skokie, Ill.: Rand McNally, 1978.

Mallory, B. L.. "Managing the Strategic Plan With Measures: The Pennsylvania Department of Transportation." Paper presented at the annual meeting of the Transportation Research Board, Washington, D. C., January 2002.

Matzer, J., Jr. (ed.). *Productivity Improvement Techniques: Creative Approaches for Local Government*. Washington, D. C.: International City Management Association, 1986.

Melkers, J. E., and Willoughby, K. G.. "The State of the States: Performance-Based Budgeting Requirements in 47 out of 50." *Public Administration Review*, 1998, *58* (1), 66—73.

Melkers, J. E., and Willoughby, K. G.. "Budgeters' Views of State Performance Budgeting Systems: Distinctions Across Branches." *Public Administration Review*, 2001, *61* (1), 54—64.

Milakovich, M. E.. *Improving Service Quality: Achieving High Performance in the Public and Private Sectors*. Boca Raton, Fl.: St. Lucie Press, 1995.

Morrisey, G. L.. *Management by Objectives and Results in the Public Sector*. Reading, Mass.: Addison-Wesley, 1976.

Mowitz, R. J.. *The Design and Implementation of Pennsylvania's Planning, Programming, Budgeting System*. Harrisburg: Commonwealth of Pennsylvania, 1970.

National Academy of Public Administration. *Performance Monitoring and Reporting by Public Organizations*. Washington, D. C.: National Academy of Public Administration, 1991.

National Academy of Public Administration. *Implementing the Results Act*. Washington, D. C.: National Academy of Public Administration, 1997.

National Governors' Association. *Performance Based Governance: An Action Agenda to Redesign State Government*. Washington, D. C.: National Governors' Association, 1994.

National Performance Review. *Serving the American Public: Best Practices in Performance Measurement. Benchmarking Study Report*. Washington, D. C.: National Performance Review, 1997. Available Online: www. npr. gov/library/papers/benchmark/nprbook. html.

Newcomer, K. E., and Wright, R. E.. "Managing for Outcomes: Federal Uses for Performance Measurement." *Public Manager*, 1996, *25* (4), 31-36.

Nutt, P. C., and Backoff, R. W.. *Strategic Management of Public and Third Sector Organizations: A Handbook for Leaders*. San Francisco: Jossey-Bass, 1992.

Oregon Progress Board. *Achieving the Oregon Shines Vision: The 1999 Benchmark Performance Report*. Salem, Oreg. : Oregon Progress Board, Mar. 1999.

Osborne, D., and Gaebler, T.. *Reinventing Government: How the Entrepreneurial Spirit Is Transforming the Public Sector*. Reading, Mass. : Addison-Wesley, 1992.

280   O'Toole, D. E., and Stipak, B.. "Budgeting and Productivity Revisited: The Local Government Picture." *Public Productivity Review*, 1988, *12* (1), 1-12.

Pennsylvania Department of Transportation. *County Management Summary*. Harrisburg, Pa. : Pennsylvania Department of Transportation, June 1995.

Pennsylvania Department of Transportation. *Moving Pennsylvania Forward: Journey to the Strategic Agenda*. Harrisburg, Pa. : Pennsylvania Department of Transportation, 2000.

Plantz, M. C., Greenway, M. T., and Hendricks, M.. "Outcome Measurement: Showing Results in the Nonprofit Sector." In K. E. Newcomer (ed.). *Using Performance Measurement to Improve Public and Nonprofit Programs*. New Directions for Evaluation, no. 75. San Francisco: Jossey-Bass, 1997.

Poister, T. H.. *Public Program Analysis: Applied Research Methods*. Baltimore: University Park Press, 1978.

Poister, T. H.. *Performance Monitoring*. Lexington, Mass. : Heath, 1983.

Poister, T. H.. *Performance Measurement in State Departments of Transportation*. Washington, D. C. : Transportation Research Board, 1997.

Poister, T. H., McDavid, J. C., and Magoun, A. H.. *Applied Program Evaluation in Local Government*. San Francisco: New Lexington Press, 1979.

Poister, T. H., and McGowan, R. P.. "The Use of Management Tools in Municipal Government: A National Survey." *Public Administration Review*, 1984, *44* (3), 215-223.

Poister, T. H., and Streib, G. D.. "Management Tools in Municipal Government: Trends over the Past Decade." *Public Administration Review* 1989, *49* (3), 240-248.

Poister, T. H., and Streib, G. D.. "Municipal Management Tools from 1976 to 1993: An Overview and Update." *Public Productivity & Management Review*, 1994, *18* (2), 115-125.

Poister, T. H. , and Streib, G. D. . "MBO in Municipal Government: Variations on a Traditional Management Tool." *Public Administration Review*, 1995, *55* (1), 48-56.

Poister, T. H. , and Streib, G. D. . "Performance Measurement in Municipal Government: Assessing the State of the Practice." *Public Administration Review*, 1999a, *59* (4), 325-335.

Poister, T. H. , and Streib, G. D. . "Strategic Management in the Public Sector: Concepts, Models, and Processes." *Public Productivity & Management Review*, 1999b, *22* (3), 308-325.

Ridley, C. E. , and Simon, H. A. . *Measuring Municipal Activities: A Survey of Suggested Criteria for Appraising Administration*. Chicago. International City Management Association, 1943.

Rodgers, R. , and Hunter, J. E. . "A Foundation of Good Management Practice in Government: Management by Objectives." *Public Administration Review*, 1992, *52* (1), 27-39.

Rossi, P. H. , Freeman, H. E. , and Wright, S. R. . *Evaluation: A Systematic Approach*. Thousand Oaks, Calif. : Sage, 1979.

Rossi, P. H. , and Williams, W. . *Evaluating Social Programs: Theory, Practice, and Politics*, New York: Seminar Press, 1972.

Sawhill, J. C. , and Williamson, D. . "Mission Impossible? Measuring Success in Nonprofit Organizations." *Nonprofit Management and Leadership*, 2001, *11* (3), 371-386.

Schick, A. . *Budget Innovation in the States*. Washington, D. C. : Brookings Institution, 1971.

Schuster, J. . "The Performance of Performance Indicators in the Arts." *Nonprofit Management & Leadership*, 1997, *7* (3), 253-269.

State of Virginia, Department of Mines, Minerals and Energy. Virginia Results Performance Measure Information. Richmond, Va. : Virginia Department of Planning and Budget, 2003.

State of Washington, Office of Financial Management. *2001-2003 Operating Budget Instructions, Part I*. Olympia, Wash. : State of Washington, 2001. Available online: www. ofm. wa. gov/budinst01-03/budinst01-03part1/budinst01-03part1. htm#section2

Steiss, A. W. . *Strategic Management and Organizational Decision Making*. Lexington, Mass. : Heath, 1985.

Steiss, A. W. , and Daneke, G. A. . *Performance Administration*. Lexington, Mass. : Heath, 1980.

Suchman, E. A. . *Evaluative Research: Principles and Practice in Public*

Service and Social Action Programs. New York: Russell Sage Foundation, 1967.

Swiss, J. E.. *Public Management Systems: Monitoring and Managing Government Performance*. Englewood Cliffs, N. J.: Prentice Hall, 1991.

Syfert, P.. "Customer-Based Performance Management in Charlotte." Paper presented at a conference on Managing for Results: Performance Measures in Government, Austin, Texas, 1993. Reprinted in D. N. Ammons (ed.). *Accountability for Performance: Measurement and Monitoring in Local Government*. Washington, D. C.: International City/County Management Association, 1995.

Taylor, M. E., and Sumariwalla, R. D.. "Evaluating Nonprofit Effectiveness: Overcoming the Barriers." In D. R. Young and others (eds.). *Governing, Leading and Managing Nonprofit Organizations: New Insights from Research and Practice*. San Francisco: Jossey-Bass, 1993.

Tigue, P., and Strachota, D.. *The Use of Performance Measures in City and County Budgets*. Chicago: Government Finance Officers Association, 1994.

United Way of America. *Outcome Measurement Activities of National Health and Human Service Organizations*. Alexandria, Va.: United Way of America, 1998.

United Way of America. "Teen Mother Parenting Education Program Logic Model." Unpublished chart, United Way of America, 2002.

Urban Institute and International City/County Management Association. *Comparative Performance Measurement: FY 1995 Data Report*. Washington, D. C.: Urban Institute Press and International City/County Management Association, 1997.

U. S. Department of Education. *1999 Performance Report and 2001 Annual Plan*. Washington, D. C.: U. S. Department of Education, 2000.

U. S. Department of Health and Human Services. *Strategic Plan FY 2001－2006*. Washington, D. C.: Department of Health and Human Services, 2000.

Usher, C. L., and Cornia, G.. "Goal Setting and Performance Assessment in Municipal Budgeting." *Public Administration Review*, 1981, *41* (2), 229－235.

Vinzant, D. H., and Vinzant, J.. "Strategy and Organizational Capacity: Finding a Fit." *Public Productivity & Management Review*, 1996, *20* (2), 139－157.

Waller, J. D., and others. *Monitoring for Government Agencies*. Washington, D. C.: Urban Institute Press, 1976.

Walters, J.. "The Benchmarking Craze." *Governing*, 1994, *7* (7), 33－37.

Weiss, C. H.. *Evaluation Research: Methods of Assessing Program Effectiveness*. Englewood Cliffs, N. J.: Prentice Hall, 1972.

Wholey, J. S.. *Evaluation: Promise and Performance*. Washington, D. C.: Urban Institute Press, 1979.

Wholey, J. S.. *Evaluation and Effective Public Management*. New York: Little, Brown, 1983.

Wholey, J. S.. "Performance Based Management: Responding to the Challenges." *Public Productivity & Management Review*, 1999, *22* (3), 288−307.

Wholey, J. S.. "Making Results Count in Public and Nonprofit Organizations: Balancing Performance with Other Values." In K. E. Newcomer, E. T. Jennings, C. A. Broom, and A. Lomax (eds.). *Meeting the Challenges of Performance-Oriented Government*. Washington, D. C.: Center for Accountability and Performance of the American Society for Public Administration, 2002.

Wholey, J. S., and Hatry, H. P.. "The Case for Performance Monitoring." *Public Administration Review*, 1992, *52* (6), 604−610.

Wholey, J. S., and Newcomer, K. E.. "Clarifying Goals, Reporting Results." In K. E. Newcomer (ed.). *Using Performance Measurement to Improve Public and Nonprofit Programs*. New Directions for Evaluation, no. 75. San Francisco: Jossey-Bass, 1997.

Williamsport Bureau of Transportation, *1999 Performance Report and Plan Update*. Williamsport, Pa.: Williamsport Bureau of Transportation, 2000.

Young, D. R.. "The First Seven Years of NML: Central Issues in the Management of Nonprofit Organizations." *Nonprofit Management and Leadership*, 1997, 8 (2), 193−201.

282

索 引

第11章

经典教材系列
公共行政与公共管理经典译丛

（索引中"*fig*"表示图，"*t*"表示表）

ABS（Adaptive Behavior Scale），适应性行为量表，80

Accountability，责任制，187

Activity-based accounting practices，基于活动的成本核算工作，201

Adjusted Performance Measures：Cost Per Mile of Surface Treatment，调整后的绩效指标：处理每英里路面所花费的成本，249*t*

Adjusted performance measures，经过调整的绩效指标，247-250，248*fig*，249*t*

Administration records，管理记录，83

Adobe Acrobat Reader PDF，文件浏览器，145

Agency records，机构记录，83

AIDS Prevention programs，艾滋病预防项目，39，40

Air traffic control program model，空中交通控制方案模型，41，42*fig*，43

Alcoholics Anonymous，酗酒者互戒组织，45

Altman，S.，S. 奥尔特曼，5

American Association on Mental Retardation，美国智障协会，80

American Red Cross FOCIS，美国红十字会业务整合信息系统，164

American Society for Public Administration，美国公共管理学会，7

Ammons，D. N.，D. N. 安蒙斯，5，7，8，18，272

Anthony，R. N.，R. N. 安东尼，35

Appling County School Performance report，爱普凌县学校的绩效报告，130*t*-131*t*

AQI（air quality index），空气质量指数，79-80

Aristiqueta，M. P.，M. P. 阿里斯蒂克特，7，18

Automated Budget and Evaluation System of Texas，得克萨斯州的自动预算和考评系统，148-149

Backoff，R. W.，R. W. 拜考夫，6

Balanced scorecard：City of Charlotte (North Carolina) use of，平衡计分卡：在美国北卡罗来纳州的夏洛特市的使用，180-181，182*fig*-183*fig*

logic models and，逻辑模型与平衡计分卡，181，184

model of，平衡计分卡模型，179-180*fig*

Behn，R. D.，R. D. 贝恩，3，7，13

Benchmarking，标杆

availability of data and，数据的可获得性与标杆，241-242*t*

described，描述标杆，65

external，外在标杆，14，119-120*fig*

future prospects for，标杆前景探究，250

public sector，公共部门标杆，236-238

recommended readings on，关于标杆的推荐读物，250-251

reliability of comparative data，标杆比较数据的可靠性，242-243

statistical，统计标杆，238-240fig

variation in operating conditions，标杆操作条件的变化，243-244

Berman, E. M.，E. M. 伯曼，8，220，223

Berry, F. S.，F. S. 贝里，6

Bias，偏差

nonresponse，系统偏差，97-99

observer，观察者偏好，95

Bouckaert, G.，G. 博卡尔特，7，10

Brand, R.，R. 布兰德，6，228

Breakout data，分类总结的数据，121

Broom, C. A.，C. A. 布鲁姆，7，35，63

Brown, R. E.，R. E. 布朗，5，201

Bruder, K. A.，K. A. 布鲁德，6

Bryson, J. M.，J. M. 布赖森，6，11，160

Budgeting, See PBB (performance-based budgeting)，预算，见"基于绩效的预算"

Bugler, D. T.，D. T. 巴格勒，101

Callahan, K.，K. 凯勒汉，18

Campbell, W.，W. 坎贝尔，18

Carr, D. K.，D. K. 卡尔，223

"The Case for Performance Monitoring" (Wholey and Hatry)，《绩效监测案例》（沃利和哈特里），7

CDC Sexually Transmitted Disease (STD) Prevention Division，疾病控制中心的性传播疾病预防分部，176-178fig，179

CDOT (Charlotte Department of Transportation)，夏洛特交通部，181

Centers for Disease Control (CDC)，疾病控制中心，60

Child support enforcement program，儿童抚养强制项目，68-69fig，70-71

City of Atlanta，亚特兰大市

comparative police performance，警队绩效比较，246t

crimes per 1 000 capita by percentage of popula-
tion below poverty level，贫困线以下人口的百分数与每千人犯罪人数比较，245fig-246

crimes per 1 000 residents/estimated daytime population，常住人口的每千人犯罪人数与估计的白天人口比较，247fig

City Bus，城市公共汽车，115-116t，117，119，121

City of Charlotte (North Carolina)，夏洛特市，180-181，182fig-183fig

City Manager's Executive Report (City of Phoenix)，城市管理当局的执行报告（菲尼克斯市），213

Clinical examinations，临床试验，84-85

Coe, C.，C. 科，8

Cohen, S.，S. 科恩，6，228

Commercial performance data management software，商用绩效数据管理软件，146-148fig，147fig

ComNET (Computerized Neighborhood Environment Tracking) program，计算机化的街道环境跟踪方案，138

Comparative measures，可比较指标

reliability of data on，可比较指标数据的信度，242-243

strategies to improve，改善可比较指标的战略，244-250

variation in operating conditions and，操作条件的变化与可比较指标，243-244

Comparative Performance Measurement Consortium，比较绩效考评联盟，245fig-246

Comparative Police Performance，比较警队绩效，246t

Compass monitoring system (NMSH & TD)，指标监测系统，217-218

Comshare，分析软件，147

Contract management, See Management，合同管理，见"管理"

Cope, G. H.，G. H. 科普，5

Corel Quattro Pro，加拿大软件公司的电子数据表软件，149

Cornia, G.，G. 科涅，5

Council for School Performance (Georgia)，学校绩效委员会（佐治亚州），145

County Highway Maintenance Cost Per Mile of Surface Treatment，各县公路每英里路面维修费用，248*fig*

Creative graphical display reporting format，形象性的图表展示的报告形式，135，136*fig*，140

Crime control programs，犯罪控制项目（工作），39

Crisis stabilization unit program model，精神疾病治疗中心工作模型，43，44*fig*，45

Customer response cards，客户反馈卡，85-86

Customer satisfaction monitoring，客户满意度监测
gathering data for，为客户满意度监测收集数据，229，231

Girl Scout Council customer surveys as，女童子军顾客调查委员会客户满意度监测，231-233

to improve services，改善服务的客户满意度监测，234

PennDOT quality-importance matrixes as，宾夕法尼亚州交通部质量—重要性矩阵，233*fig*-234

Customized data management software，专门设计的数据管理软件，148-149

Daneke，G. A.，G. A. 丹尼克 5

Data management software，数据管理软件
comme rcial programs，商业软件，146-148*fig*，147*fig*

customized systems，专门设计的数据管理软件，148-149

generic，149-150*t*，通用数据管理软件，151

selecting the right，选择合适的数据管理软件，146-151

Data management system，数据管理系统
appropriate data entry system，适当的数据输入系统，144

data reporting formats，数据报告形式，144-145

data safety measures，数据安全维度，145-146

data time frames，数据时间框架，142-143

guidelines for establishing a high-quality，建立高素质的数据管理系统的建议，151，154-155

interface with other data systems，与其他数据系统的接口，143

level of analysis，数据管理系统分析水平，143

selecting/designing，选择/设计数据管理系统，141-146

Data，*See* Performance data，数据，见"绩效数据"

Davenport，T. H.，T. H. 达文波特，6

DBPR (Florida Department of Business and Professional Regulation)，佛罗里达州商业和职业监管部，199-200

dbProbe，一个报告软件，147

De Lancer Julnes，P.，P. 德·兰瑟·朱尼斯，18，264

Department of Juvenile Justice Regional Youth Detention Centers report，青少年司法局地方青少年拘留中心报告，135，137*fig*

Development performance measurement systems，建立绩效考评系统
design and implementation process of，设计和实施过程，22-31，23*t*

flexible process of，改进绩效考评系统的弹性过程，31-32

step 1：securing management commitment，第一步：确保管理者认同，23-24

step 2：organizing system development process，第二步：组织考评系统开发过程，24

step 3：clarifying system purpose and parameters，第三步：确立考评系统目标和参数，24-26

step 4：identifying outcomes/other performance criteria，第四步：确定工作结果和其他绩效标准，26

step 5：defining，evaluating，selecting indicators，第五步：定义、评价和选择指标，26-27

step 6：developing data collection procedures，第六步：开发数据收集程序，27-28

step 7：specifying system design，第七步：详细说明系统设计过程，28-30

step 8：conducting pilot，第八步：进行系统测试，30

step 9：implementing full-scale system，第九步：全面实施系统，30-31

step 10：using，evaluating，modifying system，第十步：运用、评价和修改系统，31

See also Performance measurement system，见"绩效考评系统"

DeWoolfson，B. H.，B. H. 德伍尔夫逊，5

DHHS（U. S. Department of Health and Human Services）美国卫生与公众服务部

  benchmarking by，美国卫生与公众服务部标杆，238

  indicators used in data analysis by，美国卫生与公众服务部数据分析中用到的指标，120

  strategic framework of，美国卫生与公众服务部战略框架，59-61

  strategic objectives/performance measures of，美国卫生与公众服务部战略目标/绩效指标，61t

Direct observation，直接观察，84

District of Columbia，哥伦比亚特区，14

DOAS（Georgia Department of Administrative Services），佐治亚州的行政服务部，224-225t，226，225t

Downs，G. W.，G. W. 唐斯，6

DRIP syndrome，DRIP 综合征，即数据丰富但信息贫乏，6

Eadie，D. C.，D. C. 伊迪，6

EDA（Fairfax County Economic Department Authority），费尔菲克斯县经济发展当局，197-198

Enhanced tabular reporting format，改进的表格化形式，129，130t-131t，132

Epstein，P. D.，P. D. 爱泼斯坦，5，7，13，18

Evaluating programs，评价项目，12，164-165

Exemplary state and Local Awards Program，州与地方政府模范奖项目，18

Explanatory variables，解释性变量，244

External benchmarking，外部标杆

  data analysis using，运用外部标杆的数据分析，119-120fig

  performance measures used for，作为外部标杆的绩效指标，14

FCNY（Fund for the City of New York），纽约城市基金会，137-140

Federal Aviation Administration，联邦航空管理部门，41

Federal Health Care Financing Administration，联邦卫生保健财务管理部门，78

Financial management，See PBB（performance-based budgeting），财务管理，见"基于绩效的预算"

FlexMeasures，项目管理软件，146

Florida Benchmarks，佛罗里达标杆管理，237

Florida Department of Business and Professional Regulation（DBPR），佛罗里达州商业和职业监管部，199-200

FOCIS（Field Operations Consolidate Information System）[American Red Cross]，业务整合信息系统 [美国红十字会]，164

Follow-up contacts，跟踪接触，83-84

Freeman，H. E.，H. E. 弗里曼，5

Fukukara，R. S.，R. S. 弗库卡拉，5

Gaebler，T.，T. 盖布勒，4

Gaming，博弈，270-271

Gard，C. G.，C. G. 加德，201

Georgia Department of Administrative Services（DOAS），佐治亚州行政服务部，224-225t，226，228t

Georgia Disability Adjudication Section（Department of Human Resources），佐治亚州的残疾判定分部（人力资源部），228-229，230t

Georgia Gain（State of Georgia），佐治亚收益器（佐治亚州），205

Georgia's Office of Child Support Enforcement，佐治亚州儿童抚养执行办公室，234，238

"Get Ready：The Time for Performance Measurement Is Finally Coming!"（Epstein），《做好准备：绩效考评的时代终于到来了!》（爱泼斯坦），7

Girl Scout Council of Northwest Georgia，西北佐治亚女童子军委员会，231-233

Glaser，M.，M. 格拉泽，7

Goals，目的

  agency-based strategic，以机构为基础的战略目的，168，170

  aviation safety，航空安全目的，63-64t

  building ties between objectives/measures and，建立目标/指标与目的之间的联系，75

  defining，目的界定，59

DHHS establishing，美国卫生与公众服务部的目的设置，58-59

NHTSA，国家公路交通安全管理局的目的，61-63

overcoming displacement of，克服目的转换，270-271

programmatic vs. managerial，项目的目的与管理的目的，72-74 *fig*，75

U. S. Department of Education strategic，美国教育部的战略目的，170-171*t*，172 *fig*-173

See also Objectives，见"目标"

Government Finance Officers Association，政府财政官员协会，188-189

Government "new" performance measurement，政府"新"绩效考评，6-8

Government Performance and Results Act of 1993，1993 年《政府绩效与结果法案》，7，11，59，184，187

Governmental Accounting Standards Board，政府会计标准部，7

"Governor's Budget Recommendations Performance Ledger" (State of Florida)，"州长预算建议绩效分类账"（佛罗里达州），198

Grant, D. L.，D. L. 格兰特，5

Graphical display reporting format，绘图展示报告形式

　examples of，绘图展示报告形式案例，132，133 *fig*，134 *fig*，135

　examples of pictorial and creative，图示的和创造性的案例，135，136 *fig*-139 *fig*，140

Greenway, M. T.，M. T. 格林韦，8，36，256，264

Grizzle, G. A.，G. A. 格里兹尔，5

Halachmi, A.，A. 哈拉契米，10

Harkreader, S. A.，S. A. 哈克瑞德，12

Harris, J.，J. 哈里斯，10，35，63

Hatry, H. P.，H. P. 哈特里，4，5，7，35，231，264，272

Hayes, B. E.，B. E. 海斯，231

Hendricks, M.，M. 亨德里克斯，8，9，256，264

Henry, G. T.，G. T. 亨利，12，101

Highway construction programs，公路建设项目工作，39

Holzer, M.，M. 霍尔泽，18，220，264

HOPE Scholarship program，希望奖学金项目

　described，希望奖学金项目描述，101-102

　effectiveness measures of，希望奖学金项目效果指标，102

Hospital Patient Feedback report，医院患者反馈报告，135，136 *fig*

Howard, S. K.，S. K. 霍华德，5

Hunter, J. E.，J. E. 亨特，12，205

Hyde, A.，A. 海德，6，223

Implementing performance measurement systems，实施绩效考评系统

　deliberate process of，实施绩效考评系统的商讨过程，260-262

　designing and，设计和实施绩效考评系统，22-31，23*t*

　elements of success，实施绩效考评系统的成功要素，257-263

　full-scale，全面实施绩效考评系统，30-31

　leadership and stakeholder involvement in，领导阶层与利益相关者参与实施绩效考评系统，258-260

managing process of，实施绩效考评系统的管理过程，255-257

project management approach of，实施绩效考评系统的项目管理方法，262-263

strategies overcoming challenges of，克服绩效考评系统实施中的挑战的战略，264-272

Improving comparative measures，改进比较指标

　adjusted performance measures，经过调整的绩效指标，247-250，248 *fig*，249*t*

　explanatory variables for，改进比较指标的解释性变量，244

　peer groups，对照组，244-246，245 *fig*

　recalibrated measures for，重新修正的指标，246*t*-247

Indexes，指数，79-80

Indicators，*See* Performance indicators，指标，见"绩效指标"

Instrument decay，指标设计落后，96

Internal analysis，内部分析，163-164

Internal resistance，内部阻力，269-270

International City Management Association，国际城市管理协会，5

Jackson，M.，M. 杰克逊，35，63

Joyce，P. G.，P. G. 乔伊斯，6，11，188

Juvenile justice boot camps programs，青少年司法局训练营项目，40

Kant，P. A.，P. A. 康德，13

Kaplan，R. S.，R. S. 卡普兰，179

Kassoff，H.，H. 卡索夫，264

Keehley，P.，P. 基利，6，237

Keep Nebraska Beautiful program，内布拉斯加州美丽环境保护项目，38

Kettner，P.，P. 凯特纳，13

Kopczynski，P.，P. 克普克兹斯基，8

Koteen，J.，J. 科廷，6，160

Kravchuck，R. S.，R. S. 克瑞维切克，6，7，264

LAN（local area network），局域网，145

Larkey，P. D.，P. D. 拉基，6

Leadership involvement，领导层的参与，258-260

Lee，R. D.，R. D. 李，6

Lefevre，J.，J. 勒菲弗，228

Leighton，R.，R. 莱顿，6

Littman，I. D.，I. D. 李特曼，223

Lombardo，M.，M. 隆巴尔多，8

Longmire，L.，L. 朗迈尔，237

Lotus 1-2-3，莲花公司的 Lotus 1-2-3 软件，149

Lyden，F. J.，F. J. 莱登，5

MacBride，S.，S. 麦克布赖德，237

McDavid，J. C.，J. C. 麦克戴维，35

McGowan，R. P.，R. P. 麦高恩，5

McMillan，J. H.，J. H. 麦克米伦，12

Magoun，A. H.，A. H. 马古恩，35

Mallory，B. L.，B. L. 马洛里，18

Management，管理

gaming by，管理博弈，270-271

internal resistance by，管理的内部阻力，269-270

lack of buy-in by，缺乏管理层的支持，268-269

performance measures used for contract，用于合同管理的绩效指标，13-14

Map display reporting format，地图展示报告形式，137-138，138fig，139fig

Marcotte，J. E.，J. E. 马科特，231

Marshall，M.，M. 马歇尔，35，63

MARTA（Metropolitan Atlanta Rapid Transit Authority），亚特兰大地区高速交通网管理局，112fig-114fig，117-119，118t，122

Martin，L.，L. 马丁，13

Matzer，J.，Jr.，小 J. 马特兹，220

MBO（management by objectives），目标管理

CDE（community disaster education）performance measures in，社会灾难教育绩效指标，210，212fig-213

described，目标管理描述，12-13，205-207

individual and programmatic，个人的和项目的目标管理，218

measures for monitoring systems，监测系统的指标，213，214fig-216fig，217-218

monitoring systems of，目标管理的监测系统，207-208

Program（City of Phoenix），目标管理方案（菲尼克斯市），211t

performance measures of，目标管理的绩效指标，209-210

See also Objectives，Performance management systems，见"目标"、"绩效管理系统"

Medlin，S.，S. 梅德林，237

Melkers，J. E.，J. E. 梅尔克斯，7，124，141，187

Methodology，方法

common problems，常见问题，92-100

indexes，指数，79-80

issues of，方法问题，33

for percentages，rates，and ratio statistics，百分、比等级和比率统计方法，78-79

for raw numbers and averages statistics，原始数

据和平均数统计方法，77

sources of performance data, 绩效数据的来源，81—86

validity and reliability issues of, 方法的效度和信度问题，86—91

See also Performance data, 见"绩效数据"

Methodology problems, 方法问题

cheating, 数据虚假，99—100

instrument decay, 指标设计落后，96

noncomparability of data, 没有可比性的数据，92

observer bias, 观察者偏好，95

poor instrument design, 工具设计拙劣，95

reactive measurement, 受到无关因素影响，96—97

tenuous proximate measures, 替代指标相关度低，93—94

under- or overreporting, 低估或高估实际绩效，94—95

Microsoft Access, 微软公司的 Access 软件，149

Microsoft Excel, 微软公司的 Excel 软件，149

Microsoft's SQL Server, 微软公司的结构化查询语言服务器，149，151

Milakovich, M. E., M. E. 米拉克维奇，228

Miller, E. G., E. G. 米勒，5

Minnesota Milestones, 明尼苏达里程碑，237

Mission, 使命

defining, 使命的定义，59

importance of establishing, 设立使命的重要性，58—59

Monitoring, 监测

of customer satisfaction, 顾客满意度监测，229—230t，231—234，233fig

of the "nuts and bolts", "螺母和螺丝"的监测，235

performance measures used for, 用于监测的绩效指标，10

of productivity, 生产力监测，219—222t，223

of service quality, 服务质量监测，223—225t，226—229，228t

Monitoring systems, 监测系统

Compass system of NMSH & TD, 新墨西哥州公路和运输部的指标系统，217—218

measures for, 监测系统的指标，213，214fig—216fig，217

output-oriented, 以产出为导向的监测系统，221—222t

standard hours, 标准时间，223

Morrisey, G. L., G. L. 莫里西，206

Mowitz, R. J., R. J. 莫维兹，5

Myring, M. J., M. J. 米瑞，201

National Academy of Public Administration, 国家公共管理学院，7

National Assessment of Educational Progress, 国家教育发展评估委员会，172

National Center for Education Statistics, 国家教育统计中心，172

National Center for Public Productivity, 国家公共生产力中心，18

National Governor's Association, 国家治理协会，7

National Health and Nutrition Examination Survey (CDC), 国家健康和营养检测调查（疾病控制和预防中心），60

National Performance Review, 《国家绩效评论》，257—258

Neighborhood Services Program (City of Phoenix), 邻里服务计划（菲尼克斯市），214fig—216fig

"New" performance measurement, "新"绩效考评，6—8

Newcomer, K. E., K. E. 纽科默，7

NHTSA (National Highway Traffic Safety Administration), 国家公路交通安全管理部门，61—63

1999 Performance Report and 2001Annual Plan (Department of Education), 《1999 年绩效报告和 2001 年年度计划》（教育部），172

NMSH & TD (New Mexico State Highway and Transportation Department), 新墨西哥州公路和运输部，64—65

Nonprofit sectors, 非营利部门

implementing performance measurement systems in, 非营利部门绩效考评系统实施，264—265

performance measurement in the, 非营利部门绩效考评，8—9

Nonresponse bias，系统偏差，97-99

Norton, D. P.，D. P. 诺顿，179

Nutt，P. C.，P. C. 纳特，6

Objective action plan，目标行动计划，206

Objectives，目标

building ties between goals/measures and，在目的/指标与目标之间建立联系，75

defining，定义目标，59

DHHS established，美国卫生与公众服务部设立的目标，60

importance of establishing，设立目标的重要性，58-59

NHTSA，国家公路交通安全管理局的目标，61-63

performance management by，基于目标的绩效管理，205-207

programmatic vs. managerial，项目的目标与管理的目标，72-74fig，75

workers' compensation program，工人赔偿项目，73-74fig，75

See also Goals, MBO (management by objectives)，SMART objectives，见"目的""目标管理""SMART 目标"

Observer bias，观察者偏好，95

Office of Child Support Enforcement (State of Georgia)，儿童抚养执行办公室（佐治亚州），234，238

OFM (Office of Financial Management)，财务管理办公室，190

Oregon Benchmarks，俄勒冈州标杆，167-168，169t，237

Oregon Progress Board，俄勒冈州发展部，167，168

Oregon Shines，俄勒冈州的荣耀，167，168

Osborne, D.，D. 奥斯本，4

O'Toole, D. E.，D. E. 奥图尔，5

Outcomes，结果

follow-up contacts to track，对结果的跟进追踪接触，83-84

identifying performance measurement system，确定绩效考评系统，26

outputs vs.，产出与结果，38-41

strategic performance outcome measures，战略性绩效结果指标，167-168

understanding program logic，了解方案的逻辑，35-41

United Way of Metropolitan Atlanta setting targets for，亚特兰大地区联合协会为结果设定目标，66t-67t，68

Outputs，产出

outcomes vs.，结果与产出，38-41

strategic performance measures focus on，关注产出的战略性绩效指标，176-178fig，179

Overreporting，高估，94-95

Part 1 Crimes Per 1 000 Capita by Percentage of the Population Below the Poverty Level，每千人中第一类犯罪数与贫困线以下人口百分数的相关关系，245fig

Past trends approach，趋势分析法，65

PB² (performance-based program budgeting) [State of Florida]，基于绩效的项目预算［佛罗里达州］，190，199

PBB (performance-based budgeting)，基于绩效的预算

accountability and，责任制与基于绩效的预算，187

activity-based accounting and，基于活动的预算与基于绩效的预算，201

helping policymakers understand，帮助决策者了解基于绩效的预算，202-203

identifying appropriate measures for，为基于绩效的预算确定合适的考评指标，188-191

implementing，实施基于绩效的预算，198-201

increasing trend toward，朝着基于绩效的预算的趋势发展，186-187

initiatives of，基于绩效的预算创制，187-188

integrating performance measures into，将绩效指标融入基于绩效的预算，191-192t，193t-196t，197-198

performance measures for financial management and，财务管理与基于绩效的预算的绩效指标，11

pbviews，一种商业绩效考评软件，146-147

Peer groups approach，对照组的方法，244-

246，245 *fig*

PennDOT，宾夕法尼亚州交通部

　external benchmarking by，外部标杆，119–120 *fig*

　managing strategic agenda with measures，基于
　　指标的战略管理过程，173，176

　percentage of patrons satisfied with system per-
　　formance (1998)，顾客对系统绩效满意的百
　　分比，242*t*

　productivity monitoring of，生产力监测，221–222*t*

　quality-importance matrix on services of，质量—
　　重要性矩阵中的服务，233 *fig*–234

　quarterly report，季度报告，149–150*t*，151

　Scorecard of Measures，考评计分卡，174*t*–175*t*

Pennsylvania Department of Transportation，宾夕
　法尼亚州交通部，14

Percentage of State Highway Bridges Rated as Sub-
　standard (1998)，1998 年各州公路桥梁不达标
　的百分比，240 *fig*

Percentage statistics，百分比统计，78–79

Percentage of Transit Patrons Satisfied with System
　Performance (1998)，运输系统顾客对系统绩效
　满意的百分比，242*t*

Performance data，绩效数据

　analyzing public transit system，对公共运输系
　　统的分析，108–123

　benchmarking and issues of，标杆和问题，241–
　　244，242*t*

　breakout，分类总结，121

　common problems with measuring，考评中的普
　　遍问题，92–100

　customer satisfaction monitoring and，消费者满
　　意度监测与绩效数据，229，231 –
　　234，233 *fig*

　developing procedures for collecting，绩效数据
　　收集程序的发展，27–28

　performance indicators and specified，绩效指标
　　及其具体化，76–81

　processing，处理绩效数据，141–155

　reporting，报告绩效数据，10，124–140

　sources of，绩效数据来源，81–86

　U. S. Department of Education，美国教育部绩效
　　数据，172 *fig*

　validity and reliability of，绩效数据的效度和信
　　度，86–91，242–243

　See also Methodology, Performance measures，
　　见"方法""绩效维度"

Performance data analysis，绩效数据分析

　additional issues of，绩效数据分析中的其他问
　　题，121–123

　basic model of logic underlying system and，系统
　　基本逻辑模型与绩效数据分析，108–109 *fig*，
　　110–112

　comparisons against standards，与标准的对照，
　　115–116*t*，117

　external benchmarking，外部标杆，119–120 *fig*

　other comparisons used in，绩效数据分析中的其
　　他比较，120–121

　performance measures and，绩效指标与绩效数
　　据分析，111*t*

　trends over time，跨时期的趋势，112 *fig*–
　　114 *fig*

　See also Performance measures，见"绩效指标
　　（维度）"

Performance indicators，绩效指标

　common problems with data used to define，绩效
　　指标数据的常见问题，92–100

　criteria for useful，有效的绩效指标的标准，
　　100–106

　data specification on，绩效指标的数据说明，76–81

　defining, evaluating, selecting，定义、评价以
　　及选择绩效指标，26–27

　guidelines for defining，绩效指标定义指南，106–107

　NMSH & TD setting targets for，新墨西哥州公
　　路和运输部为绩效指标设定目标，64–65

　sources of performance data to define，绩效指标
　　的数据来源，81–86

　validity/reliability of data used to define，绩效指
　　标数据的效度/信度，86–92

Performance management measures，绩效管理指标

　CDE (community disaster education)，社区灾难
　　教育，210，212*fig*–213

　functions of，绩效管理指标的功能，208–210

　monitoring systems，绩效管理指标监测系统，
　　213，214*fig*–216*fig*，217–218

Performance Achievement Program（City of Phoenix），绩效管理方案（菲尼克斯市），211*t*

Performance management systems，绩效管理系统
describen，绩效管理系统的描述，204—205
  individual and programmatic，个人的与项目的绩效管理系统，218
  measures for，绩效管理系统的指标，208—211*t*，212*fig*—214*fig*，215*fig*—218
  monitoring systems of，绩效管理系统的监测系统，207—208
  performance measures used for，绩效管理系统中的绩效指标，12—13
  See also MBO（management by objectives），见"目标管理"

Performance measurement，绩效考评
  benefits of，绩效考评的益处，4
  early development of，绩效考评的早期发展，4—6
  increasing manager interest in，管理者对绩效考评兴趣的增加，1
  limitations of，绩效考评的局限性，19—21
  the "new" performance measurement in government，政府的"新"绩效考评，6—8
  in the nonprofit sector，非营利部门绩效考评，8—9
  outlook for，绩效考评展望，21
  problems and prospects for，绩效考评的问题和前景，17—21
  scope of，绩效考评的运用范围，3—6

Performance measurement challenges，绩效考评的挑战
  overcoming goal displacement/gaming，防止目的转换/博弈，270—271
  overcoming internal resistance，减少内部阻力，269—270
  overcoming lack of stakeholder buy-in，避免利益相关者支持的缺位，268—269
  overcoming lack of utilization，弥补使用的不足，267—268
  overcoming resource requirements，分析资源需求，266—267
  overcoming system abuse，防止系统滥用，271—272
  public vs. nonprofit sector，公共部门绩效考评的挑战与非营利部门绩效考评的挑战，264—265

  usefulness of information produced，增加考评信息的有用性，265—266

Performance Measurement in State Departments of Transportation（Poister），《州运输部绩效考评》（波伊斯特），81

Performance measurement systems，绩效管理系统
  abuse of，绩效管理系统滥用，271—272
  action component，绩效管理系统行为部分，17
  analysis component，绩效管理系统分析部分，16—17
  clarifying goals and objectives of，确定绩效管理系统的目的和目标，58—75
  conducting pilot of，绩效管理系统测试，30
  data component，绩效管理系统数据部分，15—16
  implementing effective，实施有效的绩效管理系统，255—273
  implementing full-scale，全面实施绩效管理系统，30—31
  overview of，绩效管理系统总结，15，16*fig*
  specifying the design for，绩效管理系统的设计说明，28—30
  using, evaluating, modifying，使用、评价、修正绩效管理系统，31
  See also Developing performance measurement systems，见"建立绩效考评系统"

Performance measures，绩效指标，或绩效维度
  building ties between goals/objectives and，建立目的/目标与绩效指标之间的联系，75
  child support enforcement program，儿童抚养执行方案绩效指标，70—71
  criteria for useful，绩效指标有用的标准，100—106
  derived from logic model，来自逻辑模型分析的绩效指标，47，49—55*t*，56
  guidelines for defining，定义绩效指标的指导方针，106—107
  uses of，绩效指标的使用，9—15
  See also Performance data analysis，见"绩效数据分析"

Performance measures criteria，绩效指标标准
  balanced and comprehensive measures，全面的和综合的指标，101—102
  cost-effectiveness，成本效益好的指标，106

listed，绩效指标标准列表，100

meaningful measures with clear preferred direction of movement，有意义和容易理解的指标，102−103

measures that are resistant to goal displacement，抵制目的转换的指标，104−105

timely and actionable measures，有时限的和可操作的指标，103−104

Performance standards，绩效标准

child support enforcement program，儿童抚养执行方案绩效标准，68−69 *fig*，70−71

data analysis using comparisons against，基于绩效标准的数据对比分析，115−116*t*，117

workers'compensation program，工人赔偿方案绩效标准，73−74 *fig*，75

Pictorial display reporting format，绘图展示报告形式，135，137 *fig*，140

Pilot program，测试工作，30

Plantz, M. C.，M. C. 普兰兹，8，36，256，264

Poister, T. H.，T. H. 波伊斯特，5，6，8，9，13，18，35，81

Poor instrument design，工具设计拙劣，95

PPB（planning-programming-budgeting）system，规划—计划—预算系统，5

Presutti, E. L.，E. L. 普瑞苏特，14

Processing performance data，绩效数据处理

guidelines for establishing high-quality system for，设立高质量绩效数据处理系统的指导方针，151，154−155

selecting the right software for，选择合适的绩效数据处理软件，146−150*t*，151

selecting/designing management system for，选择/设计绩效数据处理管理系统，141−146

Production function approach，生产功能方法，65

Productivity，生产力

indicators used in service quality monitoring，用于服务质量监测的生产力指标，224−225*t*，226

macro and micro levels of，宏观和微观层面的生产力，219

monitoring of，监测生产力，219−222*t*，223

PennDOT's system for monitoring of，宾夕法尼亚州交通部的生产力监测系统，221−222*t*

performance measures designed to monitor，为监测生产力设计的绩效指标，220−221

quality and improvement in，生产力中的质量和改进，227−229，230*t*

Program evaluation，项目评估

performance measures used for，用于项目评估的绩效指标，12

strategic planning for ongoing，对项目进行持续评估的战略计划，164−165

Program logic，项目逻辑

outputs vs. outcome，产出与结果，38−41

understanding the，理解项目逻辑，35−36

Program logic model performance measures，项目逻辑模型绩效指标，4

cost-effectiveness measures，成本—效益指标，53

customer satisfaction measures，顾客满意度指标，53−54

effectiveness measures，效果指标，52−53

efficiency measures，效率指标，51

integrated sets of measures，综合性指标，54，55*t*，56

output measures，产出指标，49−50

productivity measures，生产力指标，50−51

resource measures，资源指标，49

service quality，服务质量指标，51−52

workload measures，工作量指标，49

Program logic models，工作逻辑模型

air traffic control program，空中交通控制项目工作逻辑模型，41，42*fig*，43

child support enforcement program，儿童抚养执行项目工作逻辑模型，69*fig*

crisis stabilization unit，43，精神疾病治疗中心工作逻辑模型，44*fig*，45

developing，开发工作逻辑模型，56−57

generic type of，工作逻辑模型的一般类型，37*fig*

performance measures derived from，来自工作逻辑模型的绩效指标，47，49−55*t*，56

public transit system performance model，公共运输系统绩效模型，108−109*fig*，110 purpose of developing, 开发工作逻辑模型的目的, 47

teen mother parenting education program, 未成年母亲的养育教育项目工作逻辑模型, 47, 48*fig*, 55*t*

types of, 工作逻辑模型的类型, 36-38

vocational rehabilitation program, 职业修复项目工作逻辑模型, 45-46*fig*

workers'compensation program, 工人赔偿项目工作逻辑模型, 74*fig*

Project management approach, 项目管理方法, 262-263

Proximate measures, 近似指标, 93-94

Public information, 公共信息

performance measures for communicating, 用于交流公共信息的绩效指标, 14-15

usefulness of, 公共信息的有用性, 265-266

See also Reporting performance data, 见"报告绩效数据"

Public sectors, 公共部门

benchmarking in, 公共部门标杆, 236-238

implementing performance measurement systems in, 在公共部门实施绩效考评系统, 264-265

"new" performance measurement of, 公共部门"新"绩效考评, 6-8

Public transit performance data analysis, 公共运输系统绩效数据分析

basic model logic underlying system and, 108-109*fig*, 系统基本逻辑模型, 110-112

comparisons against standards, 115-116*t*, 与标准相比较, 117

comparisons among subunits, 子单元之间的比较, 117-119, 118*t*

MARTA trends over time, 亚特兰大地区运输管理部门跨时期的绩效趋势, 112*fig*-114*fig*

other comparisons used in, 公共运输系统绩效数据分析使用的其他比较, 120-121

performance measures and, 公共运输系统绩效数据分析的绩效指标, 111*t*

Pyers, J. B., J. B. 皮尔斯, 5

Quality, 质量

disaggregated measures of, 质量指标分解, 227

indicators of productivity and service, 生产力和服务的质量指标, 224-225*t*, 226

Quality improvement, 质量改进

link between productivity improvement and, 生产力改进与质量改进之间的联系, 227-229, 230*t*

performance measures used for, 用于质量改进的绩效指标, 13

rework indicators and, 返工指标与质量改进, 226-227

Quality-Importance Matrix (PennDOT Services), 质量—重要性矩阵（宾夕法尼亚州的服务）, 223*fig*-234

Rates statistics, 比率统计, 78-79

Ratio statistics, 比例统计, 78-79

Reactive measurement, 易受无关因素影响的考评, 96-97

Recalibrating performance measures, 重新修正的绩效指标, 246*fig*-247

Reinventing Government (Osborne and Gaebler), 《政府再造》（奥斯本和盖布勒）, 4

Reliability, 信度, 87-88, 242-243

Reporting performance data, 报告绩效数据

additional issues for, 绩效数据报告相关的其他问题, 137-140

additional issues of, 绩效数据报告的额外问题, 137-140

audience and, 绩效数据报告的听众, 124-126

formats for, 绩效数据报告的形式, 126-139

performance measures used for, 绩效数据报告中使用的绩效指标, 10

See also Public information, 见"公共信息"

Reporting performance data formats, 绩效数据报告形式

common graphical displays, 通用的绘图展示, 132, 133*fig*, 134*fig*, 135

creative graphical/pictorial displays, 创造性的绘图/图示展示, 135, 136*fig*-137*fig*, 140

enhanced tabular, 改进的表格化形式, 129, 130*t*-131*t*, 132

map display，地图展示，137-140，138*fig*，139*fig*

tabular/basic spreadsheets，列表/基本的电子表格，126，127*t*-128*t*，129

Rework indicators，返工指标，226-227

Ridley，C. E.，C. E. 里德利，5

Rodgers，R.，R. 罗杰斯，12，205

Rossi，P. H.，P. H. 罗西，5

Sawhill，J. C.，J. C. 索希尔，264

Schack，R. W.，R. W. 沙克，7，264

Schick，A.，A. 希克，5

Schuster，J.，J. 舒斯特，8

The Search for Government Efficiency（Downs and Larkey），《政府效率的研究》（唐斯和拉凯），6

Service quality monitoring，服务质量监测

dimensions of quality considered in，服务质量监测要考虑的质量维度，224

disaggregated measures of，服务质量监测的指标分解，227

increase of，服务质量监测的增加，223-224

indicators of quality/productivity used in，服务质量监测中使用的质量/生产力指标，224-225*t*，226

quality and productivity improvement using，运用服务质量监测的质量和生产力改进，227-229

rework indicators of，服务质量监测的返工指标，226-227

Service standards，服务标准，71-72

Simon，H. A.，H. A. 西蒙，5

SMART objectives，SMART 目标

aviation safety，航空安全 SMART 目标，63-64*t*

examples of targets/results using，使用 SMART 目标的目的/结果的例子，63-68，64*t*，66*t*-67*t*

programmatic and managerial as，项目的和管理的 SMART 目标，72，75

U. S. Department of Education，美国教育部 SMART 目标，170-171*t*，172*fig*-173

See also Objectives，见"目标"

Software，*See* Data management software，软件，见"数据管理软件"

SQL Server，结构化查询语言服务器，149

SSA（U. S. Social Security Administration），美国社会治安管理部，228-229

Stakeholders，利益相关者

involvement in，利益相关者参与，258-260

lack of buy-in by，利益相关者支持的缺位，268-269

performance measurement process，绩效考评过程，258

State government's office supply support service，州政府办公用品供应服务部，71-72

State Highway Bridges Rated as Substandard（1998），1998 年各州公路桥梁不达标的百分比，240*fig*

Statistical benchmarking，统计性标杆，238-240*fig*

STD（Sexually Transmitted Disease）Prevention Division［CDC］，性传播疾病预防分部，176-178*fig*，179

Steiss，A. W.，A. W. 斯蒂斯，5，6

Stipak，B.，B. 斯蒂帕克，5

Strachota，D.，D. 斯特拉切塔，188

Strategic management，战略管理

balanced scorecards models to support，支持战略管理的平衡计分卡模型，179-181，180*fig*，182*fig*-183*fig*，184

comparing strategic planning and，战略计划与战略管理的比较，159-162

performance measurement in process of，战略管理过程中的绩效考评，162-166，184-185

process of，过程，161*fig*

as strategic planning element，作为战略规划要素的战略管理，165-166

Strategic performance measures，战略性绩效指标

agency-based strategic goals，以机构为基础的战略目的，168，170

described，战略性绩效指标描述，166-167

focus on outputs，针对产出的战略性绩效指标，176-178*fig*，179

managing strategic agenda with，战略性绩效指标的战略议程管理，173，174*t*-175*t*，176

outcome，战略性绩效指标的结果，167-168

strategic goals/objectives of U. S. Department of Education，美国教育部的战略目的/目标，

170-171*t*, 172*fig*-173

Strategic planning，战略计划

balanced scorecards models to support，支持战略计划的平衡计分卡模型，179-181，180*fig*，182*fig*-183*fig*，184

common elements in，战略计划的常见要素，162-163*fig*

comparing strategic management and，战略计划与战略管理的比较，159-162

internal analysis element of，战略计划的内部分析要素，163-164

ongoing monitoring and evaluation elements of，战略计划的持续监测和评价的要素，164-165

performance measures used for，战略计划使用的绩效指标，11

strategic management element of，战略计划的战略管理要素，165-166，184-185

Streib，G. D.，G. D. 斯特赖博，5，6，8，13，18

Suchman，E. A.，E. A. 萨奇曼，5

Sumariwalla，R. D.，R. D. 沙马丽瓦拉，8

Surveys，调查，85-86

Swiss，J. E.，J. E. 斯威斯，13，205，207，259，264

SWOT analysis，优势、劣势、机遇、挑战分析，11

Syfert，P.，P. 赛弗特，18

Tabular/basic spreadsheets reporting format，列表/基本的电子表格报告形式，126，127*t*-128*t*，129

Taylor，M. E.，M. E. 泰勒，8

Teen mother parenting education program，未成年母亲的养育教育方案，47，48*fig*，55*t*

Telecommunications Division of Georgia's Department of Administrative Services，佐治亚州行政服务部电信局，126，127*t*-128*t*

Test data，测试数据，85

Texas Department of Agriculture，得克萨斯州农业部，191，192*t*-196*t*，197

Texas Department of Economic Development report，得克萨斯州经济发展部的报告，133*fig*-134*fig*

Texas Tomorrow，得克萨斯明日计划，237

Tigue，P.，P. 泰格，188

Title V Block Grant Program，五号一揽子补助计划，14

Tompkins，S. S.，S. S. 汤普金斯，11

Underreporting，低估，94-95

Uniform Crime Reporting System，统一的犯罪报告系统，78

United Way of Metropolitan Atlanta，亚特兰大地区联合协会，66*t*-67*t*，68

Urban Institute，城市学会，4

U. S. Department of Education goals/objectives，美国教育部的目的/目标，170-171*t*，172*fig*-173

U. S. Department of Health and Human Services，*See* DHHS（U. S. Department of Health and Human Services），美国卫生与公众服务部，见"DHHS"

U. S. Environmental Protection Agency，美国环境保护局，19

U. S. Social Security Administration（SSA），美国社会治安管理部，228-229

Usher，C. L.，C. L. 厄舍，5

Validity，效度

based of，以效度为基础，19

defining，定义效度，88

issues for ensuring，确保效度要注意的问题，88-91

Van Houten，T.，T. 范·霍滕，35，231

Vinzant，D. H.，D. H. 文森特，6

Vinzant，J.，J. 文森特，6

Virginia Department of Mines, Minerals and Energy，弗吉尼亚矿藏、矿物与能源部，151，152*fig*-154*fig*

Vocational rehabilitation program model，职业恢复项目工作模型，45-46*fig*

Walters，J.，J. 沃尔特斯，6

Wang，X.，X. 王，8

Wechsler，B.，B. 韦克斯勒，6

Weiss，C. H.，C. H. 韦斯，5，231

West，J. P.，J. P. 韦斯特，8，223

Wholey，J.S.，J.S. 沃利，5，7，12，35，256，264

Williams，W.，W. 威廉斯，5

Williamson，D.，D. 威廉森，264

Williamsport Bureau of Transportation，威廉斯波特市运输局，115

Willoughby，K.G.，K.G. 威洛比，7，187

Wright，R.E.，R.E. 赖特，7

Wright，S.R.，S.R. 赖特，5

Young，D.R.，D.R. 扬，3

Young，D.W.，D.W. 扬，35

人大版公共管理类翻译（影印）图书

公共行政与公共管理经典译丛

书名	著译者	定价
公共管理名著精华："公共行政与公共管理经典译丛"导读	吴爱明　刘晶　主编	49.80 元

经典教材系列

书名	著译者	定价
公共管理导论（第四版）	［澳］欧文·E·休斯　著 张成福　马子博　等　译	48.00 元
政治学（第三版）	［英］安德鲁·海伍德　著 张立鹏　译	49.80 元
公共政策分析导论（第四版）	［美］威廉·N·邓恩　著 谢明　等　译	49.00 元
公共政策制定（第五版）	［美］詹姆斯·E·安德森　著 谢明　等　译	46.00 元
公共行政学：管理、政治和法律的途径（第五版）	［美］戴维·H·罗森布鲁姆　等　著 张成福　等　译校	58.00 元
比较公共行政（第六版）	［美］费勒尔·海迪　著 刘俊生　译校	49.80 元
公共部门人力资源管理：系统与战略（第六版）	［美］唐纳德·E·克林纳　等　著 孙柏瑛　等　译	58.00 元
公共部门人力资源管理（第二版）	［美］埃文·M·伯曼　等　著 萧鸣政　等　译	49.00 元
行政伦理学：实现行政责任的途径（第五版）	［美］特里·L·库珀　著 张秀琴　译　音正权　校	35.00 元
民治政府：美国政府与政治（第23版·中国版）	［美］戴维·B·马格莱比　等　著 吴爱明　等　编译	58.00 元
比较政府与政治导论（第五版）	［英］罗德·黑格　马丁·哈罗普　著 张小劲　等　译	48.00 元
公共组织理论（第五版）	［美］罗伯特·B·登哈特　著 扶松茂　丁力　译　竺乾威　校	32.00 元
公共组织行为学	［美］罗伯特·B·登哈特　等　著 赵丽江　译	49.80 元
组织领导学（第七版）	［美］加里·尤克尔　著 丰俊功　译	78.00 元
公共关系：职业与实践（第四版）	［美］奥蒂斯·巴斯金　等　著 孔祥军　等　译　郭惠民　审校	68.00 元
公用事业管理：面对21世纪的挑战	［美］戴维·E·麦克纳博　著 常健　等　译	39.00 元
公共预算中的政治：收入与支出，借贷与平衡（第四版）	［美］爱伦·鲁宾　著 叶娟丽　马骏　等　译	39.00 元
公共行政学新论：行政过程的政治（第二版）	［美］詹姆斯·W·费斯勒　等　著 陈振明　等　译校	58.00 元
公共部门战略管理	［美］保罗·C·纳特　等　著 陈振明　等　译校	49.00 元
公共行政与公共事务（第十版）	［美］尼古拉斯·亨利　著 孙迎春　译	52.00 元
案例教学指南	［美］小劳伦斯·E·林恩　著 郏少健　等　译　张成福　等　校	39.00 元
公共管理中的应用统计学（第五版）	［美］肯尼思·J·迈耶　等　著 李静萍　等　译	49.00 元

书名	著译者	定价
现代城市规划（第五版）	［美］约翰·M·利维 著 张景秋 等 译	39.00 元
非营利组织管理	［美］詹姆斯·P·盖拉特 著 邓国胜 等 译	38.00 元
公共财政管理：分析与应用（第六版）	［美］约翰·L·米克塞尔 著 白彦锋 马蔡琛 译 高培勇 等 校	69.90 元
公共行政学：概念与案例（第七版）	［美］理查德·J·斯蒂尔曼二世 编著 竺乾威 等 译	75.00 元
公共管理研究方法（第五版）	［美］伊丽莎白森·奥沙利文 等 著 王国勤 等 译	79.00 元
公共管理中的量化方法：技术与应用（第三版）	［美］苏珊·韦尔奇 等 著 郝大海 等 译	39.00 元
公共部门绩效评估	［美］西奥多·H·波伊斯特 著 肖鸣政 等 译	45.00 元
公共管理的技巧（第九版）	［美］乔治·伯克利 等 著 丁煌 主译	59.00 元
领导学：理论与实践（第五版）	［美］彼得·G·诺斯豪斯 著 吴爱明 陈爱明 陈晓明 译	48.00 元
领导学（亚洲版）	［新加坡］林志颂 等 著 顾朋兰 等 译 丁进锋 校译	59.80 元
领导学：个人发展与职场成功（第二版）	［美］克利夫·里科特斯 著 戴卫东 等 译 姜雪 校译	69.00 元
二十一世纪的公共行政：挑战与改革	［美］菲利普·J·库珀 等 著 王巧玲 李文钊 译 毛寿龙 校	45.00 元
行政学（新版）	［日］西尾胜 著 毛桂荣 等 译	35.00 元
比较公共行政导论：官僚政治视角（第六版）	［美］B·盖伊·彼得斯 著 聂露 李姿姿 译	49.80 元
理解公共政策（第十二版）	［美］托马斯·R·戴伊 著 谢明 译	45.00 元
公共政策导论（第三版）	［美］小约瑟夫·斯图尔特 等 著 韩红 译	35.00 元
公共政策分析：理论与实践（第四版）	［美］戴维·L·韦默 等 著 刘伟 译校	68.00 元
公共政策分析案例（第二版）	［美］乔治·M·格斯 保罗·G·法纳姆 著 王军霞 贾洪波 译 王军霞 校	待出
公共危机与应急管理概论	［美］迈克尔·K·林德尔 等 著 王宏伟 译	59.00 元
公共行政导论（第六版）	［美］杰伊·M·沙夫里茨 等 著 刘俊生 等 译	65.00 元
城市管理学：美国视角（第六版·中文修订版）	［美］戴维·R·摩根 等 著 杨宏山 陈建国 译 杨宏山 校	56.00 元
公共经济学：政府在国家经济中的作用	［美］林德尔·G·霍尔库姆 著 顾建光 译	69.80 元
公共部门管理（第八版）	［美］格罗弗·斯塔林 著 常健 等 译 常健 校	75.00 元

学术前沿系列

书名	著译者	定价
新公共服务：服务，而不是掌舵（第三版）	［美］珍妮特·V·登哈特 罗伯特·B·登哈特 著 丁煌 译 方兴 丁煌 校	39.00 元
议程、备选方案与公共政策（第二版·中文修订版）	［美］约翰·W·金登 著 丁煌 方兴 译 丁煌 校	待出

书名	著译者	定价
政策分析八步法（第三版）	［美］尤金·巴达克 著 谢明 等 译	待出
新公共行政	［美］H·乔治·弗雷德里克森 丁煌 方兴 译 丁煌 校	23.00元
公共行政的精神（中文修订版）	［美］H·乔治·弗雷德里克森 著 张成福 等 译 张成福 校	48.00元
官僚制内幕（中文修订版）	［美］安东尼·唐斯 著 郭小聪 等 译	待出
民营化与公私合作伙伴关系	［美］E.S. 萨瓦斯	待出
后现代公共行政：话语指向（中文修订版）	［美］查尔斯·J·福克斯 等 著 楚艳红 等 译 吴琼 校	38.00元
公共行政的合法性：一种话语分析（中文修订版）	［美］O.C. 麦克斯怀特 著 吴琼 译	45.00元
公共行政的语言：官僚制、现代性和后现代性（中文修订版）	［美］戴维·约翰·法默尔 著 吴琼 译	待出
领导学	［美］詹姆斯·麦格雷戈·伯恩斯 著 常健 孙海云 等 译 常健 校	69.00元
官僚经验：后现代主义的挑战（第五版）	［美］拉尔夫·P·赫梅尔 著 韩红 译	39.00元
制度分析：理论与争议（第二版）	［韩］河连燮 著 李秀峰 柴宝勇 译	48.00元
公共服务中的情绪劳动	［美］玛丽·E·盖伊 等 著 周文霞 等 译	38.00元
预算过程中的新政治（第五版）	［美］阿伦·威尔达夫斯基 等 著 苟燕楠 译	58.00元
公共行政中的价值观与美德：比较研究视角	［荷］米歇尔·S·德·弗里斯 等 主编 熊缨 耿小平 等 译	58.00元

政府治理与改革系列

书名	著译者	定价
公共决策中的公民参与	［美］约翰·克莱顿·托马斯 著 孙柏瑛 等 译	28.00元
再造政府	［美］戴维·奥斯本 等 著 谭功荣 等 译	45.00元
构建虚拟政府：信息技术与制度创新	［美］简·E·芳汀 著 邵国松 译	32.00元
突破官僚制：政府管理的新愿景	［美］麦克尔·巴泽雷 著 孔宪遂 等 译	25.00元
政府未来的治理模式（中文修订版）	［美］B·盖伊·彼得斯 著 吴爱明 等 译 张成福 校	38.00元
无缝隙政府：公共部门再造指南（中文修订版）	［美］拉塞尔·M·林登 著 汪大海 等 译	48.00元
公民治理：引领21世纪的美国社区（中文修订版）	［美］理查德·C·博克斯 著 孙柏瑛 等 译	38.00元
持续创新：打造自发创新的政府和非营利组织	［美］保罗·C·莱特 著 张秀琴 译 音正权 校	28.00元
政府改革手册：战略与工具	［美］戴维·奥斯本 等 著 谭功荣 等 译	59.00元
公共部门的社会问责：理念探讨及模式分析	世界银行专家组 著 宋涛 译校	28.00元

书名	著译者	定价
公私合作伙伴关系：基础设施供给和项目融资的全球革命	［英］达霖·格里姆赛 等 著 济邦咨询公司 译	29.80元
非政府组织问责：政治、原则与创新	［美］丽莎·乔丹 等 主编 康晓光 等 译 冯利 校	32.00元
市场与国家之间的发展政策：公民社会组织的可能性与界限	［德］康保锐 著 隋学礼 译校	49.80元
建设更好的政府：建立监控与评估系统	［澳］凯思·麦基 著 丁煌 译 方兴 校	30.00元

公共管理实务系列

书名	著译者	定价
新有效公共管理者：在变革的政府中追求成功（第二版）	［美］史蒂文·科恩 等 著 王巧玲 等 译 张成福 校	28.00元
驾御变革的浪潮：开发动荡时代的管理潜能	［加］加里斯·摩根 著 孙晓莉 译 刘霞 校	22.00元
自上而下的政策制定	［美］托马斯·R·戴伊 著 鞠方安 等 译	23.00元
政府全面质量管理：实践指南	［美］史蒂文·科恩 等 著 孔宪遂 等 译	25.00元
公共部门标杆管理：突破政府绩效的瓶颈	［美］帕特里夏·基利 等 著 张定淮 译校	28.00元
创建高绩效政府组织：公共管理实用指南	［美］马克·G·波波维奇 主编 孔宪遂 等 译 耿洪敏 校	23.00元
职业优势：公共服务中的技能三角	［美］詹姆斯·S·鲍曼 等 著 张秀琴 译 音正权 校	19.00元
全球筹款手册：NGO及社区组织资源动员指南（第二版）	［美］米歇尔·诺顿 著 张秀琴 等 译 音正权 校	39.80元

公共政策经典译丛

书名	著译者	定价
公共政策评估	［美］弗兰克·费希尔 著 吴爱明 等 译	38.00元
公共政策工具——对公共管理工具的评价	［美］B·盖伊·彼得斯 等 编 顾建光 译	29.80元
第四代评估	［美］埃贡·G·古贝 等 著 秦霖 等 译 杨爱华 校	39.00元
政策规划与评估方法	［加］梁鹤年 著 丁进锋 译	39.80元

当代西方公共行政学思想经典译丛

书名	编译者	定价
公共行政学中的批判理论	戴黍 牛美丽 等 编译	29.00元
公民参与	王巍 牛美丽 编译	45.00元
公共行政学百年争论	颜昌武 马骏 编译	49.80元
公共行政学中的伦理话语	罗蔚 周霞 编译	45.00元

公共管理英文版教材系列

书名	作者	定价
公共管理导论（第四版）	［澳］ Owen E. Hughes（欧文·E·休斯） 著	45.00 元
理解公共政策（第十二版）	［美］ Thomas R. Dye（托马斯·R·戴伊） 著	34.00 元
公共行政学经典（第五版）	［美］ Jay M. Shafritz（杰伊·M·莎夫里茨） 等 编	59.80 元
组织理论经典（第五版）	［美］ Jay M. Shafritz（杰伊·M·莎夫里茨） 等 编	46.00 元
公共政策导论（第三版）	［美］ Joseph Stewart，Jr.（小约瑟夫·斯图尔特） 等 著	35.00 元
公共部门管理（第九版·中国学生版）	［美］ Grover Starling（格罗弗·斯塔林） 著	59.80 元
政治学（第三版）	［英］ Andrew Heywood（安德鲁·海伍德） 著	35.00 元
公共行政导论（第五版）	［美］ Jay M. Shafritz（杰伊·M·莎夫里茨） 等 著	58.00 元
公共组织理论（第五版）	［美］ Robert B. Denhardt（罗伯特·B·登哈特） 著	32.00 元
公共政策分析导论（第四版）	［美］ William N. Dunn（威廉·N·邓恩） 著	45.00 元
公共部门人力资源管理：系统与战略（第六版）	［美］ Donald E. Klingner（唐纳德·E·克林纳） 等 著	48.00 元
公共行政与公共事务（第十版）	［美］ Nicholas Henry（尼古拉斯·亨利） 著	39.00 元
公共行政学：管理、政治和法律的途径（第七版）	［美］ David H. Rosenbloom（戴维·H·罗森布鲁姆） 等 著	68.00 元
公共经济学：政府在国家经济中的作用	［美］ Randall G. Holcombe（林德尔·G·霍尔库姆） 著	62.00 元
领导学：理论与实践（第六版）	［美］ Peter G. Northouse（彼得·G·诺斯豪斯） 著	45.00 元

更多图书信息，请登录 www. crup. com. cn/gggl 查询，或联系中国人民大学出版社政治与公共管理出版分社获取

地址：北京市海淀区中关村大街甲 59 号文化大厦 1202 室　　邮编：100872

电话：010－82502724　　传真：010－62514775

E-mail：ggglcbfs@vip. 163. com　　网站：http://www. crup. com. cn/gggl

图书在版编目（CIP）数据

公共部门绩效评估/（美）西奥多·H·波伊斯特著；肖鸣政等译. —北京：中国人民大学出版社，2016.8

（公共行政与公共管理经典译丛. 经典教材系列）

"十三五"国家重点出版物出版规划项目

ISBN 978-7-300-22943-0

Ⅰ.①公… Ⅱ.①西… ②肖… Ⅲ.①国家行政机关-行政管理-教材 Ⅳ.①D035.1

中国版本图书馆 CIP 数据核字（2016）第 119427 号

公共行政与公共管理经典译丛
经典教材系列
"十三五"国家重点出版物出版规划项目
公共部门绩效评估
［美］西奥多·H·波伊斯特（Theodore H. Poister） 著
肖鸣政 等 译
肖鸣政 校
Gonggong Bumen Jixiao Pinggu

出版发行	中国人民大学出版社				
社　　址	北京中关村大街 31 号		**邮政编码**	100080	
电　　话	010 – 62511242（总编室）		010 – 62511770（质管部）		
	010 – 82501766（邮购部）		010 – 62514148（门市部）		
	010 – 62515195（发行公司）		010 – 62515275（盗版举报）		
网　　址	http://www.crup.com.cn				
	http://www.ttrnet.com（人大教研网）				
经　　销	新华书店				
印　　刷	北京七色印务有限公司				
规　　格	185 mm×260 mm　16 开本		**版　　次**	2016 年 8 月第 1 版	
印　　张	16.5 插页 2		**印　　次**	2016 年 8 月第 1 次印刷	
字　　数	332 000		**定　　价**	45.00 元	

WILEY

老师您好，若您需要与 John Wiley 教材配套的教辅（免费），烦请填写本表并传真给我们。也可联络 John Wiley 北京代表处索取本表的电子文件，填好后 e-mail 给我们。

原书信息
原版 ISBN：
英文书名（Title）：
版次（Edition）：
作者（Author）：

配套教辅可能包含下列一项或多项
教师用书（或指导手册）/习题解答/习题库/PPT 讲义/其他

教师信息（中英文信息均需填写）
➢ 学校名称（中文）：
➢ 学校名称（英文）：
➢ 学校地址（中文）：
➢ 学校地址（英文）：
➢ 院/系名称（中文）：
➢ 院/系名称（英文）：
课程名称（Course Name）：
年级/程度（Year/Level）：□大专　□本科　Grade：1 2 3 4　□硕士　□博士　□MBA　□EMBA
课程性质（多选项）：□必修课　□选修课　□国外合作办学项目　□指定的双语课程
学年（学期）：□春季　□秋季　□整学年使用　□其他（起止月份_____）
使用的教材版本：□中文版　□英文影印（改编）版　□进口英文原版（购买价格为____元）
学生：____个班共____人

授课教师姓名：
电话：
传真：
E-mail：

WILEY-约翰威立商务服务（北京）有限公司

John Wiley & Sons Commercial Service (Beijing) Co Ltd

北京市朝阳区太阳宫中路 12A 号，太阳宫大厦 8 层 805-808 室，邮政编码 100028

Direct ＋86 10 8418 7816

Email：sliang@wiley.com